教育部人文社会科学研究青年基金项目

农村电子商务发展指数构建研究

施星君 著

電子工業出版社
Publishing House of Electronics Industry
北京 · BEIJING

图书在版编目（CIP）数据

农村电子商务发展指数构建研究 / 施星君著. —北京：电子工业出版社，2023.6
ISBN 978-7-121-46093-7

Ⅰ. ①农…　Ⅱ. ①施…　Ⅲ. ①农村—电子商务—产业发展—研究—中国　Ⅳ. ①F724.6

中国国家版本馆 CIP 数据核字（2023）第 146863 号

责任编辑：贺志洪
文字编辑：杜　皎
印　　刷：北京七彩京通数码快印有限公司
装　　订：北京七彩京通数码快印有限公司
出版发行：电子工业出版社
　　　　　北京市海淀区万寿路 173 信箱　邮编：100036
开　　本：787×1092　1/16　印张：14.75　字数：374.4 千字
版　　次：2023 年 6 月第 1 版
印　　次：2023 年 6 月第 1 次印刷
定　　价：75.00 元

凡所购买电子工业出版社图书有缺损问题，请向购买书店调换。若书店售缺，请与本社发行部联系，联系及邮购电话：（010）88254888，88258888。

质量投诉请发邮件至 zlts@phei.com.cn，盗版侵权举报请发邮件至 dbqq@phei.com.cn。

本书咨询联系方式：（010）88254609 或 hzh@phei.com.cn。

前　言

“农村电商”即农村电子商务，成为近年来我国经济社会发展中非常流行的词汇，农村电子商务在脱贫攻坚、新农村建设等领域举足轻重。一批批举世瞩目的淘宝村、淘宝镇及农村电商平台诞生，形成了诸多令人津津乐道且竞相学习的典型模式，极大程度地促进了我国三农[①]事业的发展。

农村电子商务的概念缺乏明确的定义，与农产品电子商务、涉农电子商务等概念有一定交叉。本书侧重空间概念，认为农村电子商务是从业活动位于农村地域的电子商务，将其定义为从业经营主体及经营行为在农村出现的电子商务，其本质是一种区域产业集群模式，包含各类行政村中从事制造业的产品电子商务和从事服务业的电子商务，但更多仍以农业为主要产业形态。

对农村电子商务的研究，必须跳出电子商务看电子商务。首先，电子商务发展不仅局限于网络交易环节，还对上下游产业链形成重要的影响，必须深度研究位于农村电子商务产业链上游的供应体系建构，中游的渠道铺设、营销推广、品牌塑造，以及下游的终端服务和客户关系管理。其次，电子商务发展具有生态性。这就要求跳出电子商务产业链，对配套的平台服务、信息技术服务、物流配送服务、金融服务开展研究，而农村电子商务相关配套体系的建设至关重要，且对新农村建设产生积极的作用。最后，电子商务的影响广泛而深远，农村电子商务不仅是一个经济学上的概念，具有提升农产品销量、促进农民增收、带动农业价值链升级等作用，还是一个社会学概念，对促进就业、促进社会稳定、助力脱贫攻坚、提升农村公共服务供给能力、助力乡村新文化建设、促进乡村基层治理创新等具有潜移默化的推动作用。用生态学思维看待农村电子商务，才不至于管中窥豹，只见一斑。

关于农村电子商务的研究，近年来一直炙手可热。从中国知网搜索得知，相关研究从2000年就开始出现，从2014年开始飞速增长，于2018年达到高峰，截至目前共有期刊论文8600多篇。从关键字分布情况看，相关研究大致分为4个方面：一是关于农村电子商务发展现状、问题与对策的综述性、对策性或案例性研究；二是关于农村电子商务主流平台、模式、要素支撑、机制建设与促进政策的研究；三是主要立足经济学层面对农村电子商务促进农业升级、农产品流通、县域经济发展的机理和路径研究；四是关于农村电子商务对于脱贫攻坚、乡村振兴、社会治理等方面影响特征与对策的社会学研究。综上可知，相关

① “三农”指农业、农村和农民。

研究数量多、范围广、类别全、影响深，但在评价方面的研究不多，且分布在对县域经济的影响研究、物流评价、竞争力评价、环境评价、信用评价等领域，真正系统性对农村电子商务进行评价的研究极少。为数不多的研究项目，也存在指标体系缺乏在影响层面的延伸、指标体系缺乏详细权重测度、指标设计机理与逻辑缺乏深度剖析等情况。鉴于农村电子商务发展与三农工作紧密关联，与乡村振兴战略、区域协调发展战略、创新驱动战略等高度匹配，农村电子商务发展水平不能简单以网店数、农产品电子商务销售额等单维度指标或电子商务产业链相关指标衡量。因此，本书旨在在深度剖析农村电子商务的本质、特征、业态、模式及影响机理的基础上，制定一个相对科学客观、系统全面的测度模型，以测量、评价农村电子商务工作发展，为新时代农村电子商务高质量发展提出行之有效的对策建议。

知名三农学者、农村电子商务专家魏延安曾指出："推动乡村振兴，农村电子商务'十四五'大有可为。"2021 年，《中共中央 国务院关于支持浙江高质量发展建设共同富裕示范区的意见》隆重出台，意味着农村电子商务的发展将被赋予新的历史使命，其迎来了前所未有的发展机遇，同时将迎来更艰巨的任务和新的挑战。探索"共富"视域下农村电子商务的发展对策意义重大，农村电子商务发展指数的应用也更具有时代性价值。

本书共分为 9 章：第 1 章对本书研究的背景、意义、主要内容、思路方法、基本观点进行总体介绍；第 2 章论述农村电子商务发展的理论与政策基础，主要从农村电子商务的内涵、影响和发展历程着手，系统介绍网络经济学理论、区域创新理论、交易成本理论等相关基础理论，以及近些年农村电子商务发展的政策脉络；第 3 章在界定电子商务一般性本质、特征和模式的基础上，重点剖析农村电子商务的典型发展特征和业态；第 4 章重点从电子商务的影响着手，描述电子商务对经济社会发展的影响及对价值链的影响，在此基础上针对三农事业，分别详细分析电子商务对农业、农民、农村的影响机理；第 5 章根据收集的资料和实际调研情况，归纳农村电子商务发展的三种类型、九大典型模式；第 6 章在上述分析的基础上，提出农村电子商务发展指数模型构建的思路、原则和方法，进行指标体系的系统性设计和权重设计；第 7 章应用农村电子商务指数模型，对上百个淘宝镇的农村电子商务发展情况进行满意度调查和指数测度调查，形成基本调查结果和结论；第 8 章提出农村电子商务生态协同发展模型，并以此为依据分析农村电子商务与物流、农村经济、农业社会事业协同发展的机理和特征；第 9 章立足共同富裕视域，在回顾历史、分析新时代新命题的基础上，从技术、理念、政策三个方面提出农村电子商务发展的对策和建议。

本书是 2018 年度教育部人文社会科学研究青年基金项目"农村电子商务发展指数构建研究——基于全国百个典型淘宝镇的考察"（项目编号：18YJC790135）的标志性研究成果之一。

由于时间仓促和作者水平有限，本书难免存在一些不足之处，敬请广大读者批评指正。

最后，诚挚倡议所有关心农村电子商务的学者专家和一线工作者，共同投入农村电子商务的研究与实践中来，共书新时代我国农村电子商务高质量发展之壮美诗篇！

目　录

第1章 绪　　论

农村电子商务（简称“农村电商”）是一个从空间地域范畴界定的概念，通常指的是从业经营主体及经营行为在农村出现的电子商务，其本质是一种区域产业集群模式①。“农村电商”成为近年来我国经济社会发展中非常流行的词汇，农村电子商务在脱贫攻坚、“乡村振兴”等领域举足轻重，对三农事业的重要促进作用也在实践中得到充分验证。对农村电子商务的基础性、影响性及成长性特征进行系统剖析和评价具有重要的理论意义和现实意义。

1.1 研究背景及意义

1.1.1 研究背景

自改革开放以来，我国经济社会发展走过了40多年不平凡的光辉历程，取得了举世瞩目的历史性成就，实现了前所未有的突破性变革。人民生活水平飞速提高，经济体制改革取得重大成果，形成了被世界惊叹的“中国模式”。

然而，作为农业生产大国，迄今为止，我国长期存在的城乡发展不平衡现象尚未得到有效化解。从1978年到2020年，全国居民人均可支配收入从171元增加到32189元。其中城镇居民人均可支配收入从322元增至43834元，增长13513%；农村居民人均可支配收入从165元增至17131元，增长10282%。由此可见，40多年来，城乡收入差距进一步扩大。

城乡收入差距扩大的根本原因在于计划经济体制时期建立的城乡二元体制尚未从根本上得到破解，城乡经济发展的体制机制，城乡基础设施建设投入与公共服务供给存在巨大差距，城乡社会保障力度及民生发展存在差距。这就使中国城乡居民在第一次分配中形成了收入差距，这个差距在第二次分配中又被拉大。

我国是农业生产大国，农业生产与购销活动的高质量发展是保障我国粮食安全、稳定

① 施星君，万晓云. 农村电商的内涵、特征与评价[J]. 浙江工贸职业技术学院学报，2020，20（3）：49-53.

民生的根基。当前，我国农村人口基数大、产能潜力足，提高农产品上行效率对解决我国三农问题、推动农业供给侧结构性改革有重要意义；同时，我国农村地区广袤，人口储量大，具有广阔的消费市场及消费潜力，提升消费品下行效率对拉动我国消费品内需，促进国民经济内生动力增长有重大意义。

1. 区域经济发展演绎新模式

自 20 世纪改革开放以来，我国社会经历了全球化、市场化、信息化和由此带来的分权格局。我国的经济增长被称为中国奇迹，国际学者将我国的发展模式总结为“中国模式”。虽然我国经常被冠以一种总结性质的成长模式，但国内不同区域有各自不同的发展路径。宏观上的中国模式其实是由不同区域的多个模式组成的。在乡村地区众多发展模式中最让人印象深刻的是“苏南模式”“珠三角模式”和“温州模式”。

自 20 世纪末开始，信息化在发达国家兴起并迅速席卷全球，以信息化为手段的各项应用为传统经济注入了新的活力，同时为不同区域带来了全新的发展模式。信息技术与全球化浪潮互相交织，对全世界的经济组织和功能版图都产生了深刻的影响。相比传统的商业模式，互联网跨越了地理区域的限制，将不同空间的生产者、销售者和消费者连接在一起，产生了强烈的空间压缩效应。随着信息技术的深刻变革，互联网在全球各个国家都得到了普及，以其为载体的互联网经济引起了各国政府和经济组织的高度关注。

在我国经济进入新常态之后，决策者开始寻找更为健康和可持续的经济增长方式，而互联网经济作为新时代的动力源已经得到学界和决策层的认可。在某种意义上，“互联网+”的重要性已经上升到国家战略层面。自 2015 年全国“两会”第一次提出“互联网+”行动计划后，国务院及各个部委相继出台了众多针对各自领域的行动计划和政策文件，如国务院出台的《关于积极推进“互联网+”行动的指导意见》。在这个互联网引领社会发展的时代，“互联网+农村”越来越引起学界和政界的重视。互联网与农业相结合，通过信息化手段，将提高农村地区的生产效率及促进生产要素的合理配置，并优化农村地区的经济和社会结构。除直接作用于农业产业外，互联网在农村地区还可以促进相关工业、文旅产业的发展；当农村电子商务得到发展后，其功能性外围产业也将应运而生。

2. 农村电子商务发展呈现新趋势

在信息化重塑全球生产和商业模式的大背景下，信息技术的深入和广泛应用加快了时空紧缩化的进程，旧有的社会形态迅速转变为以互联网为底层架构的新经济和社会发展形态。我国的农村区域出现了一种崭新的区域发展模式，即农村居民和乡村企业主借助电子商务商业平台销售产品，逐渐形成一套与当地旧有产业相融合并促进当地生产、销售、消费形态转变的产业模式，被称为农村电子商务。这种新的发展模式深刻地改变和推动了农村区域的经济发展，并引起了国内外学者的广泛关注。基于农村电子商务形成的新型社会经济网络，不但重构了国家整体经济结构，而且对新时期的城乡关系产生了深刻的影响。

农村电子商务的迅速发展，鲜活地展示了现代信息技术如何增强传统农村区域的竞争力，以及形成一种新的经济形态——“网络乡村”。在信息时代，发展滞后的农村地区以信息化为手段，以电子商务平台（以下简称“电商平台”）为媒介，与国内外的其他区域实现了信息、物质、资金的联系，这在很大程度上从空间上解决了农村地区与外界隔绝的问题，增加了乡村区域的经济活力，同时赋予乡村地区新的地方意义，为中国新型城镇化的发展方向提供了一种新的选择，即“实时城市化”。截至2019年底，中国仍有近一半的人口生活在农村，因为信息闭塞、资源匮乏、产业形态单一，不少农村的青年劳动力都选择向城市转移。现如今，电子商务为这些相对落后、缺乏发展活力的农村区域创造了一种崭新的商品流通形式，通过电商平台和快递物流网络将这里的产品和服务向全国各地甚至全世界输出。在信息化和全球化时代，农村地区首次具有成功嵌入一个强大的现代化社会和经济网络之中的能力。2019年世界银行在其报告《电子商务发展：来自中国的经验》中指出，农村电子商务产业是发展中国家扶贫与共享繁荣的一种有效手段。因此，有必要对中国农村电子商务产业发展模式和区域落地影响机制进行深入的研究。农村电子商务以数字化、信息化的手段，通过集约化管理、市场化运作、跨区域跨行业经营构筑了紧凑有序的商业联合体。农村电子商务的出现既能够有效推动农产品上行，降低农户经营成本、扩大农户市场销售领域，也能使二三产业的产品顺利下行至农村，拓展非农产品的内生需求，从而让农民成为全球信息化发展时期的获利者，为非农领域的商家提供新的利润增长点。

近年来，我国农村电子商务发展迅猛。根据权威网站的监测数据，我国全网电子商务零售额从2014年的2.79万亿元增长到2017年的7.18万亿元，其中农村电子商务零售额从2014年的0.18万亿元增长到2017年的1.24万亿元。从电子商务零售额的增长率来看，农村电子商务零售额4年间平均增速达147.22%；从全网电子商务零售额的占比来看，农村电子商务零售额占比从2014年的6.45%增加到2017年的17.27%[1]。当前，我国关于农村电子商务的利好政策不断出台，2017年中央政府发布的《关于开展2017年电子商务进农村综合示范工作的通知》《商务部 农业部关于深化农商协作大力发展农产品电子商务的通知》及2018年的《关于开展2018年电子商务进农村综合示范工作的通知》等多项政策均是在不断提升农村电子商务规模化发展基础上为农村电子商务发展效率的进一步提升而颁布的。电子商务对促进农村经济社会发展的积极作用已经在近10年的探索实践中得到充分验证，主要体现在促进农民增收、保障农业生产要素和农民生活物资供给、推进农村基础设施建设和生态建设、提升农民文化素质等方面，而电商扶贫也成为精准扶贫十大工程之一。

3. 农村电子商务发展形成独特风貌

我国农村电子商务发展在探索实践中形成了典型的特色。第一，我国农村电子商务并非狭义的农业电子商务或农产品电子商务，而是一个更为宽泛的概念，涵盖所有与三农相关的电子商务。这是由于我国城市化发展滞后于工业化发展，在城市化进程中又出现了信息化。大量的村、镇、乡在工业化进程中发展迅速，形成强大的制造业产业集群，在信息化进程中依托这些产业发展电子商务，成为农村电子商务的主力军。第二，近几年，我国广袤乡村地区特色农副产品电子商务发展迅速。一方面，拼多多等新兴平台兴起，因精准定位农村地区，深耕农村市场，推动了农产品主流化发展；另一方面，直播电商兴起，田间直播走向流行，成为带货出货的主渠道。两者共同推动了农产品线上“品牌化+平台化”

---

[1] 资料来源：中国电子商务研究院《2018中国电子商务发展研究报告》。

发展，大幅提升了生产端“最初一公里”的活力。第三，农村电子商务发展地区不平衡现象仍然显著，浙江、广东、江苏等地发展迅速，而中西部地区淘宝村、淘宝镇的数量总体较少。根据阿里研究院的数据，到2020年，内蒙古、重庆、西藏、海南5个省（区）的淘宝镇才首次实现零的突破。2020年全国淘宝村、淘宝镇分布情况如表1-1、表1-2所示。

表1-1　2020年全国淘宝村分布情况

（单元：个）

区　域	2020年	2019年	区　域	2020年	2019年
浙江省	1757	1573	陕西省	16	2
广东省	1025	798	湖南省	12	6
江苏省	664	615	广西壮族自治区	10	3
山东省	598	450	重庆市	9	3
河北省	500	359	辽宁省	9	11
福建省	441	318	山西省	7	2
河南省	135	75	云南省	6	1
湖北省	40	22	吉林省	4	4
天津市	39	14	贵州省	4	2
北京市	38	11	新疆维吾尔自治区	3	1
江西省	34	19	黑龙江省	2	1
安徽省	27	13	宁夏回族自治区	1	1
上海市	21	0	海南省	1	0
四川省	21	6	甘肃省	1	0

来源：阿里研究院，2020年8月。

表1-2　2020年全国淘宝镇分布情况

区　域	2020年	2019年	区　域	2020年	2019年
浙江省	304	240	广西壮族自治区	15	9
江苏省	248	155	云南省	14	9
广东省	225	155	天津市	13	2
河北省	220	149	山西省	11	3
福建省	153	106	黑龙江省	8	5
山东省	134	87	内蒙古自治区	8	0
河南省	94	44	辽宁省	8	6
安徽省	68	48	吉林省	5	2
江西省	54	46	重庆市	3	0
四川省	38	14	贵州省	2	1
北京市	37	1	陕西省	2	1
湖南省	33	20	海南省	1	0
湖北省	29	15	西藏自治区	1	0
上海市	28	0			

来源：阿里研究院，2020年8月。

4. 农村电子商务影响力持续扩大

农村区域的发展动力从传统农业耕种向以电子商务为代表的新技术的应用转变具有深远的经济学及社会学意义。

（1）增加创业及劳动收入。农村电子商务的入门门槛较低，经营模式相对灵活，成为农村居民创业的乐土。随着互联网在农村地区的普及和相关应用的落地，农村电子商务产业的社会经济效益开始加速显现，其带来的草根创业模式和制造的大规模就业机会引起了社会各界的重视，一大批淘宝店主利用电子商务创业增加了收入，改变了原有的生活轨迹。同时，农村电子商务产业在进一步带动产业上下游发展整合上也有明显的作用，制造就业岗位效果明显。根据阿里研究院发布的《中国淘宝村研究报告（2009—2019）》，每新增一个活跃淘宝店铺，就会带动 4.7 个新就业岗位的产生；截至 2019 年底，以淘宝为创业平台的全国 800 个农村电子商务产业聚集区共创收 20 亿元。由此可以看到，农村固有的密闭式的社会和经济结构在网络、电子商务的作用下已经与主流经济区域相联通，同时在农民的学习模仿及政府的支持和引导下，我国中西部地区已经出现数量众多的以农村电子商务为发展模式的产业集群，这也为其他落后地区提供了可以借鉴的脱贫和增收的新道路和新经验。

（2）重构农村的空间形态。在互联网时代，城镇发展的格局像各行各业一样发生了深刻的变化。互联网与农村区域的结合，带来了信息技术、人力资源、资本金融服务和商品的城乡双向贯通，激发了农村区域的经济发展活力。随着农村第一产业劳动力向电子商务产业工人的转变，原本寂静的农村空间出现了生活和工作密不可分的生产和生活的新方式，居民的自用住宅变为生产、仓库、快递物流和休息的多功能区域，改变了家庭的空间结构。从地区层面看，因为农村电子商务的发展是分阶段进行的，其产业中的快递、仓储、加工、包装等功能会逐渐随着发展规模分离出来单独成为一个服务产业，并划分出自己的区域，这样就会形成功能区混杂的区域形态结构，传统农村区域景观也就发生了变化，向着类城镇化的方向演进。

（3）促进农村社会和谐发展。随着我国城市化步伐的加快，农村劳动力向发达区域流动以获得更好的就业机会，农村区域逐渐出现了留守儿童、留守妇女及养老难等问题，空心村也成较为普遍的现象。农村电子商务的发展为农村带来了更好的就业机会和薪资水平，同时随着产业的发展，农村的配套设施也得到了巨大的提升，生活成本低、空气质量优等特点对于人才有更大的吸引力。总体来看，农村电子商务这个以新技术为核心的产业模式，在改变乡村生活方式的同时，促进了社会的和谐稳定。

5. 共富新命题赋予时代新使命

社会主义建设的重要目标就是实现共同富裕。推进共同富裕，促进人的全面发展，使全体人民生活水平取得显著提升成为当前的重要任务，也是社会主义的本质特征和要求。共同富裕，即全体人民辛勤劳动和相互帮助，最终消除两极分化和贫穷，实现普遍富裕。2020 年，我国完成了举世瞩目的脱贫攻坚任务，但这并不是终点，而是新生活、新奋斗的起点。“十四五”规划和 2035 年远景目标纲要指出，我们的目标是向实现全体人民共同富裕迈出坚实的步伐。仔细研究共同富裕内涵，其目标是通过收入分配来实现人民生活水平提升，最终实现教育、医疗等基本公共服务均等化。显然，共同富裕的首要问题是解决收入分配问题，缩小居民收入差距。因此，如何通过适当手段，提高农村居民收入水平，缩小城乡居民收入差距，推动收入分配更加合理化，促进共同富裕的实现成为当前各方关注的焦点。

2021年5月20日，《中共中央 国务院关于支持浙江高质量发展建设共同富裕示范区的意见》发布，这是党中央做出的一项重大决策。2021年6月10日至11日，浙江省委第十四届第九次全体（扩大）会议在杭州举行，系统研究部署高质量发展建设共同富裕示范区。会议审议并原则通过《浙江高质量发展建设共同富裕示范区实施方案（2021—2025年）》，强调要坚决扛起政治责任，为全国实现共同富裕先行探路。2021年7月19日，《浙江高质量发展建设共同富裕示范区实施方案（2021—2025年）》公布。2022年5月，最高人民检察院发布《关于支持和服务保障浙江高质量发展建设共同富裕示范区的意见》，就认真贯彻落实《中共中央 国务院关于支持浙江高质量发展建设共同富裕示范区的意见》《中共中央关于加强新时代检察机关法律监督工作的意见》，充分发挥检察职能，支持和服务保障浙江高质量发展建设共同富裕示范区提出21条具体措施。

在新的时代背景下，电子商务经济（简称“电商经济”）发展被誉为促进共同富裕的重要手段，电子商务在农村地区的下沉是近年来我国农村经济发展的重要特征，农村电子商务被认为是乡村振兴的有效载体，能够为乡村振兴提供持续的发展动能。关注电子商务对共同富裕的促进功能、作用和机理是当前的又一研究重点。

6. 可持续发展能力亟待关注

依赖产品供应链优势和低流通成本的粗放型农村电子商务发展模式在近几年不断出现瓶颈。在发展过程中，我国农村电子商务短板突出，行业发展效率提升出现瓶颈。当前我国农村电子商务运营成本高、参与人群结构失衡、高层次人才匮乏、政府帮扶及金融扶助政策缺乏精准性等问题亟待解决。2017年，全国仅有25.1%的农村具有电子商务配送点，农村地区的电子商务物流网点覆盖率低下①；诸多金融机构对农村电子商务发展的认知不充分，对电子商务市场金融业务拓展潜力的发掘不足；农村电子商务在营销、运营、设计等方面均存在人才缺口，尤其是高端复合型人才；不同地区农户对电子商务的认知高度及利用率存在较大区域差异等均对我国农村电子商务发展效率的提升带来阻碍，不利于我国城乡地域间经济发展不均衡现状的打破、农业供给侧结构性改革的推进及农业产销过程中“小农户与大市场”等矛盾的解决。

因此，一方面，在政府极力支持和推动农村电子商务发展的同时，有必要厘清影响农村电子商务发展效率的关键因素，聚焦电子商务发展的实际成效问题，为农村电子商务新发展提供理论和决策依据；另一方面，2018—2021年中央“一号文件”均提出通过发展农村电子商务，构建农村一二三产业融合发展体系，加快推进农村流通现代化，加强农村生态建设和文化建设等系统性政策意见。由此可见，农村电子商务发展并非是孤立的，而是

李海舰，杜爽. 推进共同富裕若干问题探析[J]. 改革，2021（12）：1-15.

① 陈玲，周光平，董魁. 大数据时代下农村电商物流发展存在的问题与对策研究[J]. 质量与市场，2021（11）：133-135.

与三农工作紧密关联的，与乡村振兴战略、区域协调发展战略、创新驱动战略等高度匹配。因此，农村电子商务发展水平不能简单以网店数、农产品电子商务销售额等单维度指标衡量。为科学客观、系统全面地测量、评价和指导农村电子商务工作发展，农村电子商务发展指数模型不可或缺。

1.1.2　研究意义

本研究的研究对象是农村电子商务，研究内容聚焦电子商务对农村经济社会的影响特征、机理及评价。研究的理论意义主要在于对内在影响机理的剖析和评价理论模型的建构，实践意义主要在于对农村电子商务发展现状的认识、评价与指导。

1. 形成农村电子商务发展指数理论模型

基于系统理论剖析及充分实证研究，构建农村电子商务发展指数理论模型，明晰了衡量农村电子商务发展的指标体系及权重，丰富了该领域的理论研究，积累了关于农村电子商务研究的一手资料与方法，为后续研究及电子商务相关领域的指数研究奠定基础。

2. 揭示电子商务对三农事业的影响机理

全面揭示电子商务对农业生产资料供给、农产品销售、农业现代化等农业发展的影响，对农村基础设施建设、生态农村建设、绿色农村建设、和谐农村建设等农村发展的影响，以及对生活资料进村、农民增收、农民素质提升等农民发展的影响，并从定性层面明晰影响机理，从定量层面衡量影响程度。

3. 评测与指导农村电子商务发展

以农村电子商务发展指数模型测定、衡量和评价典型县域农村电子商务发展现状，有助于各地客观全面地认知本地农村电子商务发展现状、优势及潜力，客观认知存在的不足和弱点，并基于不同区域要素禀赋和不同发展阶段指导如何推进高质量发展。

4. 为广大农村电子商务发展提供参照典范和对策建议

编制形成案例集，收集和整理全国典型淘宝镇、淘宝村，特别是浙江省山区 26 县的县域电子商务发展先进案例，梳理总结一般性发展规律、路径、条件和方法，厘清农村电子商务发展的核心要素和支撑体系，为我国广袤农村电子商务欠发达地区和精准扶贫对象提供典型模式借鉴、路径参考和对策建议。

5. 助力山区经济社会高质量发展，实现共同富裕

实现共同富裕，促进人的全面发展，使全体人民生活水平取得显著提升成为当前的重要任务，也是社会主义的本质特征和要求。共同富裕旨在通过全体人民的辛勤劳动和相互帮助，最终实现消除两极分化和贫穷基础上的普遍富裕。在共同富裕目标下，农村电子商务将发挥更大、更关键的作用，明晰农村电子商务助力山区县域经济社会发展的作用机理和评价方式，有助于更好地制定对策和建议，引导产业发展，加快推进共同富裕进程。

1.2 研究内容与框架

1.2.1 研究内容

1. 关于农村电子商务基础理论的研究

基于网络经济学、农村经济学等理论界定农村电子商务的定义和内涵，探寻在农村电子商务研究范畴中电子商务作为工具、渠道、模式、路径、产业、方法及理念思维的内涵形态和价值意义演变。以网络经济增长理论、NEG模型理论等为基础，系统分析电子商务发展的核心要素、支撑体系和动态均衡特征。以农业全产业链为基础，以电子商务产业生态体系的三个维度为纲进行整合分析：从纵向维度构建农村电子商务以信息平台为支撑，集产品研发、原材料采购、加工制造、网络营销、物流配送、客户服务于一体的全产业链协作模式；从横向维度集聚农村电子商务运营、快递配送、产品拍摄美工、网络技术服务等第三方服务产业和配套基础设施建设；从垂直维度剖析农村电子商务运行所需的政策、机制、平台、质监、文化等软环境支撑。基于上述三层架构，从微观到宏观，从直接到间接，逐层分析电子商务对农业生产资料供给、农产品销售、农业现代化等农业发展的影响，对农村基础设施建设、生态农村建设、绿色农村建设、和谐农村建设等农村发展的影响，以及对生活资料进村、农民增收、农民素质提升等农民发展的影响特征，并厘清这些影响的原理、路径与机制，用受益归属分析法（benefit-incidence analysis，BIA）定性明晰农村电子商务发展的主要结构维度，初步构建形成评价指标体系框架。

2. 关于农村电子商务发展现状与模式的调研

从阿里研究院公布的2019年全国437个淘宝镇中，结合典型模式类型、分布特征和抽样原理，依据东部、中部、西部分布均衡，覆盖企业主导型、农业主导型、旅游业主导型、要素主导型、政策主导型5种典型模式，基于产业规模分布正态性等原则，选取典型的100个作为研究对象，对其经济社会发展现状和电子商务发展水平进行实地调研。调研侧重四个方面：一是农村电子商务产业基本数据及近年发展变化趋势；二是农村电子商务配套支撑体系水平和显性、隐性发展环境；三是农村基础设施、人口结构、就业创业、生态环境、三分三改、文化建设等基本情况，以及与电子商务发展数据之间的阶段性类比；四是农村电子商务发展扶持政策实施情况与效果评价。

3. 共同富裕背景下电子商务发展新指向

电子商务经济发展有利于农村居民收入增长已成为共识。电子商务经济发展为农村居民参与其中实现收入增长和价值分享提供了渠道，相关参与者可以借助电子商务经济发展带来的收入提升效应，既包括直接参与电子商务所带来的收入增长，也包括由于电子商务经济发展带来相关产业或企业经营绩效提升和改善所带来的间接效应，实现居民收入增长。

从整体层面来看，电子商务经济发展既能够通过创业效应和就业效应实现居民收入水平的提高，也能够通过区域辐射效应提升区域经济发展水平，继而带动农村居民收入增长，缩小农村居民与城镇居民之间的收入差距，实现共同富裕。从经济学理论的角度来看，电子商务经济发展还能够激发主要电商平台之间的用户竞争，继而降低生产者剩余，增加消费者剩余，促进共同富裕的实现。但是，与此同时，也有一些研究指出，电子商务经济具有知识、技术密集特征，对相关基础设施建设、电商平台和人才等要求较高，在不同地区会表现出不同效应。在我国城乡经济发展不平衡、数字鸿沟仍然未能得到有效缓解、物流“最后一公里”及农村电子商务人才不足等问题没有得到较好解决之前，尤其一些落后地区发展电子商务经济的成本依然较高，在城乡电子商务发展水平和速度存在较大差距的现实背景下，电子商务经济发展会产生不利于城乡居民收入差距缩小的平台效应。各地数字业务发展不平衡，基于城镇和经济发达地区的电子商务网络平台匹配更多的产品和服务，使处于城镇和发达地区居民（创业者、投资人等，可视为少部分人群）的规模收益越来越大，而处于农村和欠发达地区居民的规模收益无法体现（被视为大部分群体的农村居民获益较少），其结果反而加大了城乡之间、发达地区与欠发达地区之间经济发展水平和居民收入水平之间的差距，继而不利于共同富裕的实现[1]。

4. 农村电子商务发展指数模型构建

（1）依据自能力成熟度模型（CMM）方法和交互共生演化理论，结合电子商务自身发展规律和农村电子商务发展现状，划分农村电子商务发展指数等级，并进行等级评价描述和释义。

（2）明确指标体系为三个层级，将规模指数、影响指数（显性、隐性）、协调指数三个维度定义为准则层，并按拓扑逻辑将其逐步分解到因子层和指标层，同时明确指标释义和测度方法。

（3）针对规模指数，运用层次分析法（AHP）分析指标，结合模糊综合评价方法和去量纲方法处理调研数据，通过两两指标配对比较形成判断矩阵，以明确递阶层次结构间的丰序列关系，辨析同一层级因素之间的相对重要性，进而对指标赋权。

（4）针对显性影响指数，运用改进型 DEA 法进行分析。例如，设某淘宝镇有 K 种农村电子商务产业类型、L 种投入指标和 M 种产出指标，则可用该产业的 CRS 模型反映该镇的资源投入、配置、利用和规模效率。

（5）针对隐形影响指数，运用结构方程分析法分析农村电子商务发展水平与系列间接结构指标之间的内在联系。例如，农村电子商务发展水平影响了农村劳动力的结构和层次水平，后者又影响了农村的社会治理水平。三者联动关系可以用结构方程模型呈现。

（6）针对协调指数（反映电子商务影响下某淘宝镇资源配置效率动态变化的趋势，以及电子商务与其他非产业指标的联动水平和协调程度），运用 Malmquist 指数法分析典型农村电子商务发展水平和其他产业及社会发展指标的联动水平和协调程度变化特征。

---

[1] 曹晶晶. 电商经济发展对共同富裕的影响机制分析——基于收入分配视角[J]. 商业经济研究，2021（21）：81-84.

5. 指数模型应用

应用指数模型对典型乡村进行电子商务发展评价，通过评价重点开展三方面的工作：一是通过指数模型应用实践检查模型的适用性与科学性，为模型进一步修正、完善奠定基础；二是根据评价结果提出改进优化农村电子商务发展的意见、建议；三是总结梳理典型乡村发展电子商务的经验规律，编辑案例集，为其他农村地区提供模式借鉴与经验参考。

6. 对策建议研究

一方面，通过对各地现行农村电子商务发展扶持政策的系统梳理，以及从横向地域维度和纵向时间维度的比较分析，归纳政策类型，评价政策实施效果；另一方面，分析我国农村电子商务的发展现状，总结先进做法、经验、模式与规律，形成可供参考借鉴的典型范式。在有效政策和先进范式的基础上分类提出促进农村电子商务发展及电子商务和农村经济社会协调发展的对策建议。

1.2.2 关键问题

1. 农村电子商务的内涵界定

农村电子商务是一个源于产业界的概念。截至目前，主流学术期刊和博士论文数据库中尚未发现对其内涵的权威界定。农村电子商务的概念自 21 世纪初形成以来，在诸多领域的研究与实践过程中不断演绎和发展，其内涵与外延都发生了巨大的变化，与涉农电子商务、农产品电子商务、农业信息化等有所交叉，又有所差异。到底以业务领域范畴，还是以经营主体性质作为农村电子商务内涵界定的依据，值得进行系统探讨。

2. 电子商务对三农事业的影响机理

电子商务对三农事业的影响机理研究是农村电子商务发展指数模型构建的前提和基础。电子商务对区域经济社会的影响绝不限于促进商品流通。实践证明，农村电子商务的发展对三农事业具有积极的促进作用。由于三农事业本身是一个相互作用的复杂生态，电子商务又兼具内部性和外部性双重特征，对于这种影响机理的分析，涉及内在与外在、直接与间接、显性与隐性等多重因素交织与价值取向博弈。无论从重要性还是复杂性角度而言，对三农事业影响机理的剖析都首当其冲。

3. 发展指数模型的构建

指数模型的构建和完善涉及指标的客观选取、权重的科学设定及结论意义的准确描述，只有做到“理论依据充足、实践数据客观、权重科学确定、模型反复推敲”，才能保证指数模型的科学性、有效性和权威性。但是，农村电子商务发展依赖特定的国情背景，发展时间仅 10 余年，缺乏足够的理论成果支撑，电子商务对农村经济社会的影响又十分复杂，涉及主体多元、形态多样、关系多维，显性、隐性因素交织，自变量、应变量动态相互转换，要形成具有普适性的定量研究模型具有较大的难度。

1.3　研究思路与方法

1.3.1　研究思路

一是理论先行，通过对农村电子商务相关理论溯源和系统整理，对农村电子商务进行内涵界定。二是实践同步，在理论指导下结合实际案例开展电子商务对农村经济社会发展的影响研究。三是模型建构，运用系统方法，主观与客观结合，定性与定量互补，建构农村电子商务发展指数模型。四是应用实践，将指数模型进行实际测度应用，评价典型乡村电子商务发展水平。五是对策研究，结合政策效果评价制定对策和建议，供决策部门参考。具体研究思路如图 1-1 所示。

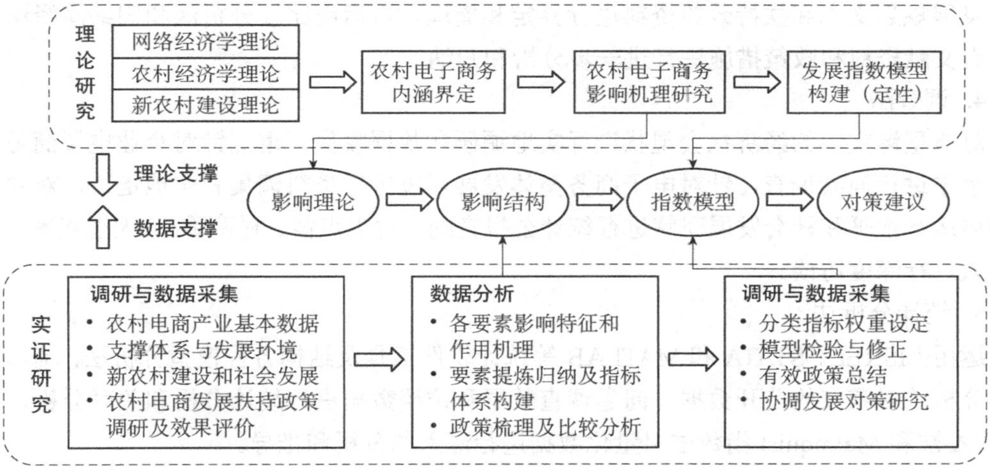

图 1-1　具体研究思路

1.3.2　研究方法

理论研究和政策研究主要采用文献法、比较分析法和归纳演绎法，实证研究主要采用调查法、统计分析法，同时还运用专家咨询法和团队研讨法等。研究中使用的主要方法如下：

1. 文献法

文献法也称历史文献法，是指通过阅读、分析、整理有关文献材料，全面、正确地研究解决某一问题的方法。一是编写大纲，明确农村电子商务相关文献的检索目标和范围；二是搜集、梳理并鉴别 2006 年至今所有有关的文献；三是对文献内容进行详细阅读、分析、归纳和摘录；四是根据大纲将摘录的材料分项、分条加以组织，主要根据农村电子商务的内涵、电子商务的影响、电子商务的评价、农业信息化发展等维度进行分类和归纳；五是分析研究相关材料，形成文献研究报告。

2. 比较分析法

比较分析法又称对比法，是通过实际数与基数的对比来提示实际数与基数之间的差异，借以了解经济活动的成绩和问题的一种分析方法。科学探究活动常常用到对比分析法，这种分析法与等效替代法相似。本研究的比较分析主要基于两个维度：一是横向将农村电子商务发展先进的区域和相对落后的区域进行经济、社会、文化等全方面数据对比，从而洞悉农村电子商务发展的影响特征；二是纵向对农村区域主要经济社会指标增长特征进行数据对比分析，以反映电子商务基于时间维度的影响特征。

3. 归纳演绎法

搜集网络经济学、农村经济学等领域国内外现有的文献资料，系统总结关于农村电子商务内涵、电子商务影响方面的研究成果，并对国家、省、区、市四个层面关于农村电子商务发展规划文本和扶持政策资料进行界定和梳理，再运用比较分析法和归纳演绎法等对现有文献资料和政策措施进行进一步分析和归纳。

4. 调查法

对典型淘宝镇的经济社会现状进行实地调研和数据收集，重点针对企业电子商务应用发展水平进行问卷调查，针对电子商务整体发展环境进行资料调集和实地走访，对农村经济整体运行水平和社会发展现状进行统计公报查阅，对重点镇、村两委[①]，大型卖家、企业负责人进行深度访谈。

5. 统计分析法

运用 LISREL、STATA 和 MATLAB 等统计软件工具及结构方程模型分析法，辅以其他因子分析法对获取的公开数据、问卷调查数据和访谈数据进行统计分析和关联分析，再运用 DEA 法和 Malmquist 指数法对量化数据进行深入的分析和推导。

1.4 研究创新与评价

1.4.1 创新点

1. 研究对象

对农村电子商务的内涵重新进行界定，突破了传统单纯运用区域经济学理论解释农村电子商务发展经济现象的局限，充分运用产业经济学理论，将农村电子商务作为区域产业集群进行价值链分析，探析农村电子商务发展的关键要素和内在机理。

① “镇两委”即镇党委和镇政府，“村两委”即村党支部委员会和村民委员会。

2. 研究视角

第一，当前相关研究更多的是关注农村电子商务自身的发展及其对农业的影响，本研究立足三农事业发展的视角，把农村、农业、农民发展作为一个整体系统中的若干关键要素，从微观到宏观，以整体视角分析电子商务发展对三农事业的促进作用。第二，构建发展指数模型，对农村电子商务的发展及影响进行定量测度，突破了以往对农村电子商务停留在定性层面的认知。

3. 研究方法

定性分析与定量分析并重，理论与实证结合。一方面，对淘宝镇、淘宝村等典型农村电子商务发展先进地区样本进行驻点考察、面对面访谈，深入政府、协会翻阅工作报告，深入组织和企业工作，收集了第一手数据；另一方面，按照从特殊到一般、从现象到本质、从模式到规律的逻辑结合理论分析，深度挖掘演化经济学和城乡结合理论对于现实农村区域发展新模式的解释潜力。

1.4.2 研究不足与局限

1. 调研样本分布不够合理

我国地大物博，不同地区经济发展特征差异较大。农村电子商务的发展以浙江、江苏、广东、福建等地为代表，中西部地区发展相对滞后。同时，不同地区的农村电子商务模式、业态大相径庭。由于研究时间、精力方面的局限，研究对象样本的覆盖面难以全部覆盖广袤的农村地区，少数知名度不高但有特色和亮点的发展案例可能被忽略。

2. 理论运用的合理性有待思辨

农村电子商务属于新产物，兼具典型的中国特色。国外经济学理论对农村电子商务发展的理论支撑不足；我国在电子商务、网络经济、数字经济及三农事业发展方面取得举世瞩目的成就，实践成果多，经验足，但在经济学层面的理论研究还有待进一步提升。为此，本研究在理论体系的完整性、学术观点的权威性、场景运用的合理性等方面仍有待进一步探讨。

3. 指数模型的适用性有待验证

本研究构建的农村电子商务发展指数模型，在测度工具方面反复进行了简化，但仍需要一定的工作量，既需要采集面板数据，又需要深入一线收集各类主观性数据，还需要进行显著性检查。因此，模型在适用性验证方面仅在几个村镇进行了试点，在其他不同类型和模式的村镇是否适用，有待进一步验证。

1.4.3 未来展望

当前，我国经济发展进入双循环格局，在抗击新冠疫情中体现出了较强的产业链韧性，经济延续发展态势，但仍然不稳固、不均衡。全球疫情仍在持续，外部环境更趋复杂严峻；在“双碳”背景下，传统企业节能减排和转型升级面临新的机遇和挑战。数字经济发展进入 2.0 时代，“云、物、大、智、区”等新一代信息与通信技术和经济社会发展的融合更加紧密，政府数字化治理转型处于关键期。浙江省正在创建共同富裕示范区，山区 26 县的发展成为被普遍关注的焦点。农村电子商务未来发展机遇大好，但从依赖自然资源和传统产业集群优势转向基于高端要素驱动迫在眉睫。全民物质富裕、精神富有是未来农村电子商务发展的核心目标，推进产业链、技术链、人才链、创新链四链融合是未来农村电子商务可持续发展的关键所在，农村电子商务发展指数也应以此为依据不断优化，在未来持续对农村经济社会发展发挥测度和导向作用。

第 2 章　理论与政策基础

农村电子商务是电子商务的一个分支。农村电子商务的内涵研究是农村电子商务相关领域所有研究工作的基础。特别是关于农村电子商务的发展历程、影响特征，与经济社会发展的融合机理及评价方式，必须以对农村电子商务的内涵剖析为起点。

2.1　电子商务发展综述

2.1.1　电子商务的内涵

1. 关于电子商务内涵的已有研究

电子商务的概念早在 1996 年前后就被提出，但迄今未有明确的权威性定义。联合国国际贸易法委员会《电子商务示范法》（1996）定义了电子商务的广泛含义，即"电子商务"标题之下可能广泛涉及的电子数据交换在贸易方面的各种用途。"电子商务"概念包括的通信手段有以下以电子技术为基础的传递方式：以电子数据交换进行的通信，狭义界定为电子计算机之间以标准格式进行的数据传递；利用公开标准或专有标准进行的电文传递；通过电子手段，例如，通过互联网络进行的自由格式的文本的传递。1997 年 11 月 6—7 日，国际商会在法国首都巴黎举行了世界电子商务会议，从商业角度提出了电子商务的概念：电子商务（electronic commerce）是指实现整个贸易活动的电子化。从涵盖范围方面，电子商务可以定义为交易各方以电子交易方式而不是通过当面交换或直接面谈方式进行的任何形式的商业交易；从技术方面，电子商务可以定义为一种多技术的集合体，包括交换数据（如电子数据交换、电子邮件）、获得数据（如共享数据库、电子公告牌）及自动捕获数据（如条形码）等`。美国政府在其《全球电子商务纲要》（1997）中比较笼统地指出，"电子商务是指通过互联网进行的各项商务活动，包括广告、交易、支付、服务等活动，全球电子商务将会涉及全球各国"①。世界贸易组织电子商务专题报告（1998）将电子商务定义为通

` 覃征. 电子商务概论［M］. 2 版. 北京：高等教育出版社，2006.

① 斯莱特. 电子商务[M]. 上海：上海科学技术出版社，2001.

过电信网络进行的生产、营销、销售和流通活动，它不仅指基于互联网的交易，还指所有利用电子信息技术解决问题、降低成本、增加价值和创造商机的商务活动，包括通过网络实现从原材料查询、采购、产品展示、订购到出库、储运及电子支付等一系列贸易活动。全球信息基础设施委员会（GIIC）电子商务工作委员会报告草案将电子商务定义为运用电子通信作为手段的经济活动，通过这种方式人们可以对带有经济价值的产品和服务进行宣传、购买和结算。这种交易方式不受地理位置、资金多少或零售渠道的所有权影响，公有私有企业、公司、政府组织、各种社会团体、一般公民、企业家都能自由地参加广泛的经济活动，其中包括农业、林业、渔业、工业和服务业。电子商务能使产品在世界范围内交易并向消费者提供多种多样的选择。因此，人们早期一般认为电子商务是利用电子化手段开展各类商业活动。

2007 年，我国出台《电子商务发展“十一五”规划》，提出电子商务是网络化的新型经济活动，即基于互联网、广播电视网和电信网络等电子信息网络的生产、流通和消费活动，而不仅是基于互联网的新型交易或流通方式。电子商务涵盖了社会不同经济主体内部和主体之间的经济活动，体现了信息技术网络化应用的根本特性，即信息资源高度共享、社会行为高度协同所带来的经济活动高效率和高效能。

目前主流研究一般认为电子商务的定义有狭义和广义的区别。狭义的电子商务（e-commerce）一般是指利用互联网从事以商品交换为中心的各类商务活动，这种商品既包含有形产品`，也包含无形的服务等。广义的电子商务（e-business）是指电子商务手段在各类商务、事务、业务中的应用，参与主体不仅包括企业与个人，还包括政府、事业单位、其他非营利组织等，包括电子商务、电子政务、电子军务、电子医务、电子教务、电子公务等。

2. 电子商务内涵的界定

根据主流研究和业界惯例，当前产业界和学术界通常提及的电子商务大多数被认定为狭义的电子商务，即以基于互联网的商品交换为中心的商务活动。这里往往会出现两个争议点。

第一，基于学术严谨性考虑，在互联网（internet）、企业内部网（intranet）和增值网（value added network）上从事的以交换为中心的商务活动均可以定义为电子商务。然而，基于企业内部网和增值网的商务活动已经不合时宜，或者狭隘地存在于一些大型企业、特殊企业之间。当前应用广泛、影响深远的电子商务形式都是基于互联网的，低成本、零门槛、高效率的电子商务。所以，从学术研究角度，可将电子商务定义为在互联网、企业内部网和增值网上从事的以交换为中心的商务活动，可以用“现代电子商务”一词定义基于互联网的以交换为中心的商务活动。

第二，基于现实业界的普遍理解，电子商务的外延往往更小，体现为与商品交换关联的密切程度。例如，网络广告、网络客服、网络资讯，通常不一定被认为属于电子商务活

` 有形产品又称“实际产品”。

动。我们通常认为，从事信息推荐的今日头条、从事搜索竞价排名的百度、从事自行车共享服务的美团单车等企业属于互联网企业，均不是电子商务企业，而从事网上交易活动和商品推荐的企业（如阿里巴巴、蘑菇街、拼多多等）则更属于纯粹的电子商务企业。实质上，这种认知是基于对产品特性和价值特性的狭隘理解形成的。一方面，交易的对象并非一定是有形产品，也可以是无形产品，如服务、数据、算法等，如猪八戒网就可以被视为一个从事服务交易的平台网站，与淘宝网（以下简称“淘宝”）并无本质区别。同样，智联招聘也可以被视为从事人力资源交易服务的平台网站。另一方面，在 Web2.0 的框架约束之中，互联网的价值生成和分配结构是垄断的；而在 Web3.0 时代，任何互联网行为均可以根据对互联网的实际贡献获取一定的价值认可和取得相应的价值回报，这样无论是从事哪一种服务的互联网企业，其互联网活动都具有商业活动性质。

2.1.2　电子商务的演化

1. 从第一方到第六方电子商务

相对于从第一方到第七方物流，目前对电子商务的类似提法并不热门。关于第一方、第二方和第三方电子商务，业内能够形成较为一致的认知；关于第四方电子商务，目前没有权威定义，国内少数学者做过相关研究；而关于第五方、第六方、第七方电子商务的研究几乎没有。

（1）第一方电子商务。

第一方电子商务很容易理解，是指由卖方提供和运营交易平台的电子商务模式，如以往戴尔直销、雅芳商城、凡客诚品、海尔商城等企业的直销模式，京东、苏宁易购、当当网等平台的自营部分也属于第一方电子商务。第一方电子商务模式的前提是企业具备足够的影响力和认知度或者产品属于强需求类型，并具备很强的不可代替性，如戴尔直销、小米商城等都取得了成功，而凡客诚品等依靠大量广告引流的新兴直销网站很难发展。

（2）第二方电子商务。

第二方电子商务是指买方提供和运营交易平台的电子商务模式。此类模式大多数出现在大型企业、政府和事业单位，通过集中招投标的形式采购原材料、机械设备、半成品或者相关服务，统一招投标一是限于法律法规规定，二是为了在众多供应商中寻找最佳供应商。

（3）第三方电子商务。

第三方电子商务是指独立于产品或服务的供给方或需求方，仅为交易提供网络平台的电子商务服务方，如淘宝、易趣网、1688（阿里巴巴）等，以及京东、苏宁易购等网站的平台部分（非自营部分）。

（4）第四方电子商务。

关于第四方电子商务，国内学者喻光继（2007）将其定义为价值网集成者和控制者，即采用信息和网络通信技术对价值网进行有效分解和重构，并对其中价值流进行全程监督和控制的电子商务模式`。方才千及其导师团队（2010）将其定义为：在电子商务价值链中，不直接参与电子商务交易但又对电子商务交易产生实质性影响的间接利益方的集合。这些服务方提供的服务被笼统称为第四方电子商务服务[①]。第一种定义相对较为抽象，难以明确具体为哪些电子商务活动（以下简称“电商活动”）的直接或间接参与方；第二种定义相对笼统，且未对近年来电子商务关联产业的高速发展变化和业态不断丰富进行考量。为此，笔者将第四方电子商务定义为：为前三方电商活动提供支付、物流、认证、信息技术、计算资源、投融资、数据分析等直接支持的服务方，如支付宝、阿里云、菜鸟物流、SAS 中国等。

（5）第五方电子商务。

相对于第四方电子商务，第五方电子商务可以被定义为：为电商活动提供全产业链服务的综合性集成服务生态。例如，阿里巴巴集团（以下简称“阿里巴巴”）拥有淘宝、天猫、1688、速卖通等电商平台，三者相互支持（如 1688 平台可为淘宝提供货源，天猫可以为淘宝优质卖家提供发展晋升通道，淘宝商品可以一键复制到速卖通平台等），且拥有支付宝、阿里云、菜鸟物流、阿里妈妈、淘宝大学、口碑网、蚂蚁金服、一淘等服务，从而集成了导购、交易、推广、物流、客户关系管理、金融、人才培养等系列功能，形成了强大而健全的阿里生态体系。当然，亚马逊、京东等大型电商平台也在向第五方电子商务转型。

（6）第六方电子商务。

若存在第六方电子商务，那么笔者预言必定是突破企业和资本体系的，绝对去中心化的交易模式。基于区块链技术的全面应用，在巨大的互联网平台上，所有的产品、资源和服务按照一定的价值自由进行公平流通，货币被消灭，回归物物交换本质和绝对按劳分配的格局。当然，这只是一种预测，有待进一步探究。

2. 电子商务与网络经济、信息经济、知识经济、数字经济

电子商务、网络经济、信息经济、知识经济这几个概念的含义有着密切的联系，很多时候可以交叉使用，但存在明显差异。

（1）网络经济。

网络经济是一个经济学概念，在微观上属于信息产业中的一类部门经济；但人们通常认知的网络经济一般是一种广义的概念。百度百科对网络经济的定义：建立在计算机网络基础之上，以现代信息技术为核心的新的经济形态。它不仅指以计算机为核心的信息技术产业的兴起和快速增长，也包括以现代计算机技术为基础的整个高新技术产业的崛起和迅猛发展，更包括由于高新技术的推广和运用所引起的传统产业、传统经济部门的深刻的革命性变化和飞跃发展。简单地说，网络经济就是以计算机网络为基础的经济形态。

（2）信息经济。

1959 年，美国著名经济学家马尔萨克在《评信息经济学》一文中使用了“信息经济学”

` 喻光继. 关于第四方电子商务模式研究[J]. 改革论坛，2017（12）：139-141.

① 方才千. 第四方电子商务综合服务模式架构研究[D]. 广州：华南理工大学，2010：22.

一词。1961 年，斯蒂格勒发表了著名的《信息经济学》一文，使信息经济学成为一门新兴学科[1]。信息经济也有广义和狭义之分。狭义信息经济属于部门经济范畴，指信息产业的经济本身；广义信息经济涵盖信息化时代的整体经济形态，可以说是继农业经济、工业经济之后的新型经济形态，其中包含对农业经济、工业经济和其他服务业的信息化改造。

（3）知识经济。

经济合作与发展组织在 1996 年底发表的《以知识为基础的经济》报告中定义知识经济为建立在知识和信息的生产、分配和使用之上的经济①。知识经济亦称智能经济，它是和农业经济、工业经济、信息经济相对应的一个概念。用五度空间模式来定位理论对实践的指导作用和科学规律对经济客体的规范作用；五度空间理论使哲学和自然科学及其他学科实现了统一，使哲学可以量化，可以实现它的功能和意义，从而实现真正的哲学革命②。简单地说，知识经济就是以知识和高素质人才作为核心生产力的经济形态。

（4）数字经济。

2017 年 7 月 13 日，中国信息通信研究院在第十六届中国互联网大会上发布了《中国数字经济发展白皮书（2017 年）》（以下简称“白皮书”）。白皮书中编制了中国数字经济指数，该指数表明，2016 年数字经济增速显著高于我国宏观经济景气指数，成为拉动经济增长的重要引擎。根据白皮书的测算，2016 年中国数字经济总量达到 22.6 万亿元，同比名义增长接近 19%。而 2016 年我国 GDP 总量为 74.4 万亿元，也就是说 2016 年我国数字经济占 GDP 比重超过 30%。

根据白皮书的定义，数字经济是继农业经济、工业经济之后更为高级的经济阶段，是以数字化的知识和信息为关键生产要素，以现代信息网络作为重要载体，以信息通信技术的有效使用作为效率提升和经济结构优化的重要推动力的一系列经济活动。

数字经济的构成包括两大部分：一是数字产业化，也称为数字经济基础部分，即信息产业，具体业态包括电子信息制造业、信息通信业、软件服务业等；二是产业数字化，通常指传统产业由于应用数字技术带来的生产数量和生产效率的提升，其新增产出部分也是数字经济的重要组成部分。

2.2 农村电子商务发展综述

2.2.1 农村电子商务起源

进入 21 世纪以来，电子商务飞速发展，不断融入经济社会发展的方方面面，与各行各

[1] 马费成. 信息经济学[M]. 武汉：武汉大学出版社，1998.

① 岳泉，谭华军，施云. 信息经济、知识经济与网络经济[J]. 图书情报工作，2000（10）：9-12.

② 韩振峰. 知识经济：二十一世纪的主导型经济[J]. 金融信息参考，1998（9）：6-7.

业的关系愈发密切。在农业领域，特别是农产品产业链前端的销售环节，电子商务发展带来的影响与日俱增。中央从2004年起每年下发关于农业、农村的“一号文件”，为农村现代化发展指引方向。信息化是农村现代化的重要组成部分，有关部门先后出台了旨在提升农村信息化水平的系列政策，该阶段农村信息基础设施、农产品电子商务快速发展。2005年，中国第一家农产品网络零售商“易果生鲜”上线，目标市场是城市中高收入家庭，为其提供优质水果。该阶段与前一阶段对比，从信息服务转为交易服务。企业开始涉足农产品电子商务领域，创新商业模式，促进农产品网上交易。农产品电子商务是图书、服装、3C电子商务之后的新热点。从2009年起，大量资本、企业进入农产品电子商务行业，制造了行业泡沫。截至2015年，国内农产品电子商务企业接近4000家，但仅有1%盈利，7%巨亏，88%略亏，4%持平（洪涛、张传林，2015）。

2012年成为中国农村电子商务领域非常关键的一年，也被称为“中国农村电子商务元年”。

2012年的中央“一号文件”提出“充分利用现代信息技术手段，发展农产品电子商务等现代交易方式”，这是中央“一号文件”首次明确提出发展农产品电子商务，具有里程碑意义。2012年全国“两会”互联网产业的代表提案，多数围绕电子商务及相关行业的发展与前景。当年的政府工作报告表示，要加快发展电子商务等现代服务业，积极发展网络购物等新型消费业态。5月，“顺丰优选”正式上线；6月，亚马逊中国在食品类目中分出海鲜品种，淘宝生态农业频道上线；7月，京东推出生鲜食品频道；10月，“褚橙进京”的经典营销案例家喻户晓。商务部发布的《中国电子商务报告（2012）》显示，截至2012年底，正常经营的注册地在农村（含县）的网店数量为163.26万个，其中注册地在村镇的为59.57万个。

2014年，阿里巴巴宣布，在3～5年内投入100亿元进行农村电子商务基础设施建设，在全国的1000个县、10万个行政村形成农村电子商务体系。2015年，京东也提出了农村电子商务发展的“3F战略”，包括工业品进农村战略、农村金融战略和生鲜电子商务战略，建设县级服务中心、帮扶店。同年，中央“一号文件”中第一次有了“农村电子商务”，并确定了农村电子商务示范工程。2016年，农村电子商务被界定的内容包括农产品进城、农资和消费品下乡等。2016年2月17日，国家发展和改革委员会（以下简称“发改委”）与阿里巴巴在京签署结合返乡创业试点发展农村电子商务战略合作协议。未来三年，双方将共同支持300余个试点县（市、区），结合返乡创业试点，发展农村电子商务。5月，苏宁成立农村电子商务学院，开展线上线下农村电子商务培训700场，培养农村电子商务人才超过10万人次。2017年，行政村通宽带的比例超过96%，贫困村宽带的覆盖率已经达到86%，农村信息基础设施的完善促进了农村电子商务的迅速增长。2017年，我国农村网络零售额达1.25万亿元，农产品电子商务零售额超过2500亿元。2018年，我国农产品网络零售市场呈现出品质持续提升、消费升级不断深化的特点。此外，社交电子商务零售额占比增加迅速。2019年，随着数字乡村建设、电子商务进农村综合示范、电商扶贫等工作深入推进，中国农村电子商务继续保持良好发展态势，农村网络零售和农产品上行规模不断扩大，农村消费市场潜力进一步释放，农村电子商务模式不断创新，电商扶贫实现国家级贫困县全覆盖，电子商务积极助力农业供给侧结构性改革，为乡村振兴提供了重要的新动能。2020 年，全国农村网络零售额达 1.79 万亿元，是 2015 年的 5.1 倍，远高于全国电子商务整体增速；农产品网络零售额达 4158.9 亿元，已占到农产品零售总额的 10%。2020 年，电子商务进农村综合示范项目累计支持 1338 个县，实现了国家级贫困县的全覆盖。2020 年底，全国建成县级电子商务公共服务中心和物流配送中心 2120 个、村级电子商务服务站点 13.7 万个，基本实现快递网点乡镇全覆盖，快递直投到村比例超过 50%，农村地区揽收和投递快递包裹超过 300 亿件，占全国的 36%；县域内网络店铺数量超过 1300 万家，总从业人员超过 3000 万人。其中，国家级贫困县网商总数达 306.5 万家，2020 年网络零售总额达 3014.5 亿元。自 2021 年以来，农产品线上“品牌化+平台化”方向发展趋势明显，农业科技、人工智能等正在持续推进农村电子商务的数字化发展。

2.2.2　农村电子商务内涵

农村电子商务是指利用互联网、计算机等现代信息技术手段，为从事涉农领域的生产经营主体提供在网上进行产品或服务的销售、购买和电子支付等业务交易的过程（岳欣，2015）。农产品电子商务包括农产品电子商务、农资电子商务、农村日用工业品电子商务和再生资源电子商务（洪涛、张传林，2015）。

农村电子商务常与农产品电子商务、涉农电子商务、农业信息化等概念被混用，但四者之间具有显著的差异。农产品电子商务的内涵较狭窄，主要是指以农产品及不同程度加工品为主营产品的电子商务。涉农电子商务的范畴则广得多，不仅包含前者，还涉及基于互联网的农业生产资料、农业生产工具与农民生活资料的流通，以及相应的基础设施建设；也就是说，涉农电子商务涉及三农，所有与农业、农村、农民相关的电子商务均属于涉农电子商务范畴。农业信息化、“互联网+农业”、数字农业、智慧农业，可以理解为四个一脉相承的词汇，是网络信息技术发展到不同阶段（信息化、网络化、数字化、智能化）在农业生产中的应用。

与农村电子商务的概念最为接近的应为涉农电子商务，但两者的差异主要体现在界定标准上。涉农电子商务更多的是从电子商务应用的业务领域和场景去界定的；而农村电子商务更多的是从空间地域去界定的，而非产业属性，指的是从业经营主体及经营行为在农村出现的电子商务。因此，农村电子商务不仅包含农产品电子商务、农业生产资料电子商务、农民生活资料电子商务，还包含许多生产经营行为出现在农村的制造业电子商务，乃至服务业电子商务。同样，无论从户籍性质还是从劳动领域界定，农村电子商务从业者并非都是农民。笔者对全国 11 个省份 100 个淘宝镇、300 多个淘宝村调查统计发现，超过 80%

的淘宝村、淘宝镇经营的主流产品是工业产品，而非农业产品，其中全国十大淘宝村集群经营的产品均为工业产品，如小商品、五金用品、鞋服、小家电、家具等，这与中国国际电子商务中心、阿里研究院等机构发布的各年度农村电子商务发展报告观点相吻合[1]。这也说明制造业产品电子商务销售产值更加可观，制造业产品（含农产品深加工）的附加价值更高。可以说，淘宝村、淘宝镇的本质是典型的区域产业集群，而农村电子商务的本质就是一种区域产业集群模式。

农村电子商务及相近概念内涵如表 2-1 所示。

表 2-1 农村电子商务及相近概念内涵

概念名称	侧重层次	界定标准	典型时代	典型特征
农村电子商务	应用层	地域范围	2005 年至今	经营行为出现在农村
涉农电子商务	平台层、应用层	业务领域	进入 21 世纪	三农相关
农产品电子商务	平台层、应用层	主营产品	进入 21 世纪	主营农副产品
农业信息化	物理层、平台层	应用技术	1980—2010 年	信息技术应用于农业
“互联网+农业”	物理层、平台层、应用层	应用技术	2010—2020 年	互联网技术与平台应用于农业
数字农业	平台层、应用层	应用技术	2015 年至今	物联网、大数据等技术应用于农业
智慧农业	应用层	应用技术	2020 年至今	人工智能技术应用于农业

2.2.3 农村电子商务发展历程

从 1994 年我国接入国际互联网开始，我国农村电子商务迄今大约经历了 4 个发展阶段。

1. 信息服务阶段（1994—2003）

1994 年 12 月，“金农工程”在国家经济信息化联席会第三次会议上被正式提出，旨在加速推进农村信息化布局和农业信息化发展，全面建立服务农业运作、管理和服务需要的全功能信息系统，其中包含建立和维护国家级农业数据库群及其应用系统；协调制定统一的农业信息采集、发布的标准规范，对区域中心、行业中心实施技术指导和管理；组织农业现代化信息服务及促进各类计算机应用系统，如专家系统、地理信息系统、卫星遥感信息系统在农业改革发展中的应用。在国家政策导向下，各地纷纷开始布局信息系统建设。1995 年，郑州交易所成立了集诚现货网，我国农村电子商务发展就此拉开了序幕。2004 年，

[1] 阿里研究院对淘宝村的认定标准：（1）经营场所在农村地区，以行政村为单元；（2）电子商务年销售额达到 1000 万元；（3）本村活跃网店数量达到 100 家，或者活跃网店数量达到当地家庭户数的 10%。阿里研究院对淘宝镇的认定标准：（1）一个乡镇或街道的淘宝村大于或等于 3 个。（2）在阿里巴巴平台，一个乡镇一年电子商务销售额超过 3000 万元、活跃网店超过 300 个，不局限于是否有淘宝村。阿里研究院对淘宝村集群的认定标准：（1）在同一个县、区或县级市，若淘宝村数量达到或超过 10 个，则称为“淘宝村集群”；（2）若淘宝村数量达到或超过 30 个，则称为“大型淘宝村集群”；（3）若淘宝村数量达到或超过 100 个，则称为“超大型淘宝村集群”。

农业部牵头在全国范围内实施第一轮电子信息进农村项目，让广大农村地区开始接受互联网带来的各种惠利[1]。

截至2003年底，全国共有农业信息服务相关网站3500多个，意味着我国农村电子商务正在快速发展。但是，严格地说，狭义的电子商务是指利用互联网以商品交易为中心的商业活动，而该阶段主要以信息服务为主，政府主导、国家投入是该阶段农村电子商务发展的主导动力，而市场化机制尚未真正形成。因此，将这一阶段定位为我国农村电子商务发展的萌芽阶段更为合适。作为政府主办的信息服务网站，其核心业务是自上而下地为农产品交易提供信息服务，组织、协调、引导信息资源的开发，建立和完善国家级基础性、公益性、综合性、关键性农业基本数据库群等。但是，在实际操作过程中还是出现了一些问题：由于当时农村居民大多数文化程度不高、互联网尚未全面普及，广大农民对农业农村信息化发展的必要性、可行性和发展前景认识高度不够，主动性和积极性不足，以致这些信息平台和数据库的建设效率不高，实际应用效果不尽如人意，主要表现为建成完工的大量信息基础设施绝大多数时间处于闲置状态，各项信息软件系统和应用工具使用率极低。同时，由于当时我国物流体系尚不健全，特别是广大农村地区物流基础设施建设不足，金融体系尚不健全，资金配置低效，以及农村劳动力素质总体不高，高层次农业人才匮乏，“金农工程”对农业发展和农村生产的信息化引导作用并不突出，对农产品上行及消费品下行的推动作用十分有限。

2. 网络交易阶段（2004—2013）

2003年，淘宝正式上线，历经一年多发展，迅速积累了供需两端用户群体。大量电子商务主体茁壮成长。2012年，淘宝商城改名“天猫”，这一事件标志着我国面向消费者的电子商务体系基本成熟，企业和个体经营者已经完全接受并形成了在线开展各类商品及服务交易的商业形态。

随着各类产品在阿里系电商平台上销售量大幅增长，平台商户已经从城市延伸到广大乡镇、村。中国第一个“淘宝村”在2012年正式出现。2013年，阿里研究院发布了20个中国淘宝村，仅一年过去，这一数据就被刷新到了211个，首批19个淘宝镇（拥有三个及以上淘宝村的乡镇街道）也随之涌现。淘宝村是指活跃网店数量达到当地家庭户数10%、电子商务年交易额达到1000万元的村庄。淘宝村的大幅出现标志着我国农户从事网络商品销售活动已具备相应规模，农村电子商务在农产品销售过程中的渠道疏通作用得到显著发挥。由于阿里系统对淘宝村的认定以交易额和网店数为两个基本指标，而没有对交易的产品属性进行分类，致使大量的以行政村形式存在的工业区、城中村等业态，产生了巨大的交易数据，并被纳入淘宝村范畴。也就是说，淘宝村并非代表农业电子商务、涉农电子商务的发展，而是与农村电子商务概念一致，从行政区划的视域界定这个概念内涵。

3. “互联网+”阶段（2014—2019）

“互联网+”是指在创新2.0（信息时代、知识社会的创新形态）推动下由互联网发

[1] 彭小珈. 农村电子商务发展效率及影响因素研究[D]. 长沙：湖南农业大学，2020：28-29.

展的新业态，也是在知识社会创新2.0推动下由互联网形态演进、催生的经济社会发展新形态。

国内“互联网+”理念的提出，最早可以追溯到2012年11月易观国际董事长兼首席执行官于扬在第五届易观移动互联网博览会上的发言。于扬首次提出“互联网+”概念，他认为“互联网+”是我们所在行业的产品和服务在与我们未来看到的多屏全网跨平台用户场景结合之后产生的一种公式。

“互联网+”简单地说就是“互联网+传统行业”。随着科学技术的发展，互联网与传统行业进行融合，创造新的发展机会。“互联网+”以其自身的优势，对传统行业进行优化升级转型，使得传统行业能够适应当下的发展，从而最终推动社会不断地向前发展`。自2014年以来，基于我国工业化与信息化同步发展的国情，电子商务的发展内涵更为丰富。互联网对产业的影响从商贸流通业渗透到产业链源头，深刻影响到生产、制造、流通等全环节及农业、工业、服务业等全业态，形成了“互联网+”新概念。

农村电子商务进入“互联网+”时代的表征有四点。第一，电子商务企业（以下简称“电商企业”）一直在寻找打通农产品从农村到餐桌的渠道，让农产品搭上互联网的“快车”，减少中间环节，拓宽销售渠道。在探索的过程中，农产品上行面临着质量控制、品牌创建、物流等难题，但在电商企业持续探索、迅猛发展的大形势下，这些问题逐渐缓解，获得突破。2018年，全国农产品网络零售额达2315.2亿元，天猫和淘宝平台占据了农产品网络销售额的“大半江山”，随后是京东、拼多多和苏宁易购。社交平台（如微信）也成为许多农户的销售渠道，其简单易行，有效缓解了“谷贱伤农”的历史性难题。农民不仅增收，思想观念也发生了转变，缩短了城乡之间的差距①。第二，在“互联网+”背景下，农村经济社会发生重要变化。电子商务使农产品销售质量提升、农业价值链升级。农民通过电子商务实现增收，能够进行更高质量的工业品消费。农村通过电子商务提升了基础设施建设水平和文化建设水平。第三，农村电子商务作用领域从真正意义上的农村衍生到了广大城乡接合部、工业区、城中村。由于我国工业化和城市化进程的特殊性，上述区域在各大城市均广泛存在。

4. 智慧三农阶段（2020年至今）

2017年，阿里研究院宣称数字经济2.0时代来临，但当时仅处于概念阶段。以大数据、物联网、人工智能、区块链等为代表的新一代网络信息技术概念十分热门，但在实际生产生活中的应用仍处于起步阶段。2020年，“千人千面”等大数据应用、无人驾驶等人工智能应用、智慧财务管理等区块链分布式记账手段应用，以及信息物理系统（CPS）概念的形成，意味着智慧时代真正来临。在三农领域，这些新技术也得到了愈加广泛的应用，如智慧农场的兴起。智慧农场基于物联网可穿戴设备的全面监控，由固件、人工智能、卫星图像和区块链技术提供支持，为农民提供有关健康、位置、喂养和动物的繁殖条件等信息。大数据使农业从业者和相关行业能够获取有关影响农业生产的不同因素的信息，并在日常农业中做出有效的决策。大型工业化农场采用物联网和区块链等技术，旨在提高产量。区

` 王志军，余新宇，齐梦梦.“互联网+”背景下我国农村教育信息化发展着力点分析[J]. 中国电化教育，2021（10）：91-97.

① 黄秀霞. 从“沙集模式”看电子商务对农村经济的影响［J］. 经营管理者，2011（15）：153.

块链技术正在农业食品供应链的管理中被应用，提供操作的透明度、安全性、稳定性和可靠性等功能。

物联网协助农业生产和供应链各个阶段的数据收集，对农业、加工、物流和营销过程中收集的数据进行大数据分析。例如，移动农业专家系统和农业预测分析都依赖大数据为种植者提供精准农业的智能建议，精准的风险评估可以帮助农业从业者更好地应对农业风险，包括生产风险、市场风险、制度风险及伴随的个人和货币风险。此外，大数据可用于解决食品安全、供应管理及食品损失和浪费等问题。与其他行业类似，农业通过采用融合技术来创新。大数据和人工智能已经在整个行业展示了它们的潜力和用途。种种迹象都预示着智慧三农的到来。

2.3 农村电子商务发展的理论基础

2.3.1 网络经济学理论

网络经济是建立在计算机网络基础之上，以现代信息技术为核心的新的经济形态。它不仅指以计算机为核心的信息技术产业的兴起和快速增长，也包括以现代计算机技术为基础的整个高新技术产业的崛起和迅猛发展，更包括由于高新技术的推广和运用所引起的传统产业、传统经济部门的深刻的革命性变化和飞跃性发展。

网络经济学是 20 世纪 90 年代中后期伴随着网络技术的进步和信息产业的发展而产生的，它是专门研究各种网络经济运行方式的科学。经济学的核心包括两大部分主干课程和网络技术方面的实务课程，其中包括公共基础课、经济学基础、网络经济理论与实务、网络技术应用等内容。

网络是指纵横交错的组织或系统。西方网络经济学家对网络的定义为：“网络是互补的结和链构成的。网络重要而鲜明的特征是不同的结和链之间的互补性。网络提供的服务需要两个或更多的组成部分。”还有网络经济学家指出，网络能够被视为建立在经济行为主体之间的相互作用的一个集，也是经济行为主体对不同经济目的采取相似行为的一个集。

网络经济有两个基本要素：经济行为主体的“集”和经济链的“集”。网络经济与其说是由经济行为主体构成的，还不如说是由经济行为主体之间的特殊经济联系组成的。经济行为主体及其相互之间的联系链可以是同质的，也可以是异质的。换言之，经济行为主体及其相互之间的联系链可以是同行业的，也可以是不同行业的。

对网络经济可以从狭义和广义两个方面来理解。狭义而言，网络经济主要指以信息和计算机网络为核心的信息和通信技术的产业群体。广义而言，网络经济主要指电信、电力、能源、交通运输等网状运行行业构成的产业群体。网络经济学者认为，网络经济已经成为规模经济或范围经济，其经济运作往往涉及一个国家的范围，甚至跨越国界，把几个国家或一个巨大的区域联结在一起。

西方网络经济学家认为，研究网络经济离不开应用传统新古典经济学的效用函数理论和市场理论，但远远不够，新分析范式应建立动态分析框架。网络经济学理论不是完全推翻传统的伴随 20 世纪的经济理论新古典范式，而是努力构建一个更一般化的分析框架，以期使新古典理论的各个方面变得更加完整。

网络经济学把网络区分为真实网络和虚拟网络。真实网络指经济行为主体间构建特定的网络联系物理结构，由实物资本和人力资本投资形成。实物资本和人力资本之总和构成真实网络的沉没成本。这种沉没成本构成了进入和退出特定的真实网络的重要壁垒。而虚拟网络与此不同，它是能兼容产品（分享一个共同的技术平台）的一种组合，各种数字产品能在共同技术平台的网络链上流通。

西方网络经济学家重视对网络外部性和锁定效应的分析。网络外部性是网络的属性之一。在同质的网络中，所有经济行为主体可能认同参与者的数量具有正的值，因为网络外部性允许其（比在网络不存在的条件下）以更低的成本去访问网络中的其他成员。所谓锁定效应，是指经济行为主体出于有限理性和无法预见未来，把自己局限在原有的技术网络之中，或锁定在原有的运行平台之中。例如，一种新技术提供了比旧技术更有效的解决方案，但经济行为主体依然依赖旧技术，其被锁定在过时的经济或技术解决方案之中。其原因是，从旧的解决方案转向新的解决方案，需要付出巨额的成本。在传统产业中，经济行为主体被锁定在旧技术状态中，不愿意从旧技术转换到新技术，不愿意承担沉重的转换沉没成本，这就是传统的锁定效应。

西方网络经济学家认为，在网络产品市场上，特定的网络经营主体把传统锁定效应转换成管理锁定效应。在网络经济运行中，了解正外部性重要性的公司能够运用自己掌握的专利技术和知识，锁定自身公司的业务和经营渠道，并在市场中获得支配地位。例如，其计算机软件开发公司大量开发软件产品，不断将软件升级，自身软件产品支配市场，成为行业标准。这样，在积极地产生管理锁定的过程中，以从一个网络转向另一个竞争网络相关的巨大的转换成本的形式，阻止其他市场竞争者进入，企业能够从壁垒中获得巨额租金。这样，对网络产品市场控制来说，企业设置转换成本的能力是一项重要的战略性的交易特权。因为锁定效应能从一个网络非常高的异质方面出现，所以发现或创造对客户锁定的可能性也变得很重要。

2.3.2 演化经济地理学理论

20 世纪 80 年代，社会学界从达尔文的生物进化论得到启发，将生物基因变化的理念运用到人类文化和社会的演化过程中，并取得了显著的进展。20 世纪 90 年代，演化思想的风潮在经济学界也掀起了波澜。经济地理学界借鉴了演化经济学的理论与方法搭建了新的理论框架与研究思路，推动了经济地理学的“演化主义转向”。演化经济地理学主要关注经济演变的过程和机制。尽管新经济地理学强调地理空间的重要性，认为空间集聚是经济活动收益递增的重要驱动力，演化经济地理学则强调历史在经济景观中的重要性，认为经济活动空间分布的不平均是历史演化的结果。目前，学界初步形成了演化经济地理学的基本框架，包括广义达尔文主义、复杂适应系统理论，以及路径依赖理论。

对特定产业的地方化现象最有影响的解释是聚集经济观点。这一观点较早可追溯到马歇尔，但提出最具有系统性模型的还属新空间经济学的代表人物克鲁格曼及以研究收益递增著称的布莱恩·阿瑟。聚集经济观点认为，聚集的发生主要取决于生产过程的报酬递增和运输成本之间的权衡。这种观点还考虑到了历史偶然性和预期的作用并意识到多重均衡的存在，即特定产业在哪个区位聚集是不确定的。在存在多个适合某种产业的区位的情况下，这种产业最终选择在哪里聚集有一定的历史偶然性，聚集经济的力量可以使没有太多优势的区位成为某种产业的聚集地。例如，对江浙一带产业集群案例的研究中，由于偶然的历史事件造成了某些产业的特定性要素在局部地区形成与发育。这些产业具有显著的地方文化特征，并在演化过程中不断强化。

演化经济地理学从企业的进入、退出与衍生来分析产业集群的产生与衰落。产业集群形成一定规模以后便集聚了大量相互关联的企业，这些企业的组织结构和组织惯例在发展中演化并留存下来，共同形成产业集群的一个发展优势。当一个区域拥有一定数量的企业和较为突出的优势以后，便影响后来企业的进入率。

第一代企业通常是具有较高创新能力的企业，这些企业之间存在关联性。区域经济中具备了多样性和技术关联性以后，可能组合出新的产业，即产业的衍生或裂变。衍生企业保持与母企业的高度相似性，优良的组织惯例往往能够在衍生中保持下来。衍生企业取得成功以后，还会创造出自己的衍生企业。衍生是集群内企业自我复制的重要路径，新企业或产业能否产生新的知识，以及组织惯例能否适应经济发展的需求，这是企业衍生成功与否的重要影响因素。在这个过程中，具有竞争力的企业存活并衍生出子企业，而缺乏竞争力的企业被淘汰出局。

2.3.3 区域创新理论

作为国家创新系统的重要组成部分，区域创新系统得到学术界和各国政府的高度重视。区域创新系统理论有两个来源：一是国家创新系统，区域创新系统是其重要组成部分；二是现代区域发展理论，它强调区域创新网络在区域经济与社会发展中的重要作用。创新的“系统范式”大致经历了企业创新系统、国家创新系统和区域创新系统三个阶段。

关于区域创新系统的定义，库克从“区域”“创新”和“系统”三个方面对此做了分析。

区域创新系统中的“区域”是一国范围内、由人的经济活动造就的、具有特定的地域构成要素的、不可无限分割的经济社会综合体。区域创新系统中的“创新”是将新的要素或要素的新组合方式引入区域经济系统，使系统具有新的功能，其目的是创造一种新的更为有效的资源配置方式，以实现经济资源的有效利用。区域创新系统中的“系统”采用一般系统论的定义，系统是由两个以上可以相互区别的要素构成的集合体，各个要素之间存在着一定的联系和相互作用，形成特定的整体结构和适应环境的特定功能，从属于更大的系统。他还认为，区域创新系统由具有明确地理界定和行政安排的创新网络与机构组成，这些创新网络和机构以正式和非正式的方式相互作用，以不断提高区域内部企业的创新产出为目的。概括地说，区域创新系统是指在一定区域内与创新全过程相关的组织、机构和现实条件组成的网络体系，是地方行为主体企业、大学、科研院所、地方政府等组织及个人之间在长期正式或非正式的合作与交流的基础上形成的相对稳定的系统。因此，区域创新系统是当代全球和国际网络社会中提高各国企业竞争力和优化科技资源必需的社会文化环境，是经济和社会可持续发展的基础。

根据以上对区域、创新和系统的界定，可以得出区域创新系统的定义，即在一国之内的一定地域空间，将新的区域经济发展要素或这些要素的新组合引入区域经济系统内，创造一种新的更为有效的资源配置方式，实现新的系统功能，从而推动产业结构升级，形成区域竞争优势，促进区域经济跨越式发展。

2.3.4 农村经济学理论

农村经济学学科的理论体系，从广义上说，包括农村经济学基本理论、发展史和思想史，以及农村生产力经济学、农村人口经济学、农村建设经济学等；从狭义上说，包括农村经济在国民经济中的地位和作用、农村社会经济结构、农村资源利用、农村生产部门经济、农村生产组织和管理、农村经济管理体制、农村人口与就业、农村居民生活、农村建设等。

农业经济学是研究农业中生产关系和生产力运行规律的科学。农业经济学是研究农业生产及与其相联系的交换、分配和消费等经济活动和经济关系的学科。其内容包括农业中生产关系的发展变化、生产力诸要素合理组织与开发利用的规律及应用等。对农业中的经济活动和经济关系进行研究，源于奴隶主管理庄园经济的需要，在封建社会又有所发展。

农业与农村紧密相连，两个学科之间也存在密切的联系，整合形成农业农村经济学。农业农村经济学可被定义为：研究农业生产部门中要素配置和经济运行管理的一般规律及实践经验的学科，是经济学、管理学的重要组成部分及分支。该学科以农业、农村和农民为研究

顾新. 区域创新系统的失灵及其完善措施[J]. 四川大学学报（哲学社会科学版），2001，114（3）.

对象，探索真实世界中的经济管理问题，把观察现实中的三农问题作为学科研究的起点，把解决三农问题作为学科努力的方向。中国农业农村经济学科的发展经历了从国外引进学科、形成国内学科体系和建立中国特色社会主义农业农村经济学的过程。

2.3.5　马克思城乡融合发展观

各个国家大体都经历了从乡村支持城市发展、乡村与城市关系分离、乡村与城市利益对立到最后城乡融合的四个阶段。马克思、恩格斯批判资本主义的生产方式并经历了由资本快速积累催生出的城市、乡村对立阶段，分析了城乡对立的根本原因并运用发展眼光对城乡关系的发展规律进行分析，为中国特色的城乡关系理论提供了研究基础。

在马克思和恩格斯看来，城市出现在本质上是生产力发展到一定阶段的必然结果。在人类社会整体生产力低下、生产关系简单的时期，社会分工不存在，也就没有以分工为基础的城市存在的必要。当劳动形式开始分化、开始出现分工，专注生产知识、改进工具的劳动者开始出现的时候，城市出现的基本要素才具备。马克思和恩格斯在《德意志意识形态》中写道："物质劳动和精神劳动的最大的一次分工，就是城市与乡村的分离。"当城市的生产效率远远超出乡村，乡村人口不断向城市转移的时候，城市开始占据整个社会的重要地位，城乡关系也就发生了深刻变化。城市脱胎于乡村，开始引导乡村的发展。马克思和恩格斯认为，虽然城乡地位发生了变化，但消除城乡差距和城乡对立是工业、农业及社会发展的必然要求，因为城乡对立将阻碍生产力的发展。虽然马克思和恩格斯认为城市和乡村的融合是社会发展的必然结果，但他们认为这种融合需要经历一个相当长的时期，将在共产主义时期得到实现，生产力到那时可以在农业和工业、城市和乡村间自由流动、合理分布，城市与乡村将协调发展。在关于城乡融合的理论中，两人主要关注了城乡融合需要着重实现的几个目标：一是彻底改变资本主义生产关系，二是城乡人口合理分布，三是工业与农业协调发展，四是交通运输业极大进步。

马克思和恩格斯认为，要达到消除城乡对立的目的，本质是要消除私有制。在资本主义体制内，经济发展靠的是剥削工人的剩余劳动来换取剩余价值，只要资本主义私有制存在，就改变不了资本最大限度地压榨劳动力来换取利润的本性，社会物质也就没办法充分满足每个人日益增长的生活需求，没办法实现劳动力的极大发展和城乡劳动力的合理分配。城乡人口合理分配的主要目的是解决城市人口众多、乡村人口不足的问题，以及使人口增长和社会发展相适应。工业与农业协调发展指的是将资本主义的工具（如灌溉、排水、耕地机械和化学农药等）投向农业，提高农业产量，同时改变工业支配农业的生产关系，将农业和工业配合，以此消除城乡对立。此外，马克思和恩格斯认识到交通运输业是改变社会发展的关键，它贯穿于生产、交换、分配和消费的各个环节。因此，在消除资本主义生产关系后，需要交通运输业极大发展，在助推社会化大生产中起到关键作用。马克思曾指出，工业与农业生产方式的革命，使得社会生产过程的一般条件，即交通运输手段的革命，成为必要。

马克思和恩格斯的城乡融合理论还着重强调先进技术对城乡协调的促进作用，认为先进的科学技术可以有效地提高农业生产力，增加农民的财富。马克思始终主张，科学技术是消除城乡分裂的至关重要的环节，也是城乡融合的基础。

2.3.6 竞争优势理论

竞争优势理论最早是由美国哈佛大学商学院教授迈克尔·波特在《国家竞争优势》一书中提出的。波特认为竞争优势是超越竞争对手而获得竞争利润。他将国家间的竞争优势分析引入企业竞争过程中，认为企业在竞争决策中主要有三个战略方向：第一个战略方向是总成本领先战略。他认为企业要在保证质量和服务的基础上，优化成本和管理费用，最大限度地降低成本，以使得总成本低于竞争对手。要使成本领先，企业可以从两方面着手：一个方面是企业凭借本身在领域内占据的较高的市场份额，与供应端保持良好的联系，以获得规模议价权；另一个方面是企业对内部设施的优化和创新，以获得较高的边际利润。第二个战略方向是差别化战略，挖掘产品或服务的独特性内容，形成产品或服务的差异化特色，从而具有高竞争力。但是，差异化战略会付出较高的成本代价。第三个战略方向是专一化战略，企业主攻某个特定的群体或某个产品线的一个细分区段或某一地区市场。此战略的前提是企业专注某个细分市场的客户服务，逐渐将其扩大到其他领域，最终超过其他竞争对手。从这三个战略方向上可以得出，企业的竞争优势主要是品牌形象、组织结构、产业规模、产品质量、劳动效率、公司信誉、新产品开发及管理和营销技术等方面具有的各种有利条件的综合。在农村电子商务发展之初，电子商务主体一般将现有资源进行整合和优化，完成初期的互联网化工作，而随着互联网的深入发展及新技术的不断应用，电子商务主体需要考虑更多的因素来创造更大的收益。总之，农村电子商务的发展离不开电子商务主体的发展，不论是个人还是企业，电子商务主体都以效益最大化为生存目标。所以，研究农村电子商务问题，势必涉及产品竞争、优势挖掘、品牌定位等方面的问题。

2.3.7 交易成本理论

交易成本理论是著名经济学家罗纳德·科斯在《企业的性质》中首次提出的，他对市场和计划能够有效地进行资源配置的手段提出了质疑，认为企业的组织方式比市场更有效，并提出企业的交易成本可以更有效地调节生产和计划，达到资源配置的目的。威廉姆森对交易费用理论进行了深入和系统的研究。交易费用理论认为，在交易过程中产生的交易费用决定了企业的存在基础，企业采取不同的组织方式和发展模式的最终目的是节约交易费月。交易费用一般可分为广义交易费用和狭义交易费用两种，广义交易费用包括达成交易需要的有形和无形的成本，狭义交易费用包括市场交易费用等外生交易费用。交易费用决定了一个企业的边界，而企业的边界决定了企业成长的边界。交易费用理论不断发展，成为解释企业演变的重要理论之一。有学者研究认为，交易费用理论可解释企业边界向市场过渡和扩展的过程，是市场交易成本与企业协调成本之间取得平衡的结果（王颖，2018）。同时，我们可以利用新技术拓宽交易的渠道，提高交易的速度，从而降低交易费用成本（尹书政，2018）。关于交易费用的测量，现在还没有准确的测量方法，很多经济学家认为，由于交易费用中涉及很多无法用货币表示的内容，准确测量交易费用较为困难，但可以用间接的方法进行测量。不过由于测量和研究方法的多样性，导致交易费用测量的标准缺少一致性，仍需要学者开展研究和探索。农村电子商务的最大的优势是源头，特别是农产品电子商务，可以控制源头质量和源头成本，可以在网络竞争中占据比较大的优势。但是，随着竞争的加剧，网络营销的成本也在不断地上升，获取单个流量的成本和客单价很难达到完美的匹配，成本控制是无法避免的问题。有鉴于此，电子商务主体会不断寻求成本降低和营销效率提升的方法。

2.3.8 乡村治理理论

“乡村治理”概念的提出与运用，与治理理论的广泛流行密切相关。事实上，治理理论是乡村治理的理论基础。20 世纪 90 年代以后，治理与善治理论成为西方学术界最具有影响力的理论体系和分析框架之一，至今方兴未艾，并引起国内学术界的广泛重视。在国内外理论界对治理与善治研究兴起的过程中，中国农村研究领域同步出现的一个值得肯定的取向，就是以徐勇领衔的华中师范大学中国农村问题研究中心吸收“治理”理念，并结合我国三农实际情况，在 1998 年提出了“乡村治理”这一更具有包容性的概念来解释和分析乡村社会。与“农村居民自治”“村级自治”等概念相比，“乡村治理”这一概念对于研究处于转型和变革中的中国农村社会更具有广泛适应性，能将社会变迁中的农村政治、经济、社会诸多方面容纳进来，进行综合性分析。在中国农村发展史上，虽然不乏太平盛世，但农民永远处于弱势群体的位置，即使在改革开放以后，农民问题也一再引起世人的关注。到了 20 世纪末，当“农村真穷、农民真苦、农业真危险”的呼声响起时，三农问题再次引起社会的广泛关注，以“乡村治理”为关键词的乡村问题研究应运而生，并成为乡村问题研究的主流范式。乡村治理理论成为一种新型基层政治理想用语，可以说乡村治理理论的提出与研究是“治理”理论与乡村研究的成功嫁接。

在新时代，我国乡村治理面临三个变化。一是经过了改革开放 40 多年的长足发展，我国乡村面貌得到了极大的改变，不仅经济增长、农民增收，基础设施建设、生态环境治理、公共服务供给、区域文化发展等都实现了一个又一个的飞跃。在共同富裕背景下，国家更加重视乡村发展，乡村治理面临更多的政策支持。二是乡村居民文化水平大幅提升，参与治理的意愿更加强烈。由于乡村居民整体受教育水平和文化程度提升，更多优秀年轻人回乡村创业、就业，老年大学、社区教育进乡，乡村的居民结构更加复杂，价值观更加多元化，使基层治理水平得到巨大的提升，同时面临新的挑战。三是在“互联网+”、数字乡村建设的背景下，互联网在很大程度上改变了广大乡村居民的思维方式和生活方式，平等、自由、参与、分享等新的观念逐渐深入人心，互联网工具和手段对于推进乡村基层治理体系和治理能力现代化起到了重要的推动作用。

2.4 我国农村电子商务发展的政策脉络

2.4.1 政策研究文献综述

发展农村电子商务，政策的支持作用是不可或缺的要素条件，特别是在产业孵化和快速发展期间，拥有较高吸引力的产业推动政策是促进农村电子商务产业迅速发展的关键因素。国外对于农村电子商务政策的研究起步较早，发展较为成熟，对我国政策体系的完善有一定的借鉴意义。国外关于农村电子商务政策的研究主要是探究政府在推动农村电子商务发展中所起到的作用。例如，有学者认为消费者和商户在网络交易中相互信任是推动电子商务发展的关键，这就要求政府部门制定相关法律法规为消费者和商户营造公开透明的交易环境`。Bodini 等采用案例研究的方法，结合计算机科学和市场营销的视角，对葡萄酒电子商务网站的质量进行分析，并提出农村电子商务参与者和决策者可以将农村电子商务发展政策视为实现政府政策目标的一种手段和方法[①]；Alqatawna 等认为，政府需要创建一个安全可靠的电子商务交易环境[②]；以中国两个偏远村庄为例，Leong 等研究了信息与通信技术在促进农村电子商务生态系统发展中的作用，发现政府政策支持是推动电子商务发展的最重要的因素，在推动基础设施建设及优化创业环境等方面发挥了积极的作用[③]；P. Maribel 通过理论推理与实证检验分析指出，农业生产的地域性、分散性及非标性严重制约了农业生产工业化和农产品流通现代化的进程，政府应从农村电子商务发展的特征及难点着手，研究确定与本地区经济发展相适应的特色农村电子商务发展模式和政策[④]；Hong 认为，中国农村电子商务的发展与发达国家相比相对滞后，各级政府必须在资金投入、财政

` KYE C. EU E-Commerce Policy Development: E-Commerce in the EU: Bringing Businesses and Consumers Aboard[J]. Computer Law & Security Review，2001，17（1）：25-27.

① Bodini A，Zanoli R. Competitive Factors of the Agro-food E-Commerce[J]. Journal of Food Products Marketing，2011，17（2-3）：241-260.

② 潘亚男. 瓦房店市农村电子商务政策落实问题研究[D]. 大连：大连理工大学，2018.

③ LEONG C M L，PAN S L，NEWELL S，et al. The Emergence of Self-organizing E-Commerce Ecosystems in Remote Villages of China：A Tale of Digital Empowerment for Rural Development[J]. MIS Quarterly，2016，40（2）：475-484.

④ MARIBEL P. The Research of Rural E-Commerce Pattern[J]. Information Systems Research，2016，12（2）：60-71.

支持、税收政策、立法等方面承担责任并提供帮助。

当前，我国农村电子商务发展较为迅猛，但仍面临许多问题，其中很大一部分原因在于政策体系不完善。目前，国内学者对于农村电子商务的研究主要停留在农村电子商务运行机制及模式创新等方面，对于农村电子商务政策的研究较为稀少。从现有可搜集到的关于农村电子商务政策的文献来看，主要集中于对区域农村电子商务或农产品电子商务政策的研究，对国家政策层面的研究较少。钮钦从政策工具的应用视角对国家层面农村电子商务相关政策文本进行量化分析，发现环境型政策工具占比 78.42%，使用比例最高，尤其目标规划和法规管制工具的使用存在过溢风险，而能够有效推动农村电子商务产业发展的金融支持和税收优惠工具使用不足；此外，能够拉动农村电子商务产业发展、稳定市场环境的需求型政策工具在政策中的使用明显不足。贺桂和、莫利桃通过对湖南省农村电子商务政策进行研究后发现，湖南省颁布的相关政策虽然从微观层面为当地农村电子商务产业的发展指出了明确的方向、制定了相应的实施细则，但政策的制定缺乏地方特色，没有将少数民族特色资源融入农村电子商务产业的发展中，制约了少数民族地区的“互联网+”进程①。侯振兴通过对甘肃省农产品电子商务相关政策进行研究发现，甘肃省区域农产品电子商务政策体系初步形成，但仍存在政策工具缺失、配套设施不完善、行政推进体系系统性不足等问题，并提出了一系列政策体系完善建议②。金珺等运用文本挖掘及社会网络分析法对浙江省、甘肃省农村电子商务政策进行对比分析，发现浙江省与甘肃省政策的制定侧重点不同，提出各地区应根据自身实际发展情况制定相关的产业政策③。

2.4.2 政策演进脉络

在我国农村电子商务的发展历程中，政策的作用一直存在。2010—2020 年，我国农村电子商务政策的发展大致经历了以下几个过程：初始阶段（2010—2012）、探索发展阶段（2013—2015）、高速发展阶段（2016—2018）、完善阶段（2019 年至今）。

1. 初始阶段（2010—2012）

2010 年仅有 2 个和农村电子商务有关的政策发布，其中，商务部单独发文 1 份，工业和信息化部、农业部、科技部、商务部、文化部联合发文 1 份。2011 年仅有 3 个和农村电子商务有关的政策出台，其中，国务院办公厅、商务部和农业部各单独发文 1 份。从政策主体来看，此阶段国务院或国务院办公厅以上发文量仅占政策发文总数的 20%。另外，该阶段所制定的政策主要出现在其他产业政策中，直接以电子商务名义呈现的政策不多。据统计，2010—2011 年发布的政策，标题中含有“电子商务”字样的政策文本只有 1 份，占

HONG，GANG B. Application of Information Technology for Government Role in Rural E-Commerce Development — From the Perspective of Basic Public Services[J]. Advanced Materials Research，2014，859：608-612.

① 贺桂和，莫利桃. 湖南省农村电子商务政策文本分析[J]. 荆楚学刊，2019，20（04）：67-73.

② 侯振兴，闫燕. 区域农产品电子商务政策文本计量研究——以甘肃省为例[J]. 中国流通经济，2017，31（11）：45-53.

③ 金珺，李诗婧，陈赞. 基于社会网络分析的农村电商政策研究——以浙江、甘肃为对比[J]. 创新科技，2020，20（2）：38-48.

此期间所发布政策总数的比例为20%，而且政策内容相对浅显。例如，2011年10月《商务部“十二五”电子商务发展指导意见》提出，要利用电子商务服务农业、农村和农民；支持涉农电商平台与农村专业合作组织、产业化龙头企业开展合作，建设双向互动的综合信息服务平台；推动涉农电商平台与农业产业化基地、农产品营销大户、大型超市、农产品批发市场、加工企业等对接，促进大宗农产品网上交易；探索农村商务信息服务的新途径、新模式，加大对农村电子商务应用的支持力度；推动涉农流通龙头企业、农产品批发市场、配送中心和农资流通企业应用电子商务；支持涉农流通企业和批发交易市场的电子商务应用，实现工业品下乡和农产品进城的双向畅通。

2. 农村电子商务政策的快速发展阶段（2013—2015）

在这一阶段，电子商务已受到国家的重视，并提升到国家战略层面，此阶段农村电子商务政策发文量较以前有明显提升。统计显示，2013—2015年整体发文量平均为每年6.53件，为前一阶段年均发文数量的2.72倍。从政策主体来看，中共中央和国务院、国务院办公厅和国务院各部委或直属机构联合制定颁布的政策数量明显增加。“中共中央和国务院”、“国务院”及“国务院办公厅”的发文量占此期间所发布政策总数的39.84%。另外，相关政策向更多领域延伸，政策内容涉及更多的方面，但直接以电子商务或农村电子商务呈现的政策依然不多。统计表明，此阶段所发布的政策标题中含有“电子商务”字样的政策文本有5件，占此期间发布政策总数的比例为21.05%。例如，2015年8月，商务部等十九个部门颁布的《关于加快发展农村电子商务的意见》提出要加强基础设施建设，完善政策环境，深化农村流通体制改革，创新农村商业模式，培育和壮大农村电子商务市场主体，发展线上线下融合、覆盖全程、综合配套、安全高效、便捷实惠的现代农村商品流通和服务网络。2015年9月，农业部、发改委和商务部共同制定的《推进农业电子商务发展行动计划》，系统提出了发展农业电子商务的指导思想、基本原则、总体目标，并明确了五方面重点任务和二十项行动计划。2015年10月，国务院办公厅发布的《国务院办公厅关于促进农村电子商务加快发展的指导意见》就农村电子商务健康快速发展做了全面部署。统计显示，在此期间发布的政策标题中含有“电子商务”字样的政策文本有17件、含有“农村电子商务”字样的政策文本有10件，分别占此期间发布政策的比例为34.69%和20.41%。农村电子商务政策发文量呈井喷式增长的原因，主要在于党和政府的重视。其实，在此期间，2014年底，国务院扶贫办首次明确提出把“电商扶贫工程”列为2015年精准扶贫十大工程之一；2015年3月，在政府工作报告中首次出现“‘互联网+’行动计划”。

3. 农村电子商务政策强有力供给期（2016—2018）

2016—2018年，我国农村电子商务政策发文量呈爆发式增长，年均24.5份，是前两个阶段年均发文数量4.8件的5倍多。而且，相比前两个阶段，这一阶段的农村电商扶贫政策从广度向深度发展，农村电商扶贫政策不再是内嵌到其他政策中，而是以独立形式出现，政策内容更加细化和深入。2016年4月，习近平在网络安全和信息化工作座谈会上指出，可以发挥互联网在助推脱贫攻坚中的作用，推进精准扶贫、精准脱贫，让更多贫困群众用上互联网，让农产品通过互联网走出乡村。由此可见，农村电子商务政策发文量与党和政府对农村电子商务发展的高度重视态度是吻合的，呈现出正相关趋势。自 2017 年起，我国农村电子商务政策发文量回落到正常水平，每年仍有一定数量的新政策发布，政策制定的连续性比较强。政策内容更加深入细化，比较多地关注农村电子商务发展所需的知识产权保护、用地保障、减少管制等。例如，2017 年 5 月，《国务院办公厅关于印发 2017 年全国打击侵犯知识产权和制售假冒伪劣商品工作要点的通知》要求开展以消费品为重点的电子商务产品质量执法打假专项行动，加强农村电子商务产品质量问题集中整治。2018 年 1 月，《国务院办公厅关于推进电子商务与快递物流协同发展的意见》指出，落实好现有相关用地政策，保障电子商务快递物流基础设施建设用地；要完善城市配送车辆通行管理政策，对快递服务车辆等城市配送车辆给予通行便利。据统计，此期间发布的政策标题中含有“电子商务”字样的政策文本仍有 4 件、含有“农村电子商务”字样的政策文本仍有 2 件，占此期间发布政策的比例分别为 25%和 12.50%。2018 年，《商务部办公厅关于进一步突出扶贫导向全力抓好电商扶贫政策贯彻落实的通知》，提出认真落实全国农村电子商务精准扶贫经验交流会、全国电商扶贫工作会等重要会议部署和有关文件精神，围绕脱贫攻坚，以电子商务进农村综合示范为抓手，扎实推进电商扶贫各项工作。

4. 政策方向更为精准和聚焦（2019 年至今）

2019—2021 年，国家层面涉及农村电子商务的主要文件有 24 项，总体呈现精准化、聚焦性特征。2010 年 1 月，中共中央、国务院发布《中共中央 国务院关于坚持农业农村优先发展做好“三农”工作的若干意见》，提出“推进重要农产品全产业链大数据建设，加强国家数字农业农村系统建设。继续开展电子商务进农村综合示范，实施‘互联网+’农产品进村进城工程。全面推进信息进村入户，依托‘互联网+’推动公共服务向农村延伸”。2019 年 2 月，中共中央办公厅、国务院办公厅发布《关于促进小农户和现代农业发展有机衔接的意见》，指出要“发展农村电子商务，鼓励小农户开展网络购销对接；深化电商扶贫频道建设，开展电商扶贫品牌推介互动，推动贫困地区农特产品与知名电商企业对接”。2019 年 6 月，国务院发布《国务院关于促进乡村产业振兴的指导意见》，提出深入推进“互联网+”现代农业，实施“互联网+”农产品出村进城工程，推动农村电子商务公共服务中心和快递物流园区发展。2020 年 1 月，农业农村部、中央网络安全和信息化委员会发布《数字农业农村发展规划（2019—2025）》，提出深化电子商务进农村综合示范，实施“互联网+”农产品出村进城工程，推动人工智能、大数据赋能农村实体店，全面打通农产品线上线下营销通道。2020 年 7 月，中央网信办、农业农村部、发改委等部委发布了《关于开展国家数字乡村试点工作的通知》，提出培育一批农村电商品牌，因地制宜培育创意农业、认养农业、观光农业、都市农业的新业态。2021 年 2 月，中共中央、国务院印发《中共中央 国务院关于全面推进乡村振兴加快农业农村现代化的意见》，提出全面促进农村消费，深入推进电子商务进农村和农产品出村进城，推动城乡生产与消费有效对接；促进新型农业经营主体、加工流通企业与电子商务企业全面对接融合，推动线上线下互动发展；加快建立适应农产品电子商务发展的标准体系，支持农产品电商平台与乡村电子商务服务站点建设。

2.4.3 政策分类统计

通过对上述政策脉络梳理发现，近几年我国农村电子商务支持政策呈现四种演进特征。

第一，中共中央和国务院联合颁布的政策、国务院及国务院办公厅单独颁布的政策文本均着重于宏观层面。中共中央和国务院颁布的政策文本大多数侧重于从宏观层面对农村电子商务的发展进行引导，倡导农村电子商务的发展目标和方向，为促进农村电子商务发展提供综合性支持意见，并根据国务院各部委及直属机构所承担的职责，引导它们分工负责促进农村电子商务某一方面或某一领域工作的开展，调动其行动的积极性和主动性。

第二，国务院各部委及其直属机构单独颁布的政策大多数根据自身职责发挥职能作用，主要针对农村电子商务的某一主体、某一方面或某一领域，尤其侧重于农村电子商务的参与主体、农村电子商务的销售体系、农产品供应体系、农产品技术标准体系和质量保证体系、农村电子商务的服务体系及奖补、奖励和税收优惠（减免）等意见措施的颁布与制定。

第三，国务院各部委及直属机构联合颁布的政策文本大多数按职责分工负责并协调配合，进一步细化了农村电子商务发展的政策措施，共同推进农村电子商务发展的具体事务。其中联合颁布部门出现较为频繁的有商务部、农业部、发改委和财政部，这些部门根据各自相应职能制定的政策措施较多。

第四，各主体在制定政策时，都较为重视农村电子商务发展所需的基础设施建设、服务站点建设、市场主体培育、人才的引进与培养和开展电子商务进农村综合示范。这与我国的现实也是吻合的。目前，我国的农村，尤其地理位置偏远的农村，其特征是距离市场远、基础设施不完善、人口分散。因此，在农村，尤其在偏远的农村地区发展电子商务，必须加强基础设施建设，完善物流系统，实现互联网络和电子商务服务站点等的全覆盖。

另外，农村地区接收外界信息弱，相对城镇地区来说比较封闭，对互联网了解和接受程度远不如城市地区居民。传统思想观念依旧影响农村居民，使其难以接受线上交易方式。乡间小卖部与传统的集市是农民进行买卖的两大渠道。农民受教育程度普遍较低，一手交钱一手交货的思想根深蒂固，因其时间成本很低，有充分时间在线下完成交易。因此，要发展农村电子商务，首先要培养农民的电子商务意识。只有让留守在当地的农民对电子商务有所了解，才能说服他们自觉参与到所谓的农产品上行构建中去。而解决这个问题的关键途径就是要大力开展电子商务进农村综合示范工作。同时，要加强农村教育力度，让更多的农民掌握计算机基本操作，了解电子商务的应用和前景，充分调动农民对电子商务的热情；要制定激励政策，鼓励农村人才回流，促成农村青年人才返乡创业。

2.4.4 政策评价

我国农村电子商务发展经历了从边缘走向中心、从局部走向全面、从单一走向多元、从散漫走向规范的过程，其政策支持主要表现出以下六个方面的逻辑倾向。

1. 政策目标不断升级

早期我国发展农村电子商务的目标主要是解决农产品销售信息不通畅、渠道狭窄等问题。2014 年，《农业部关于切实做好 2014 年农业农村经济工作的意见》和《商务部办公厅关于做好全国农产品商务信息公共服务平台应用推广工作的通知》主要将发展农村电子商务的目标聚焦于做好农产品产销衔接工作，提升农村商务信息服务水平。经过三年的发展，政策目标不断升级，农产品电子商务逐步向品牌化、全产业链大数据建设方面推进。2017 年，《国务院关于积极推进“互联网+”行动的指导意见》提出要培育农业农村品牌，推动农业转型升级。2019 年，《中共中央 国务院关于坚持农业农村优先发展做好“三农”工作的若干意见》提出实施数字乡村发展战略，深入推进“互联网+农业”，推进重要农产品全产业链大数据建设。2020 年，《农业农村部关于加快农产品仓储保鲜冷链设施建设的实施意见》提出要坚持改造与新建并举，推动应用先进技术设备，鼓励利用现代信息手段，构建产地市场信息大数据，发展电子商务等新业态。

2. 扶持主体倾斜小农

受经济发展水平和农户自身禀赋约束，规模经营主体是我国农村电子商务优先发展的对象。2014 年，《财政部办公厅 商务部办公厅关于开展电子商务进农村综合示范的通知》指出，主要任务之一是提高合作社等经营主体推广应用电子商务水平。2015 年，《农业部关于扎实做好 2015 年农业农村经济工作的意见》指出，构建以国家级产地批发市场为龙头、田头市场为一体的国家农产品电子商务公共支撑平台，促进各类经营主体同大型电商平台合作，推广“田头市场+电商企业+城市终端配送”等营销模式。党的十九大做出实施乡村振兴战略的重大部署，明确提出要加快推进农业农村现代化，实现小农户和现代农业发展有机衔接。小农户参与农村电子商务，分享市场化成果，成为社会关切的重点。2019 年，《关于促进小农户和现代农业发展有机衔接的意见》鼓励带动小农户发展新产业、新业态，开展电子商务服务小农户专项行动。此外，农村电子商务服务站体系的建设与完善也为打通小农户产销“最后一公里”提供了有力支撑。

3. 推广范围广化深化

农村电子商务推广从局部试点逐步向覆盖范围更广、探索力度更深的方向转变。2014 年，选取部分地区开展电子商务进农村示范。2015 年，《关于加大改革创新力度加快农业现代化建设的若干意见》提出支持多元化主体参与涉农电商平台建设，开展电子商务进农村综合示范。2017 年，《中共中央 国务院关于深入推进农业供给侧结构性改革加快培育农业农村发展新动能的若干意见》强调深入实施电子商务进农村综合示范。2019 年，《中共中央 国务院关于坚持农业农村优先发展做好“三农”工作的若干意见》提出，实施“互联网+”农产品出村进城工程，全面推进信息进村入户。同年，《关于实施“互联网+”农产品出村进城工程的指导意见》提出，2020 年优先选择包括贫困地区在内的 100 个县开展试点。总体来看，我国农产品电子商务发展稳步推进，逐步成为农产品销售渠道的重要组成部分。

4. 服务配套日益完善

专业的营商人才、健全的网络体系、完善的物流设施是农产品电子商务持续健康发展的基础。2015 年，《国务院办公厅关于加快转变农业发展方式的意见》建议，大力发展农业电子商务，制订实施农业电子商务应用技术培训计划，引导各类农业经营主体与电商企业对接，促进物流配送、冷链设施设备等发展。同年，《国务院办公厅关于促进农村电子商务加快发展的指导意见》全面部署指导农村电子商务健康快速发展，培育和壮大农村电子商务市场主体，加强基础设施建设，完善政策环境，加快发展线上线下融合、覆盖全程、综合配套、安全高效、便捷实惠的现代农村商品流通和服务网络。2017 年，《中共中央 国务院关于深入推进农业供给侧结构性改革加快培育农业农村发展新动能的若干意见》鼓励地方规范发展电商产业园，聚集品牌推广、物流集散、人才培养、技术支持、质量安全等功能服务。由此可以看出，不断完善的人才和基础设施为农村电子商务打造了完备的传输支撑。

5. 运行流程规范标准

对产品标准化的内在需要和网络安全问题日趋复杂的外部压力使农村电子商务发展日趋规范。一方面体现在产品标准化上。2015 年，《国务院关于积极推进“互联网+”行动的指导意见》提出，要着力解决农副产品标准化、物流标准化、冷链仓储建设等关键问题。另一方面体现在运行规范上。2016 年，《“十三五”国家战略性新兴产业发展规划》要求，针对互联网与各行业融合发展的新特点，调整不适应发展要求的现行法规及政策规定，落实加强网络信息保护和信息公开有关规定，加快推动制定网络安全、电子商务等法律法规。2018 年，《电子商务法》在第十三届全国人大常委会第五次会议上表决通过。鉴于我国幅员辽阔、气候多样、农村农业布局多样化，以及农村电子商务产业和业态的特殊性，无论就生产、加工、流通中的任何一个环节而言，标准的制定都是很有难度的。这些法律、规范、标准的通过，均表明农村电子商务发展在规范化、标准化进程上迈出了坚实的一步。

6. 发展赋予扶贫内涵

自 2016 年《“互联网+”现代农业三年行动实施方案》提出为贫困地区农业电子商务发展提供良好的政策环境后，农村电子商务发展担负了重要的反贫困使命。同年，国务院扶贫办印发《关于促进电商精准扶贫的指导意见》，指出拓宽贫困地区特色优质农副产品销售渠道和贫困人口增收脱贫渠道。2017 年，《农业部办公厅关于深入实施贫困村“一村一品”产业推进行动的意见》提出，支持贫困村发展电子商务营销，探索推广“一村一品一店”模式，及时对接供需，实现特色产品优质优价。2018 年，《关于开展 2018 年电子商务进农村综合示范工作的通知》强调，聚焦贫困地区，深入建设和完善农村电子商务公共服务体系，带动贫困人口稳定脱贫。同年，《关于推进网络扶贫的实施方案（2018—2020 年）》，要求进一步聚焦深度贫困地区，更好发挥宽带网络优势，助力打好精准脱贫攻坚战。其他有关文件也对贫困地区农产品电子商务发展做出了重要部署。

第 3 章　农村电子商务的特征与业态

农村电子商务涉及多个主体，包括涉农生产者、消费者、政府监管部门、行业协会、大型企业、第三方平台、金融机构等。根据不同主体占据的主导地位来分，可以将农村电子商务分为政府主导型、行业主导型、企业主导型和市场主导型等模式。此外，还有一些新兴典型业态也逐渐兴起，走进大众的视线，如供销社直销模式、微商零售模式等。

3.1　电子商务的本质与特征

3.1.1　电子商务的本质

1. 电子商务的内涵演化

现代电子商务与传统电子商务差异巨大，其内涵也处于不断演化之中。自 20 世纪 90 年代至今，现代电子商务的内涵可以划分为五个层级，其内涵演化如图 3-1 所示。

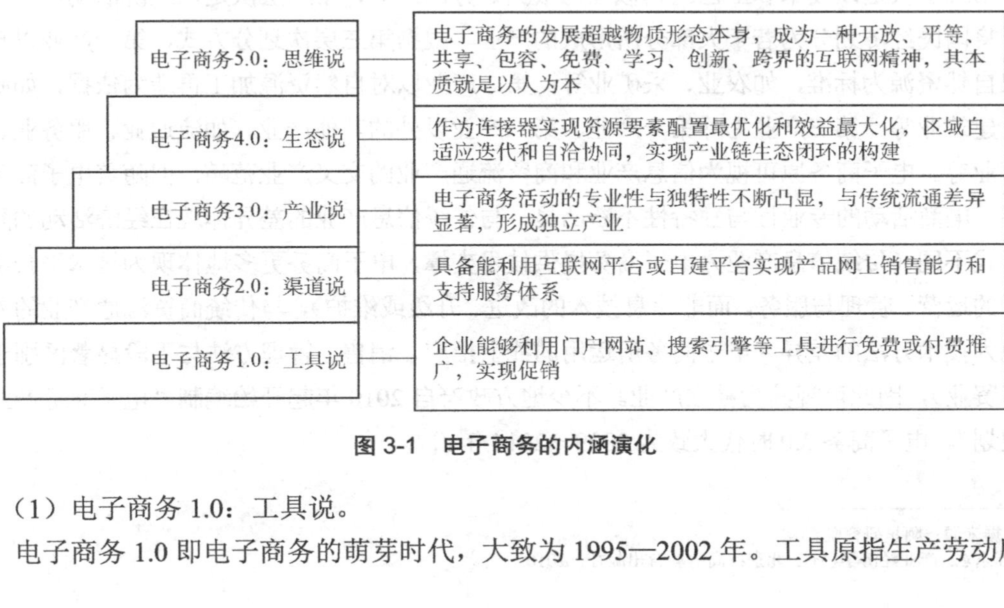

图 3-1　电子商务的内涵演化

（1）电子商务 1.0：工具说。

电子商务 1.0 即电子商务的萌芽时代，大致为 1995—2002 年。工具原指生产劳动所需的器具，后被引申为达到某一目的或促进某一事物的手段。此时电子商务主要呈现工具属性，也就是说，企业为促进产品信息传播，提升产品知名度和企业形象，将产品信息发布在 8848、1688 等平台上，或者自建网站平台，或者在门户网站上付费发布广告，或者通过搜索引擎优化等手段提升 PR 值（PageRank，网页级别）和 Alex 排名（网站世界排名），从而获得更多的浏览量，特别是有效浏览量。

（2）电子商务 2.0：渠道说。

“渠道”为营销学专业术语，是指产品流通的路线。电子商务 2.0 时代大致为 2003—2008 年。1995 年的亚马逊和 eBay、1999 年的易趣网、2000 年的卓越网等平台诞生，使电子商务具备了在线交易功能，但由于当时上网成本和效率的局限性、平台产品的单一性及平台商业模式的唯一性，平台的受众十分有限，未能带给广大卖家和买家质的变化。自 2003 年以来，基于特定时代背景（PC 从网吧大面积走入家庭、ADSL 普及使上网更加便捷、疫病流行使人们开始尝试线上购物等），淘宝以崭新商业模式（开店近乎零门槛，推出支付宝，建立信任机制等）获得了巨大成功。通过 4～5 年的用户积累，到 2008 年底，淘宝共有用户 9800 万，全年交易额达 999.6 亿元，占全国零售总额的 1%`。广大淘宝创业青年成为产品分销商，当当网、京东、苏宁易购等平台也陆续崛起，共同帮助鞋服、玩具、电器等传统企业清理库存、提升销量、回笼资金。同时，以携程网为代表的旅游电商平台，以及以团购网站为代表的 O2O 平台开始兴起，为线下餐饮、发艺、票务等服务业打开了线上销路。

（3）电子商务 3.0：产业说。

产业在产业经济学学科中的概念是指生产事业，即资产（或资源）集中化的集合体①。常见的产业有农业、工业、交通运输业、文教卫生业等，有时“产业”一词专指工业。按照新西兰经济学家费歇尔首创的三次产业分类法，第一层次是以同一商品市场为单位划分的产业，第二层次是以技术和工艺的相似性为根据划分的产业，第三层次是以经济活动阶段为根据，将国民经济划分为若干大部分所形成的产业。根据第三层次划分方式，第一产业以直接获取自然资源为标准，如农业、采矿业等；第二产业以对自然资源加工再造为依据，如制造业、建筑业等；第三产业为除第一产业、第二产业以外的其他产业，如流通业、服务业、公共事业等。电子商务原可视为信息产业和商贸流通产业的交叉产业范畴，但随着电子商务的发展，电商活动的专业性与独特性不断凸显，与传统信息产业的差异体现在经济活动的阶段和形式不同（传统信息产业为电子商务提供技术支撑，电子商务更多地体现为技术平台搭建以后的运营、管理与服务，而非信息技术的改进、升级或维护），与传统商贸流通产业的差异体现为技术方法的差异（电子商务所运用的线上推广、销售、管理方法与手段显著区别于传统商贸业），因此可视其为独立产业。不少地方政府自 2010 年起开始编制“电子商务产业发展规划”。电子商务 3.0 时代大致为 2009—2014 年。

` 数据来源：阿里研究院。

① 苏东水. 产业经济学[M]. 北京：高等教育出版社，2010.

（4）电子商务 4.0：生态说。

随着社会生产力水平的提高，社会分工不断深化，产业分工越来越细，而电子商务呈现双重特性。一方面，遵循这种理论，出现了移动电子商务、跨境电子商务等细分行业，以及电子商务广告、电子商务代运营、电子商务物流、电子商务客服外包等细分业务。另一方面，电子商务又不遵循这种理论，出现了许多跨界业务，如顺丰优选、百度有啊、京东物流、微信商城等。向来以专注自诩的小米集团也不再死守手机业务，不断涉足支付、智慧家居等业务，试图打造这一领域的生态闭环。而阿里巴巴和腾讯两大巨头则收购风云不断，分别陆续投资了饿了么、快滴、新浪微博、中国万网、口碑网、优酷土豆、三江购物、盒马鲜生、滴滴、摩拜、Ola Cabs、罗辑思维、Snapchat 等业务。企业本应专注于细分领域，为什么要跨界运营呢？答案是为了生态闭环。关于生态闭环，目前没有明确定义，但可参照生态学的概念来理解。生态系统是指在自然界的一定的空间内，生物与环境构成的统一整体，在这个统一整体中，生物与环境之间相互影响、相互制约，并在一定时期内处于相对稳定的动态平衡状态。把自然界延伸到互联网界，我们可以发现，互联网的本质是连接，连接是互联网一切可能性的基础[`]。互联网的巨头企业都希望把自身打造成一个巨大的连接器，在人与人、人与物、人与信息之间进行有效连接、资源共享、价值创造和价值分配，所有的需求业务都在这个连接器里面完成，而无须跳出该系统，这就是生态闭环。一旦这个系统里出现断路，用户则需要进入另外一个系统，就意味着用户资源流失，最终导致价值流失。例如，A 用滴滴专车为 B 打了一辆车，并通过微信把车辆信息共享给 B，用腾讯地图进行目的地导航，之后用微信支付完成结算。整个完整的服务环节都在腾讯系统里面完成，而无须跳出这个系统，这就是电子商务的生态性，特别是新零售的崛起，构建了商业业务流程从线上到线下的完整闭环。企业构建这个闭环，需要强大的顶层设计能力。借用霍金的推论，存在多个相互独立的平行三维空间，但在高一阶维度上是统一融通的。三维空间即当前各个独立的商业体，而互联网在高一阶的维度实现了对商业体的全部连接。“互联网+”概念的实质也就是用互联网有效连接商业实体，并实现实体之间资源共享、价值创造和价值分配的经济形态。电子商务 4.0 时代大致始于 2015 年。

（5）电子商务 5.0：思维说。

电子商务不仅改变了交易方式、改变了商业业态、改变了生产组织形式、改变了经济形态，同时还悄无声息地改变着人们的购物方式、出行方式、交流方式、管理方式等，这些生产生活方式改变的背后是思维方式和价值观的改变。例如，陌生人之间的信任更加容易建立，初期这是依靠支付平台的支付方式和网络交易安全技术，但久而久之就是互联网文化秉承的开放、共享潜移默化地使人与人之间的内在隔阂不断淡化。从某种意义上说，电子商务的发展似乎超越了产业本身，甚至超越了物质形态本身，成为一种思维方式、一种精神，外延得到无限泛化。开放、平等、共享、包容、免费、学习、创新、跨界等词汇在很大程度上代表了互联网文化的精髓。以人为本，人的尊严和价值在互联网世界里得到了

` 马化腾. 互联网+：国家战略行动路线图[M]. 北京：中信出版集团，2015.

最大限度的关切和体现。同时，互联网世界里的人文精神不断深入人心，并反哺现实世界，进而对人类社会文明进步产生积极影响。

2. 电子商务概念辨析

电子商务与网络经济、信息经济、知识经济、数字经济几个概念有着密切的联系，它们在很多时候可以交叉使用，但又存在明显差异。

网络经济是一个经济学概念，在微观上属于信息产业中的一类部门经济；但人们通常认知的是一种广义的概念。人们一般认为，网络经济是指建立在计算机网络基础之上，以现代信息技术为核心的新的经济形态。

信息经济也有广义和狭义之分。狭义信息经济属于部门经济范畴，指信息产业的经济本身；广义信息经济涵盖信息化时代的整体经济形态，可以说是继农业经济、工业经济之后的新型经济形态，其中包含对农业经济、工业经济和其他服务业的信息化改造。

知识经济亦称智能经济，是指建立在知识和信息的生产、分配和使用基础上的经济。它是和农业经济、工业经济、信息经济相对应的一个概念。简单地说，知识经济就是以知识和高素质人才作为核心生产力的经济形态。

数字经济是继农业经济、工业经济之后的更为高级的经济阶段，是以数字化的知识和信息为关键生产要素，以现代信息网络作为重要载体、以信息通信技术的有效使用作为效率提升和经济结构优化的重要推动力的一系列经济活动。

从概念的外延上分析，信息经济具有知识经济的所有特征，网络是信息的一种载体，而电子商务就是以网络为基础和手段，因此知识经济、信息经济、网络经济和电子商务四者依次应是包含关系。

基于时间维度分析，网络经济是信息经济发展到一定阶段的产物，即人类社会从信息时代跨入网络时代所兴起的经济形态；电子商务是网络经济时代兴起的一种新的商务活动，是互联网发展到一定阶段的产物；数字经济是以互联网为核心的信息技术发展到一定阶段的产物，包含最新的人工智能、虚拟现实、物联网等技术的产业化，相对而言更新、更高级。因此，按时间顺序为信息经济、网络经济、电子商务、数字经济。而知识经济作为以知识和信息为基础的经济形态，应随着信息经济的兴起而发展。

对于这几个概念，人们均有广义上泛化的理解。广义的电子商务泛指基于互联网的各类业务的总和，因此接近网络经济的概念。与以往PC时代不同，当前的信息产业几乎不可能脱离网络而独立存在，因此网络经济的外延不断地接近信息经济。知识经济看似与网络经济、信息经济不同，各类文化创意产业、高新技术产业等高端知识密集型产业都属于知识经济范畴。但是，知识经济的核心价值理念就是以人为本，以人的诉求为根本出发点，以人的智慧作为核心生产力；从这一点上讲，知识经济和数字经济、网络经济、信息经济、电子商务在高一阶维度上是统一的。

` 刘丹. 试论网络经济与信息经济、电子商务的关系[J]. 现代情报，2005（9）：215-216.

3.1.2 我国电子商务发展回顾

现代电子商务伴随着互联网的发展而成长。20 世纪 90 年代，互联网在全球迅速普及，实现了每三至四年网络节点数和网速翻一番，上网资费减少一半，并在相当长时间内遵循了类似的摩尔定律。由于互联网实现了对社会资源的充分发挥和集约利用，美国政府在促进互联网的普及和发展上不遗余力，其中包括最重要的领域——在商业活动中的应用。1997 年，美国政府正式发布“全球电子商务政策框架”，设立全球网络消费免税区，电子商务在全美乃至全球范围内掀起了空前的热潮。到 20 世纪末，美国有接近 4000 万家庭接入了互联网，网民总人数超过 1.1 亿人，涌现出了亚马逊、eBay 等知名商业网站，DELL、雅芳等零售企业均开通网上直销……以网络零售为核心的现代电子商务迅猛发展。

1994 年我国接入国际互联网，一批互联网服务提供商、互联网内容提供商随之飞速发展，涌现出了搜狐、网易、腾讯等知名企业。以互联网技术与信息为主导产品的电子商务支撑体系的发展，成为电子商务的摇篮。1999—2002 年，我国电子商务正式步入萌芽期，主要代表性的网站有王峻涛创办的 8848 和以马云为首创办的 1688（阿里巴巴）。2000 年，易趣网和卓越网相继成立，后分别被 eBay 和亚马逊收购。2003 年，淘宝出现，开启了网络零售新的里程碑。2011 年至今，我国电子商务走入成熟期，主要呈现三个标志性特征：一是淘宝商城改名为天猫，标志着电子商务从依靠人口红利的粗放型发展模式走向依靠产品与服务的品质型发展模式；二是以生活服务类为主的各类 O2O 电商平台经历了新一轮的洗牌，走向精细化内涵式发展之路；三是一批微商迅速崛起，使电子商务从依靠大平台的流量垄断模式走向依靠碎片化资源和自媒体手段的独立运作形态。从 2016 年至今，电子商务面临新的变革，同样表现在三个方面：首先，“互联网+”概念兴起，表明互联网作为社会生产力的核心要素与传统产业进一步融合，并催生传统产业深度变革，形成跨境电子商务、农村电子商务等新模式、新业态；其次，大数据、人工智能等新技术来袭，让电子商务发展后驱动力及互联网创业模式从以商业模式创新为中心走向以技术革新为中心；最后，以“90 后”“95 后”为主的互联网新生力量逐渐占据主流，以用户中心、Web3.0 等为代表的互联网思维和模式逐渐得到普及，使互联网从一种生产工具演化为无处不在的生产生活方式和思维方式，因而进一步扩展了电子商务的外延，丰富了电子商务的内涵。

3.1.3 我国电子商务发展特征

许多学者认为，比起欧美发达国家，我国电子商务发展势头更猛、业态更丰富、影响更深远。该观点无论从实际统计数据还是民众主观感知都可以得到证实。2017 年，我国电子商务交易额达 29.16 万亿元，其中网络零售市场交易规模达 7.18 万亿元，网络零售规模全球最大。截至 2017 年底，全国网络购物用户达 5.33 亿户，非银行支付机构发生网络支付金额达 143.26 万亿元，全国快递服务企业业务量累计完成 400.6 亿件，电子商务直接从业人员和间接带动就业达 4250 万人`。2017 年，我国网络零售额占全年消费品零售总额的 19.6%[①]。而作为互联网产业的领军国，美国 2017 年网络零售额仅占社会零售总额的 8.9%[②]。实际上，这并非表明我国电子商务更为发达，而是由于我国电子商务的发展背景和路线与发达国家存在显著差异。

我国目前处于从工业化中期开始走向后期的过渡阶段，工业化率高于 50%，服务业占 GDP 比重刚超过 50%[③]。目前，美国、英国等发达国家服务业基本占 GDP 70%以上。这就是说，发达国家是先工业化，后信息化；而我国自 1994 年接入国际互联网以来，尽管信息产业发展迅速，但目前仍为制造业大国，工业化进程与信息化进程在时间维度上大幅重叠。当前，我国正处于经济增长方式转变与产业转型升级的关键时期，资源环境约束增强、产业结构有待优化、投资和消费关系失衡等重大问题亟待解决；这就迫切需要进一步发挥电子商务在创新企业生产经营模式、提高产业组织效率、激发市场活力、优化资源配置、促进节能减排、带动新兴服务业发展中的积极作用，推动产业结构调整，拉动国内市场需求，创造新的经济增长点。因此，无论是德国的工业 4.0 还是美国的工业互联网，本质都是基于虚拟现实、人工智能等先进互联网技术与手段的智能制造。而我国的制造业战略不仅是“互联网+制造业”，还是互联网+制造带来的智能制造，并由智能制造引发全产业链变革，产业链上下游从加强相互协作走向颠覆性整合革新，原材料供应商、生产商、分销商、物流服务商与消费者之间通过电子商务系统实现生产要素优化配置与分工协作。

西方发达国家已经经历了近 300 年的工业化进程，大量的工业产品需要通过商贸流通业实现价值传递，而大量的原材料需要通过商贸流通业实现有效供给，这成为现代商贸流通业发展的重要外部驱动力，这也正是工业活动的经济正外部性特征表现之一。同时，得益于特定的历史文化和消费理念，西方发达国家的商贸流通业已经经历了长足发展，产业结构合理、商业业态成熟、线下渠道完善、实体市场发达、流通效率较高、消费需求稳定，线上市场更多的是作为实体市场的有效补充。而我国地域广阔、区域发展不平衡、城市化进程相对滞后，传统商业网点布局不完善、城乡消费差距较大，电子商务这种突破时空限制的交易方式显然能够发挥更大的作用。例如，家乐福、世纪联华等大型超市，万达广场、万象城等商业综合体，索尼、苹果等品牌连锁店主要布局在一线城市、省会城市和东部发达地区，在广大中西部地区，尤其三线以外城市几乎买不到较为高端的品牌产品；在广大农村地区，生活用品消费更受到商贸流通产业发展滞后的制约，即使人们能够买到所需消费品，也由于多级流通效率低、成本高等因素，导致价格高企而客户满意度低。因此网购便成为无可替代的消费途径。

` 数据来源：商务部电子商务和信息化司《中国电子商务报告 2017》。
① 根据国家统计局发布的数据，2017 年全年我国社会消费品零售总额为 366262 亿元。
② 数据来源：亿邦动力网。
③ 2015 年，我国服务业增加值占 GDP 比重达 50.5%，首次超过 50%。

3.2　电子商务发展模式

3.2.1　电子商务交易典型模式

1. B2B

B2B，即“business to business”，是指企业对企业电子商务。B2B 方式是电子商务应用最多和最受企业重视的形式，企业可以使用互联网或其他网络对每笔交易寻找最佳合作伙伴，完成从定购到结算的全部交易行为。其代表是马云的阿里巴巴电子商务模式，从目前来看，B2B 交易金额占整体电子商务市场份额的 85%左右。

2. B2C

B2C，即“business to consumer”，是指企业对顾客电子商务。这是个人消费者利用互联网直接参与经济活动的形式，类似商业电子化的零售商务。典型的 B2C 平台有天猫、京东等。

3. C2C

C2C，即“consumer to consumer”，是指顾客对顾客电子商务。个人之间通过交易平台进行交易。典型的 C2C 平台有淘宝、拼多多等。

4. O2O

O2O，即“online to offline”，意为线上到线下，是指线上和线下交互或相互融合的电子商务。线下服务可以通过线上揽客，消费者可以在线筛选服务，成交后可以在线结算。该模式最重要的特点是：推广效果可查，每笔交易可以跟踪。

3.2.2　电子商务盈利模式

1912 年，约瑟夫·熊彼特在《经济发展理论》一书中提出，在周期性的经济循环中，企业利润来源于生产体系中产出超过投入的价值。企业要获得持续的利润，就必须建立生产要素和生产条件的新组合。例如，开辟新市场，进入不曾接触的市场，无论该市场以前是否存在；推出新产品，或扩展原产品中消费者还不熟悉的特性；革新制造方法或商业经营模式，取得垄断地位，或打破企业目前面临的市场垄断形势，控制原材料或半成品的供应来源①。这被认为是盈利模式研究的起源。

后续关于盈利模式的研究比较多，总体可分为对盈利模式概念的研究、对盈利模式内涵及构成要素的研究，以及对特定领域盈利模式的研究。盈利模式研究相关文献如表 3-1 所示。

① 熊彼特. 经济发展理论[M]. 杜贞旭，郑丽萍，刘昱岗，译.北京：中国商业出版社，2009.

表 3-1 盈利模式研究相关文献

类别	学 者	观 点
概念	Byron J. Finch（1996）	盈利模式是企业的生产资料情况、行业地位和盈利能力之间的关系构架，只有三者配合得当，企业才能实现盈利①
	Paul Timmers（1998）	盈利模式是集合服务、产品和信息的系统框架，盈利模式主要由参与方的功能作用、商业运作中获取的收益来源、商业活动运作中体现的价值组成①
	Peter Weill，Michael R. Vitale（2001）	盈利模式是用来识别和描述产品、信息、现金、同盟者和供应商，并且能够识别主要收益，从中获取利益的一套方案②
	张耀文（2013）	企业通过将资金、人才、技术、品牌及其他外部资源等要素进行有机整合，利用外部有利的市场机会，发挥企业的优势，有效规避外部的威胁和企业自身的缺点，构造并且实施能为企业带来利润的一系列价值创造活动③
	张雪峰（2013）	盈利模式是指企业在激烈的竞争环境中适应并生存下来，找到合适的获利渠道，逐渐发展、实现盈利的过程④
	张纪元（2013）	以移动互联网行业为典型对象，提出盈利模式是产生利润的源泉，也是利润的产出形式⑤
内涵（构成要素）	Adrian J. Slywotzky（2002）	决定行业盈利有四方面的战略要素：客户群选择、价值获取、战略控制、业务范围。企业要想盈利，这四个要素必须与客户最重要的偏好一致。而且四个要素之间存在相关性，相关性越大，利润越大，反之利润越小⑥
	Wise Geek（2011）	盈利模式是企业产生持续利润的一种方式，它由三个环节构成：第一，企业各部分的高效运转和财物安全的保证；第二，企业的产品和服务能够得到客户的认可和拥护；第三，企业有效的营销渠道将产品传递至客户
	张耀文（2013）	盈利模式的内涵及要素包含三个方面⑦： 1. 任何一个企业组织的成立都隐含前提条件，例如，如何获取可持续的利润流及市场和顾客的需求属性在某个时期的相对稳定性和市场的竞争态势等，这些条件构成了盈利模式存在的合理性前提 2. 组织的盈利模式包含企业内部结构及企业与外界各种要素的关系结构，它们之间的相互作用构成了模式的各种运动 3. 盈利模式应该包括一些基本构成要素：市场结构、企业的价值理念、范围、业务流程、企业核心能力、定价策略及收入来源、企业战略、协调机制、技术等

互联网时代，人们的消费诉求和消费方式发生变化，产品特征从传统的有形性、单一性、直接性、独立性演化为无形性、综合性、系统性、间接性、长效性。电子商务成为互联网驱动盈利模式变革的典型。

① FINCH B J. Operations Now：Supply Chain Profitability and Performance[M]. New York：McGraw Hill Higher Education，2006.

① TIMMERS P. Business Models for Electronic Markets[J]. Electronic Markets，1998，8（2）：3-8.

② WEILL P，VITALE M R. Place to Space：Migrating to E-Business Models[M]. Boston Business School Press，2001：12.

③ 张耀文. 基于双边市场理论的移动应用商店盈利模式研究[D]. 北京：北京邮电大学，2013：47.

④ 张雪峰. 中美数字出版盈利模式比较研究[D]. 重庆：重庆大学，2013：19.

⑤ 张纪元. 移动互联网业务产业链及盈利模式研究[J]. 互联网天地，2013（4）：7-11.

⑥ SLYWOTZKY A J，MORRISON D J，ANDELMAN B. The Profit Zone：How Strategic Business Design Will Lead You to Tomorrow's Profits[M]. New York：Three Rivers Press，2002：6.

⑦ 张耀文. 基于双边市场理论的移动应用商店盈利模式研究[D]. 北京：北京邮电大学，2013：48.

1. 从基础性到增值性

工业时代的企业一般根据自己提供的产品或服务价值向用户收费，而互联网时代的企业往往将产品提供给用户免费使用。例如，易趣网自1999年成立后，采用向卖家按月收费的方式。2003年，淘宝创立并提出免费开店的方式，受到了广大卖家的青睐。许多人抱着“试试看，反正不亏”的心态尝试开设并运营淘宝店铺。淘宝店铺的增加吸引了大量的客户，客户的增加又促使店铺增加，如此良性循环，淘宝用户基数剧增，甚至很多在易趣网上开店的用户也转移到淘宝开店。2005年，淘宝超越易趣网，开始把竞争对手远远抛在身后；此后，淘宝超越日本雅虎，成为亚洲最大的网络购物平台。淘宝2005年的成交额突破80亿元，超越沃尔玛；在2006年成为亚洲最大的购物网站。

淘宝属于典型的双边市场，其基础服务向卖家、买家两端均不收费。那么，淘宝的盈利模式是什么呢？刘璇、张向前（2012）认为淘宝的盈利来源是：支付宝资金沉淀增值收益、“直通车”“钻石展位”等网络广告收益、增值服务收益及B2C业务收益等[1]。这就是说，淘宝盈利模式的主要思路是基础服务免费，增值服务收费。当免费的基础服务吸引大量用户进入门槛后，逐步帮助用户养成使用习惯，形成用户黏性；当用户需要增值服务时，则按照一定标准收费。因此，除普通开店业务免费外，淘宝推出的淘宝商城（天猫）需要交纳基数服务费年费和根据交易额按类目比率划扣服务费，“直通车”“钻石展位”等广告服务需要按照展现时长或点击量收费，专业版旺铺、高级店铺装饰等服务也都是收费的。

增值服务收费是一种十分典型的互联网盈利模式，诸如此类互联网产品不胜枚举。360安全卫士和360杀毒软件依靠基础服务免费占领了原本属于瑞星、诺顿、卡巴斯基等产品的市场，而在专业的病毒查杀、人工服务等增值服务方面收费；迅雷普通下载业务是免费的，但如果用户想下载更加快速，同时免去广告烦扰，则可以付费申请会员；腾讯QQ作为拥有近10亿用户的网络即时通信软件，在基础服务免费的同时推出了各种“Q钻”业务。据不完全统计，QQ有上亿会员用户，每个月每人10元的“Q钻”收费累计起来十分可观，成为腾讯QQ业务重要的盈利来源之一。很多国内软件也采用这种盈利模式，用户可以免费享受软件的基础服务，但功能往往受到限制；若要完整使用软件则需要付费。

2. 从直接性到间接性

工业时代的企业一般采用直接向用户收费的方式，而互联网时代的企业往往不直接向用户收费，而将盈利点转移到第三方，这就是经典的“羊毛出在猪身上”理论。从Web1.0时代开始，门户网站为用户免费提供各种新闻资讯服务，集聚大量用户后依靠广告业务获得盈利。同样，搜索引擎网站也提供免费搜索服务，但通过关键字竞价等形式从广告主一方获得利润。

间接性盈利模式对平台型互联网企业尤其适用。在打车平台中，为了积累足够的用户基数和培养用户习惯，一些平台不仅不对双边用户收费，甚至还对司机进行补贴，为打车用户提供折扣优惠；平台的盈利主要依靠用户支付和司机获取之间的费用差额及其他在用

[1] 刘璇，张向前.“淘宝网”盈利模式分析[J]. 经济问题探索，2012（1）：148-154.

户基数达到足够条件下的增值服务项目，因此要实现盈利，需要相当长时间的固定用户积累。团购平台和外卖平台也经常采取各种补贴措施或优惠活动，以尽量吸纳更多的活跃用户；其盈利主要依靠活动回扣、商家展会、广告服务等，也是要在培养足够用户基数的前提下实现的。

3. 从单一性到生态化

Web1.0 时代主要是盈利点向第三方转移的盈利模式，由于盈利点依赖单一广告，广告方收益难以测算，成本支出十分固定，所以这种盈利模式的可持续性不强。以大数据技术、人工智能技术等为代表的 Web3.0 的发展应用，使平台企业的盈利模式从无差别走向多元化，出现诸多多元化、综合性的盈利模式——生态模式。

（1）秒赚模式。“秒赚”是一个典型的基于大数据技术的广告平台。其商业模式可概括为“企业用商品发广告，用户看广告换商品”，即商家在平台上发布广告不需要支付广告费，而只需要支付一定的积分；用户在平台上观看广告可以获得相应的积分，积分可以兑换商品。这种典型的 Web3.0 模式打破了广告主和消费者“非赚即亏”的零和博弈或负和博弈关系，使广告主、消费者和平台三者实现正和博弈。这就使秒赚基于这种商业架构可以设计积分抽成、竞价排名、定向广告收费、VIP 服务、数据增值等盈利模式。

（2）乐视生态。乐视公司构建的是一种多元化的生态型盈利模式。其主要打造了“平台+内容+终端+应用”的垂直整合生态，试图依靠网络广告、版权分销、收费视频、超清播放机等盈利点实现盈利。其中手机、电视机等终端硬件价格极低，时常亏本销售，甚至宣称“硬件免费”。这种模式契合了国人“有形产品至上”和“热衷折扣商品”的消费观，从而实现短期内迅速积累用户基数，而长效盈利则寄希望于让终端产品发挥功效所需的资源和软件的配套消费。

（3）小米生态。小米集团的商业模式简化为“软件+硬件+互联网服务”，即从应用软件到系统层面，再到最后的硬件，试图在一个大的安卓生态系统中构建一个由小米手机、MIUI、小米盒子、商城、云服务和开发者组成的生态圈。这样小米集团就形成了集规模化手机销售盈利、周边产品盈利、期货营销资本增值等于一体的生态盈利模式。

（4）阿里巴巴生态。阿里巴巴作为电子商务帝国，依靠 B2B 业务（1688）、B2C 业务（天猫）、C2C 业务（淘宝）、支付金融业务（支付宝/蚂蚁金服）、物流业务（菜鸟物流）、数据信息服务（阿里云），以及其他周边业务，构成了强大的电子商务产业生态圈。阿里巴巴的盈利模式也从早期单一向会员收费演变为复杂且动态平衡的盈利生态，主要盈利来源包含向会员收费、交易佣金、网络广告、金融增值、竞价排名、物流服务、周边业务等。

3.2.3 中国特色电子商务发展模式

曾有人将中国互联网的发展模式戏称为“C2C”（copy to China）：QQ 模仿 ICQ，搜狐模仿 Yahoo，百度模仿 Google，微博模仿 Twitter，微信模仿 WhatsApp，滴滴模仿 Uber……

当然，电子商务也不例外，淘宝模仿 eBay，京东模仿亚马逊，美团模仿 Groupon 等。然而这仅是一种网络调侃说法，将中国电子商务发展模式定义为简单模仿显然失之偏颇。

1. 中西方互联网产品设计差异较大

总体而言，我国互联网产品相对功能更加完善，界面更加丰富。例如，WhatsApp 始终聚焦于即时通信功能，界面简洁；而微信显然功能更多，"朋友圈"具有用户分享功能，公众号具有传媒功能，游戏平台具有娱乐功能，购物模块具有电子商务功能，"钱包"具有支付功能等。这些功能正是充分立足于中国人的生活习惯和内在需求开发的。反过来，就目前而言，微信英文版 WeChat 在国外的推广并不算成功，虽有 WhatsApp 先入为主的原因，但更多的是由于外国人的生活习惯与中国人不同，深究依然是文化差异原因。同理，2002 年 eBay 并购易趣网，2004 年亚马逊收购卓越网，这两个国际性电商平台先驱并没能给易趣网和卓越网带来实质性帮助，反而由于市场定位、运作机制和管理模式并不适合中国国情，从此一蹶不振，被后来居上的淘宝、京东、当当网等全面超越。

2. 中西方互联网商业模式差异较大

素有"中国电子商务第一平台"之称的淘宝之所以能够打败易趣网，业界普遍认为有三大关键原因。

（1）盈利模式。业界总结了一种中国特色的互联网思维方式，叫作"羊毛出在猪身上"，即许多人每年愿意花 2000 元交付手机话费，却不愿意花 20 元使用 WhatsApp；愿意花七八千元买一部苹果手机，却不愿意花七八元从 App Store 购买一个应用程序。正是深谙这种国人的普遍消费价值观，淘宝通过免费开店的形式招揽了一批原易趣网的卖家，在用户基数充分沉淀后再通过店铺装修、直通车推广等拓展业务赚得盆满钵满。这就是俗称"羊毛出在猪身上"的间接盈利模式。

（2）交互设计。全球速卖通、亚马逊等平台的卖家会发现，西方客户可以在没有与卖家进行任何交流的情况下，下几百美元的订单，因为随着电商平台的成熟，产品和服务的详细信息都能够得到完整充分的展现，无须通过交流获得必要的信息。而相比详细浏览商品详情页，中国客户往往希望就自己感兴趣的问题进行咨询并快速得到答案。淘宝成立初期，相关法律法规不完善、网上交易信任缺失、消费者热衷讨价还价三大因素充分表明交流功能模块对电商平台的重要性。因此，在阿里旺旺正式推出的前几年，其几乎介入了每笔淘宝交易。

（3）资金流设计。功能强大的支付宝在早期解决了两大问题：一是由于网上信任缺失衍生的交易担保问题，二是由于金融体制落后衍生的银行有偿资金流动服务问题。因此，支付宝不仅赢取了广大消费者的"芳心"，还成为阿里巴巴深厚的周转资金池，为后续支付宝发展成为集支付、结算、理财、融资、信贷、信用管理及生活服务等功能于一体的生态系统奠定了基础。

3. 我国不同地区电子商务发展模式差异较大

我国电子商务具有充分立足本国国情的独特发展轨迹。我国幅员辽阔，地大物博，各地发展不均衡，城乡差异显著，电子商务的发展模式和影响特征呈现多元化。2010 年前后，各类功能与淘宝类似的网购平台如雨后春笋般纷纷冒出，有传统企业主导的（如优购、邦购等），有电商服务企业主导的（如顺丰优选、申通购物商城），也有地方政府主导的（如义乌购、温州购等）。然而，这些平台大多数发展不易，有的在小范围内艰难维持，有的通过及时调整定位得以生存，有的只是昙花一现。作为首个国家电子商务示范城市的深圳，在电子商务产业扶持、配套建设及行业监管等系列政策上的积极探索实践造就了深圳电子商务的突破性发展；作为首个国家电子商务示范镇的佛山市顺德区乐从镇，在利用电子商务推动传统制造业和商贸流通业转型方面的探索实践被业界津津乐道，各地争相效仿；作为中国电子商务第一村、中国首个“淘宝村”的义乌市青岩刘村，依托当地市场基础、引进急需资源、完善配套设施、鼓励农村创业的做法使之成为数千网商的集聚地。

纵观我国电子商务发展史，每个案例都具有特征双重性：既是不可复制的特例，也是可以推广的模式。有权威人士指出：“中国电子商务每一个成功的案例都具有不可复制性。”作为特例，我们发现每一个成功案例都有其特定的条件基础、内外因素和作用机制作为前提。深圳有区位和政策优势，佛山有产业和流通基础，义乌有市场和创业环境，除此之外还有很多隐性的但具有决定性作用的条件因素。我们有理由相信，电子商务各种繁荣的背后都有本质性的规律可循，通过系统、科学、深入地研究分析，必然能够从中探得真谛，取得真经，让其成为固化模式对外推广，让电子商务欠发达地区有迹可循，从而少走弯路，更好更快地发展。

3.3 农村电子商务典型发展特征

3.3.1 政府主导

如今，我国经济发展呈现出比较明显的地区性的发展不平衡情况，这一点在电子商务行业尤为显著。在经济发达的地区，经济基础与当地信息化水平较高，往往是市场走在政府前面，农村电子商务模式发展也层出不穷，不太需要政府引导；而在经济欠发达地区，需要地方政府引导，优化当地信息化基础设施与物流网络，为当地人民制造农村电子商务发展机遇，从而引领地方经济发展。

地方政府主导型农村电子商务，顾名思义是指在地方政府的大力支持下开展农村电子商务。在这种模式下，地方政府对当地电子商务发展起到了引导激励、政策扶持、平台搭建、资源供给、供需对接、技能培训等全方位作用，从而增强当地民众发展电子商务意识与创业意识，激发民众积极性，推动当地电子商务产业乃至县域经济快速发展。政府主导型电子商务模式大体可分为以下四类。

1. 建立农村电子商务产业园

政府主导建立农村电子商务产业园（简称“电商产业园”），通过招商引资吸引电商企业在产业园建厂，从而吸纳电子商务人才与物流人才，政府或者第三方服务商为其提服务。例如，山东省德州市政府通过建立农村电商产业园、电商示范街等，引进阿里巴巴、京东、苏宁易购等多家电子商务巨头，并引导建立完善的配套物流运输体系，从而加速产品的流通。此外，在网络覆盖和物流等方面，德州市政府出台了一系列政策，邮政局进一步加强农村基层网点建设，确保打通农村电子商务“最后一公里”。

2. 直接引进电子商务企业

政府直接引进外来电子商务销售企业或第三方电子商务服务企业，带动当地农产品线上销售和深加工。吉林省白城市通榆县政府与杭州常春藤实业有限公司联合成立吉林云飞鹤舞农牧业科技有限公司，将农户、生产基地、合作社或农产品加工企业等生产方的农产品整合起来，通过淘宝天猫平台销售，同时注册了“三千禾”“大有年”等品牌，实行“统一品牌、统一标准、统一质量、统一包装”的标准化“网货”售卖，启动农产品“原产地直供”计划，在“1 号店”等网络平台把本地农产品卖往全国。

3. 搭建一体化电子商务平台

政府搭建一体化电子商务平台（简称“电商平台”），树立地方品牌形象，助力销售地方特色产品。河南濮阳市清丰县大力实施“党建+扶贫+食用菌”工程，建立清丰食用菌网站，设专人负责网站管理，设专人负责食用菌网上推广宣传销售。为了帮助不同类型和特长的农户在互联网浪潮中受益，清丰县委、县政府设计了三种扶持方法：一是农户出钱又出力，自主种植；二是农户出钱不出力，劳务托管；三是农户出力不出钱，菌棒托管。有些擅长种植的农户将销售工作全部交给电商平台，再也没有发生过农产品滞销的情况。

4. 建立电子商务服务中心

政府在农村建立专门的电子商务服务中心（简称“电商服务中心”），给想要从事电子商务的人提供相关技能培训和服务，引导他们走上农村电子商务之路。山东省德州市宁津县张大庄镇拥有做家具的传统，张大庄镇政府建立镇级电子商务服务中心，提出“五免费、三优惠”的服务方式，分别是“免费代开网店、免费淘宝培训、免费提供教辅、免费提供平台、24 小时免费咨询，优惠美工制图、优惠提供摄影、优惠代管服务”。这一服务正是农村急需的服务，该服务迅速推动了农村电子商务的快速发展。

充分发挥政府引导甚至主导地位，根据当地特色产业积极培育优质农村电商产业园、电商社区及电商经营户，从而加速地方“互联网”化，促进经济产业转型升级，这在一定程度上依赖政府宏观调控，或多或少有点计划经济的味道。但是，对于经济欠发达地区来说，地方市场经济不景气，投资环境和营商环境不佳，发展所需要素条件不充分，被很多新产业、新业态放弃。此时，需要政府充分发挥宏观调控作用，积极引导与扶持新产业在农村地区发展。但是，在引导与扶持过程中，政府也要注意解决农村电子商务发展中面临的人才问题、物流问题、信息网络问题，这样才能为农村电子商务发展奠定良好的发展基础。

但是，这种模式也有比较明显的缺点。首先，这种模式一般适用于农村电子商务发展的早期阶段，农村电子商务发展到中后期时就需要加强监管与规范。此外，这种模式的可持续性与可靠性也有待进一步优化。一般来说，当地农民如果只是专注农产品生产，将电子商务作为扩展销路的渠道，那么他们虽然在一定程度上增加了销量、提升了利润，但不会去优化自身产品、培育品牌、主导产业链。这样的话，如果政府的政策支持力度减弱，或者服务商战略调整，改变商品的服务费用和交易佣金，那么这些新发展起来的农村电子商务又会处于弱势地位，收入减少，生产的积极性降低，甚至使整条农产品电子商务产业链陷入瘫痪。

因此，在社会主义市场经济体制内，简单的政府扶持只是一时之计，需要立足长远、统筹谋划，为农村电子商务规划一条多元化发展之路，建立稳健的区域市场经济秩序，优化产业发展环境，加强人才与技术支持，形成地区产业不可替代的核心价值，提高其在产业链中的地位与话语权，建立可持续、多元化、市场化的农村电子商务服务体系，从而推动农村电子商务业态走向成熟。

3.3.2 行业主导

作为政府与企业之间沟通的桥梁，行业协会主要服务企业生产经营者，为其提供咨询、沟通、监督、协调等服务。行业协会一般是一种民间组织，具有相对于政府的独立性，一般不具备行政权力，也无法按照企业方式进行市场化经营，但其存在的意义不容小觑。

地方性的行业协会往往与当地产业特征密切相关，由当地政府主管部门或龙头企业牵头成立，以加强政企沟通，促进行业健康、快速发展。在经济发达地区，地方产业经济发展迅猛，特别是在一些传统优势产业集聚地，一般企业自发申请成立行业协会，如晋江制鞋行业协会、温州眼镜行业协会、台州模具行业协会、顺德家具行业协会等；而对于一些战略性新兴产业，或者该产业发展相对滞后的地区，行业协会的成立和运作更多是由政府牵头和指导的。因此，行业主导型电子商务模式大体可分为以下两类。

1. 行业协会整合资源

此类协会是以企业主体为主要力量发展起来的，起“整合资源”作用，协调地方产业农村电子商务发展。例如，浙江丽水的“遂昌模式”就是遂昌网商在集群式发展模式下形成的“电子商务综合服务商+网商+传统产业”，其中“电子商务综合服务商”就由行业协会主导承担。2010 年，遂昌网店协会由团县委、县工商局、县经贸局、碧岩竹炭、维康竹炭、纵横遂昌网等多家机构共同发起成立，旨在形成实现网店会员与供应商“信息共享、资源互补”的服务性公共联合平台，从而带动县域电子商务生态发展，促进地方传统产业实现电子商务化，在政策环境的催化下，形成信息时代的县域经济发展道路。

2. 行业协会作为纽带

此类协会是以政府部门为主要力量发展起来的，起“纽带”作用，推动地方产业农村电子商务发展。例如，安徽宿州的“砀山模式”就是依托本地以酥梨为主的水果产业发展农村电子商务，其主要架构为“产业+基地+电子商务+贫困户”。为了提升与统一广大农户的思想和认知，砀山县电子商务协会在政府的支持下成立，主要功能定位为电子商务行业培训、资源共享、结对帮扶、决策咨询等。一方面，协会邀请其他郊县的农户作为农产品电子商务成功先例来到砀山现身说法，提升了农户开展农村电子商务的信心；另一方面，协会邀请砀山县有丰富农产品电子商务操盘经验的运营团队，和农户结对帮扶，帮助农户顺利开展电子商务。

通过对相关典型案例的分析，可以发现相关农村电子商务协会有以下主要作用。

（1）培养农村电子商务意识。协会通过组织各类培训、沙龙、考察、交流等活动，在县域内培育电子商务发展的浓郁氛围，提升农户开展电子商务的意识与积极性，是农村县域电子商务发展的关键。

（2）技能培训与业务咨询。在提升农户开展农村电子商务的积极性后，需要解决“怎么做”的问题，此时行业协会需要通过组织和引进优质的第三方电商服务企业或培训讲师，提供电子商务从业技能培训和业务咨询服务，帮助广大商户、农户提升电子商务运营能力。

（3）政策对接与补助服务。协会需要通过对外学习考察了解其他地区电子商务政策与行业情况，并进一步通过内部调研交流深入了解本地电商的实际诉求，从而了解本地企业心声，将其传达给政府相关部门，协助政府制定和实施行业发展规划和扶持政策。最后，协会还要负责政策的落实，指导企业申报材料和领取补贴等。

（4）资源整合与要素支撑。协会可以整合地方产业资源，以集群化形式对接天猫、京东等平台，从而获得平台的流量、展位等资源倾斜；也可以以打包形式与媒体资讯类、物流类企业合作，获得相对优质的流量资源和较低的获客成本，并大大降低物流成本。在其他方面，如会展资源、供应链资源等，通过集聚对接都能够在成本和效益上获得优势。

（5）信息收集与行业监管。一方面，协会受政府委托，对电子商务业务进行引导和帮助。例如，建设运营产业园区，推进产业集聚发展；开展行业数据统计分析，发布宏观和区域行业发展现状，提出本地行业、企业发展的意见建议等。另一方面，协会对行业、产业和服务品质、竞争方式、经营作风等进行监管，打击压价、刷单、侵犯知识产权等恶性竞争行为，维护行业良性发展。

对于电子商务领域来说，在各地行业协会成立之际，产业发展大多数处于成长期。崭露头角的新兴电商企业忙于在市场中立足、发展，很少考虑行业发展标准和生态问题。政府推动行业规模化、有序化、可持续健康发展，但又不能够更多地运用行政手段进行干预，此时牵头成立行业协会就是行之有效的一种手段。行业协会能够帮助政府及时掌握行业动态，了解行业前沿，洞悉企业发展处境，从而及时制定或调整政策方向，调整行业监管松紧度，促进行业集聚和壮大。对于新兴行业来说，由政府推动成立的行业协会，政企之间桥梁纽带的作用更加显著，运作得当的话，对产业发展壮大的作用显而易见。

3.3.3 企业主导

企业主导模式就是大型企业主导农村电子商务发展的模式。随着经济的发展，发达地区的市场逐步稳定，与此同时，大部分欠发达地区的农村市场仍有大量的市场空白。随着扶贫工作的开展，政府加大了对农村经济建设的投入，出台了一系列优惠政策，使得企业将新的战略布局瞄准了经济相对落后的农村地区。此外，随着移动互联网和智能手机的普及，农村电子商务的发展潜力巨大。企业主导型电子商务模式大致可以分为以下两种。

1. 主流电商平台主导

主流电商平台主导的农村电子商务模式，如阿里巴巴、京东、拼多多等。例如，阿里巴巴提出了“千村万县”行动计划，旨在进军农村市场，山东省德州市很多区县与阿里巴巴签订协议，成立农村淘宝，建成多处淘宝镇、淘宝村，数万名农民参与农村电子商务产业，带动了整个地区经济的发展。此外，京东的“农村服务站”、拼多多的“社交电子商务”、苏宁易购的“O2O 电子商务”等模式都发挥了平台运营主体人口红利高、销售渠道广、运行机制成熟的优点，通过电商平台引导农村电子商务走向规模化、公司化、品牌化。

对于这种农村电子商务模式，一般有特色产品的农村电子商务产业发展较有优势，他们通过电子商务服务点及电商平台畅通的销售渠道将本地产品销往全国各地，迅速搭上国内电子商务发展的快车，从而推动当地产业电子商务化。但是，对于相对没有特色产品的农村区域，这种模式的推动作用就不太适合，电商平台在这些地区开展农村电子商务大多数是通过服务点帮助农民购买网上物美价廉的商品，从而占据农村市场。

2. 地方大中型企业主导

地方大中型企业主导的农村电子商务模式，又称“企带村”模式。在农村电子商务发展之前，传统的农业生产体系中一家地方性的大中型企业就在地方经济发展中起着主导作用，它能够给该地区的生产制造起到市场对接、技术扶持、生产要素供给等推动作用，从而主导整个地区的产业发展。在乡镇企业快速发展的时代，“一家大企业、千百家家庭作坊”成为浙闽沿海一带农村的常见产业形态。随着经济的发展与互联技术的普及，地方大中型企业便能够带来整个区域电子商务产业发展所需的关键要素，从而带动地区的农村电子商务发展，形成一系列的淘宝村或淘宝镇。

在“企带村”模式中，企业在农村电子商务发展中往往同时扮演两种角色：一是电子商务销售方，是产业链中对接市场的一个环节，帮助打开产品销路，广大农村居民只需做好产品供应；二是电子商务服务平台，为农民提供电子商务从业指导等一站式服务。例如，浙江省丽水市缙云县北山村农村电子商务就是在龙头企业“北山狼”的带动下，逐步形成了以浙江缙云北山狼户外用品有限公司为龙头，以个人、家庭及小团队开设的分销店为支点，以户外用品为主打产品，以北山狼产品为依托的农村电子商务发展模式，即“北山模式”。

“企带村”模式的地域特色并不明显。对于资源短缺的农村地区来说，可以利用龙头企业成熟的运作模式、供应链资源及营销推广模式带动整个地区产业的发展，并以其自身为榜样激发农户的创业热情，这是一种农民的自我驱动意识。在此基础上，政府可以不做过多干预，由龙头企业带领农户开展前期培训与创业辅导，政府只需在整体布局与基础设施建设上进行引导与扶持，即可助推当地产业发展。但是，这种模式存在龙头企业选择困难、产品同质化严重等问题，因此推广难度较大。

3.3.4 市场主导

市场主导型农村电子商务是指一个地区的农村电子商务发展是以当地的专业市场为依托，利用当地现有的产业资源与供货渠道形成的农村电子商务模式。该模式的电子商务利用当地特色产业市场，抱团发展：一方面，利用规模效应与上下游供应商争取议价权，从而在网上为消费者提供物美价廉的产品；另一方面，吸引物流、产品服务等相关配套产业发展，促进专业分工，做到差异化与规范化，从而形成系统性的农村电子商务产业集群。市场主导型农村电子商务一般可以分成以下两类。

1. 依托当地传统制造业市场开展电子商务业务的“互联网+制造业”模式

这类农村电子商务从业者可以是制造业企业，也可以是电商企业或电商从业个体，他们利用当地传统制造业市场优势产品发展电子商务，不断提升商品知名度、销量、盈利能力及品牌附加值，给当地传统制造业市场开拓了新的销售渠道，使其更加接近销售端，从而促进传统制造业转型升级，同时带动农村基础设施建设等三农事业发展。这类模式的电子商务普遍分布在苏、浙、粤等制造业发达省份，以及温州、台州、佛山、东莞、泉州等轻工业发达的东部城市，是农村电子商务的主要模式之一，这也充分说明产品和供应链对电子商务发展的强大支持作用，而电子商务也促进了产品创新和供应链优化。

例如，晋江市龙湖镇梧坑村传统制造业较为发达，形成了以纺织、服装、五金、塑料、机械制造、铸造、汽修等产业为主体的小型工业开发区。2010 年，当地一些毕业回来的大学生，看到了电子商务发展的巨大红利及村里的鞋服产品优势，就开始探索线上销售，并取得了喜人的成绩。2013 年以后，国内电子商务竞争日益加剧，梧坑村具有较强的电子商务运营能力和运营经验的团队，开始探索分布式柔性供应链布局，探索线上线下产品差异化，开始尝试品牌电商化和电商品牌化齐头并进，最终取得了成功。

2. 以专业市场为中心，依靠当地成熟的产业链资源形成的“电子商务+服务”模式

专业市场作为市场经济发展的重要产物，是商品大规模集中交易的重要场所，基于专业市场开展电子商务零售能够促进周边农村地区的电子商务发展。此外，电子商务也给专

业市场带来了新的发展机遇，改变了传统专业市场的经营模式，使专业市场走向专业化、差异化、精细化与体系化，从而可以满足不同顾客的个性化需求。

例如，浙江省义乌市农村电子商务发展就是依靠本地成熟的商贸市场，依托第三方电商平台与社交平台等渠道资源，将物美价廉的小商品销售到全国各地。当义乌农村电子商务发展规模壮大后，各村的电子商务网店形成了产业集群与规模效应，再加上政府相关优惠政策的吸引，大量的资本与人才涌入义乌专业市场，推动相关配套产业发展，从而形成完善的电子商务产业结构，扩大了义乌农村电子商务的发展规模。

市场主导模式的优势主要在于依托本地制造业或专业市场资源与产品，前期投入成本较低，不需要大量库存，只需要在第三方网络平台上搭建店铺并开展产品营销即可。此外，它的进入门槛较低，在已经解决产品供应的情况下，创业者前期提高自身的网络营销能力便可以开展业务，之后在不断摸索中提升前端流量转化能力，由此出现一大批优良店铺与品牌。

但这种模式的缺点也很明显，主要在于马太效应较为明显和对专业化要求较高。由于电子商务产业日渐成熟，电子商务流量红利逐渐消退，农村电子商务的马太效应较为明显，特别是随着“淘金者”的不断涌入，不少商家为了吸引流量打起“价格战”，使得产品利润不断下降。因此，不少商家开始走品牌化与专业化路线，一方面通过品牌提高产品的知名度与认可度，另一方面通过专业化提高产品的附加值，筑高产品竞争壁垒。

3.4 农村电子商务典型业态

3.4.1 纯经营业态

纯经营业态是指市场主体本身不参与农产品生产，而是仅专注农产品流通中的一个或多个环节，如电子商务运营企业、社区团购企业等。纯经营业态的经营主体往往是流通型企业，产品多由农户供应。纯经营业态符合波特价值链理论和马克思主义分工理论，不同主体按照生产、加工、销售等产业链环节分工协作。各主体发挥自身优势，从事最擅长的价值链活动，将自身非核心的或不擅长的业务剥离出来，交由其他主体完成。由于广大农户更擅长农产品生产，不具备电子商务运营能力，在互联网时代，只需考虑如何进一步提升农产品的品质即可。在扩大农产品销量、培育品牌等方面，农户显然不如专业电子商务运营团队，将其交给专业团队显然更为合适。

在产业链服务外包模式中，纯经营业态中的市场主体还承担着三个重要的使命：一是向供应方反馈市场信息，传递用户需求，从而帮助农户更有针对性地改进产品，改良工艺，提升农产品的受欢迎程度；二是逐步探索品牌化运营，明确农产品定位，优化深加工方案，丰富农产品经营模式、包装模式和供给模式，从而提升农产品的附加值，使农户和电子商务运营方共同获利；三是整合资源，提升抱团发展能力。大型农业承包企业自身具有强大的市场运营团队，一般不向电子商务运营主体供应农产品，或自身已经具有成熟的市场流通方案，按自身标准建立分销体系，供应农产品。更多的农户生产的农产品价格更高，他们是纯电子商务运营主体的主要产品供应方。由于中小农户的种植规模较小，产品种类和数量不足，电商企业往往需要整合多条供应链，才能为客户提供丰富的产品。按照优势互补、合理竞争的方式整合农户供应链至关重要。

顺丰优选就是近年来诞生的纯农产品电子商务经营业态的代表。顺丰优选定位于高端进口食品及生鲜，商品价位比较高。尽管顺丰优选资金实力雄厚，有很强的物流配送能力，但并没有非常激进地进行扩张，而是延续其一贯低调、稳健的做事风格。根据 Alexa 的统计数据，顺丰优选每天 IP 在 4 万个左右，如果按照 5%的平均转换率来计算，每天订单量应在 2000 单左右。

在大众创业、万众创新的背景下，诸多大学生走上了创业实践之路，最大的瓶颈就是供应链的短缺。为此，大多数大学生团队成立的涉农运营实体往往采用纯经营业态，只负责产业链前端，后端仅对接农户资源。

3.4.2 供应链业态

对广大农户而言，从事纯农产品生产显得更为专业和纯粹。当农产品销路得到充分保障时，农户的主要精力就转移到农业和农产品本身，其中包含农产品改良、农业生产技术提升、生产成本控制等。我国人多地少，人均耕地不足，农业（特别是粮食生产）的稳定增长，是整个国民经济发展的基础。为保证农业生产，科技兴农是关键路径。

近十年来，我国重大农业科技成果已达 2.5 万多项，但许多尚未得到广泛应用，潜力很大。有组织、有计划地把一大批已经成熟的适用科技成果，大范围、大面积地推广应用，是投入少、产出多，发展农业生产力和促进农业上新台阶的重要途径。现在，要特别重视和抓好以粮棉油大田增产技术为主的农业科技成果的推广应用，重点组织推广中低产田综合治理技术。各地要积极推广应用已经通过鉴定的科技成果，因地制宜地制订和组织实施不同层次的推广计划。今后，对农业科技成果要及时发布、推广，并逐步形成制度。

近年来，多个中央“一号文件”均提出，提高农民科学文化水平，切实加强农村扫盲、文化教育和农业科技工作，把对农村劳动者的文化教育和技术培训作为一项重要任务，努力抓出实效。在科技兴农、对农民加强培训等重要政策利好的大环境下，广大农民应积极抓住机会，提升自身文化技术水平，深入学习种植、养殖技术，提高产品质量。至于电子商务运营、营销方案等，交给专业电商企业更为妥当。

3.4.3 生产经营一体化业态

农村电子商务生产经营一体化业态是指从业主体同时从事农产品生产、初加工、深加工、营销等多个环节。生产经营一体化业态与分工理论、服务外包理论存在一定相悖之处，但又有其存在的客观性和必然性。这可能是一种过渡性业态，也可能在很长时间内存在。

在农村电子商务生产经营一体化业态中，从业主体可以是电商企业，也可以是农户。一方面，由于农户产品供应具有一定的不确定性，电商企业在前端运作走向标准化、品质化、品牌化阶段的时候，就期待掌握供应链资源，通过控制农场和加工厂、实施标准化生产、掌握流通配送体系等方式，为用户提供稳定可靠的产品保障。另一方面，许多农户不甘于产品销路和溢价权掌控在别人手上，尝试自己掌握销售渠道。互联网发展推动电子商务技能培训和信息服务更为便捷化、普及化，政府加强农村信息化的政策扶持、村级电子商务服务站建设的推进、淘宝特色馆等大型平台的农村电子商务扶持举措，都为农户进军互联网提供了便利。此外，一些掌握电子商务运营能力的用户，如“农二代”返乡，将为传统农村和农业业态注入新的活力。

沱沱工社就是农村电子商务生产经营一体化业态的典型代表。沱沱工社始创于2008年，以有机农业为切入点，建立起从事“有机、天然、高品质”食品销售的垂直生鲜电商平台。凭借雄厚的资金实力，沱沱工社整合了新鲜食品生产、加工、网络销售及冷链日配等相关环节，成为国内有名的生鲜电商企业之一，满足了北京、上海等一线城市的中高端消费者对安全食品的需求。沱沱工社自建近万平方米集冷藏、冷冻和加工车间于一体的现代化仓储配送物流中心，采用冷链物流到家的运作模式，将新鲜的食品精准交给消费者。沱沱工社的电商企业拥有种养基地，沱沱工社承包了约1000亩农场，种植时令蔬菜、瓜果，并散养家禽、家畜，为消费者提供质量可掌控的健康食物，从而快速获得消费者的信任。同类型企业还有“菜管家”，其在上海属于较早涉足农产品电子商务市场的企业。除零售之外，菜管家的盈利来源是企事业单位的福利采购，但由于市场本身并不稳定，企业多次遭遇生存危机，但依然坚持至今。

3.4.4 直播业态

电商直播是近几年兴起的购物业态，是基于直播这种新型社交方式的产品交易。2016年3月，作为电商直播首创者的蘑菇街在全行业率先上线视频直播功能。近年来，各大电子商务及内容类平台纷纷开始着手拓展下沉市场，在人才、技术、金融等方面给予支持，助力农产品电子商务市场的发展，较大地缓解了农产品的供需矛盾，加快了农产品的流通效率，助力农民增收。电商平台除了在政策、资源方面助力农产品销售，还不断变革、创新模式，促使农产品实现供需平衡。拼多多率先上线“政企合作，直播助农”计划，先后与广东、江苏、浙江、山东等地区的地方政府和企业展开合作，联合近百名市长、县长，开启了“市长、县长当主播，农户多卖货”的直播助农模式。京东则携手百位县长，组成“百大县长直播团”，在“6·18”活动期间，打造了多种主题直播，聚焦不同产业带的发展，开启“供应链＋直播”模式。抖音则推出新农人计划并先后投入约 12 亿元的流量资源，力求给予新晋农村创业主播更多的流量和曝光机会，同时开设了多门与运营推广、直播技巧相关的培训课程。

2021 年 6 月 8 日，南方财经全媒体集团旗下的 21 世纪产业研究院发布《2020 年中国农产品电商直播报告》。该报告结合精准扶贫、乡村振兴的政策背景，通过在线上进行问卷调查，探究农产品电商直播在受众群体中的实际传播效果，范围涵盖 30 多个城市，并通过案例研究，梳理了农产品电商直播行业的趋势和难点。

以知名淘宝店铺“星哥小倩土特产”为例，该淘宝店成立于 2020 年初，是一家拥有 1700 多名粉丝的四钻店铺，店铺的运营者是浙江省桐庐县的一对年轻夫妻。在进入直播行业之前，星哥和小倩夫妻在外地房地产行业工作。在工作之余，夫妻两人喜欢在各个平台观看各种直播，看到直播带货行业发展得如火如荼，逐渐萌生了利用直播进行创业的想法。2020 年，为了照顾家人，同时把家乡的优质农产品分享给大家，夫妻两人决定辞去工作，回乡创业，投身电商直播行业，售卖自家农产品。因为电商直播进入门槛不高，只需在直播平台上完成相应的注册就可以开始直播，所以整个店铺的直播创业团队只有两人。在这个由家人组成的团队中，夫妻两人负责直播和店铺运营，父母帮助种植和制作直播销售的产品。店里销售的产品种类不多，只有家里农田种植的青菜及手工制作的当地小吃。夫妻两人每天上午准时进入淘宝平台，打开直播间，直播工作或在田间或在家中完成。虽然创业后总体收入比以前有了提升，但由于专业水平和团队规模有限，这种创业团队无法形成更大的体系。

尽管农产品直播业态中存在直播人才缺乏、马太效应明显、区域发展失衡、配套设施不全等问题，但总体而言，农产品电商直播是当前农产品销售最具活力和成效的电子商务手段。

2022 年，中央“一号文件”提出，“鼓励各地拓展农业多种功能、挖掘乡村多元价值，重点发展农产品加工、乡村休闲旅游、农村电子商务等产业。……实施‘数商兴农’工程，推进电子商务进农村。促进农副产品直播带货规范健康发展”。在该文件指引下，农村电商直播业态必将迎来新的高质量发展。

3.4.5 第三方服务业态

随着农村电子商务的崛起，产业链不断完善，业态不断丰富，自然诞生了既不从事农产品生产，也不从事农产品流通的第三方服务企业，其专注于为农产品电子商务产业链各环节的从业主体提供第三方服务，服务范围包含推广策划、技能培训、金融资本、物流配送、服务站等单项服务或综合服务。

1. 推广策划

从事农产品推广策划的主要有平台服务企业、整合营销企业、社群服务企业等。平台服务企业主要职能是为从事农产品电子商务的企业和个人提供销售平台，对接供需两端，以交易提成、增值服务等作为主要盈利模式。整合营销企业主要是整合利用多种营销工具和营销资源，为农产品电子商务提供品牌策划、广告设计、营销方案、战略规划等服务，如策划各类节庆营销、事件营销、病毒性营销，打造区域性农产品“电商节”等。社群服务企业能够为农户提供社区化供需对接服务，实现农产品城乡有机流转，提高区域推广效率。

2. 技能培训

从事农村电子商务相关人员技能培训的主要机构有服务企业、行业协会、政府、高校等。各主体发挥自身优势，立足受训人员需求，能够为广大农户、农村电子商务从业者提供普及性培训、专项技能培训、经营管理能力培训、诊断改进培训等。其中收费培训占比较低，更多是提供免费培训服务。非营利性机构以提供公益性培训为主，培训经费由政府或行业协会支出。营利性机构提供免费培训，但通过政府补贴、其他方面盈利补偿的方式对冲培训支出。

3. 金融资本

从事农村电子商务金融资本服务的机构主要有投资公司、银行（农村信用社）、平台型企业、民间借贷企业等。在农业价值链提升的进程中，金融资本的介入是重要的因素。但是，很多金融企业因业务局限关系，并没有去开发农村电子商务金融市场，这就使农村电子商务金融业务发展遇到瓶颈。金融企业与农村电子商务发展密不可分，金融企业能够为农村电子商务发展带来资金与技术方面的双向支持，没有金融企业的支持，农村电子商务发展就缺少了很多的服务支持。国有银行面向农村电子商务的服务项目并不多，地方性商业银行、农村信用合作银行、平台型企业和民间借贷企业有效弥补了这一不足。

4. 物流配送

物流配送体系建设是支撑农村电子商务发展的关键因素。针对广大农村地区物流基础设施建设不完善、物流集中配送服务效率较低、区域冷链配送体系不健全等现状，除政府加强交通、物流等公共服务供给外，不少企业也在配送方面谋划发力，京东、顺丰等全国性物流企业涉足该领域，一大批区域性冷链物流企业也纷纷注册。此外，降低物流成本涉及多方面因素，除企业降低运营成本外，地理信息系统（GIS）建设、配送路径优化、交通成本控制等均至关重要。

5. 服务站

农村电子商务服务站是县域电子商务公共服务中心基础设施建设的重要构成部分，是直接服务于农户的日常经营场所，提供在线购物、销售、缴费、出行、娱乐、资讯、创业等服务，在突破信息瓶颈、方便农民生产生活、促进农村消费、带动农产品销售、促进农民增收、盘活农村经济等方面发挥了积极的作用。随着全国各地农村电子商务服务站的兴起，为了进一步规范运行管理，我国发布了农村电子商务服务站的“国家标准”——《农村电子商务服务站（点）服务与管理规范》（GB/T 38354—2019），规定了农村电子商务服务站（点）的建设要求、服务内容、服务流程、服务要求及管理要求，从而快速提升了服务站的建设管理水平。

3.4.6 跨界整合业态

资源整合是指企业对不同来源、不同层次、不同结构、不同内容的资源进行识别与选择、汲取与配置、激活和有机融合，使其具有较强的柔性、条理性、系统性和价值性，并创造出新的资源的一个复杂的动态过程。互联网具有强大的跨产业链整合的能力，能够以农业为基点，通过农业服务化，提升产业附加值；而跨界整合的内核逻辑是以用户根本需求为依据的。国家标准《国民经济行业分类》（GB/T 4754—2017）大致把产业分为第一产业——农业、第二产业——工业、第三产业——服务业[1]。对农业而言，以往农民对市场信息的了解是非常有限的，应变和把控能力非常薄弱，因而出现许多因供不应求浪费宝贵市场机遇的现象，第二年又出现由于“牛鞭效应”农民盲目扩大生产导致供大于求，大量蔬菜瓜果腐烂于地的令人扼腕痛心的事例。其根本原因是我国大部分农业项目缺乏规模化、信息化、企业化运营管理，农业生产资料供给、农业生产和销售等整个产业链是非常脆弱的，任何一个来自前端市场或者后端供应链的变化都可能导致产业链崩塌。同时，农业作为第一产业，主要是通过培育动植物产生产品价值，其产品的附加值也是极低的。互联网则可以很好地解决这一问题，提升农业的附加值，其根本出路就是跨界整合——让农业向具有更高附加值的工业和现代服务业转型。

[1] 施星君. “互联网”与“众创”背景下的高职电子商务专业人才培养模式转型[J]. 教育与职业，2017（9）：93-97.

第 4 章　农村电子商务发展的影响特征与机理

电子商务对价值链的影响分为五个阶段：离散交易、企业信息化、商业模式变革、产业链整合及价值链协同。离散交易使交易行为的主体双方可以在时间和空间上错位，这在电子数据交换时代就能够实现。企业信息化源于企业内部网的推广使用，实现了企业的生产过程、物料移动、事务处理、现金流动、客户交互等业务过程的数字化和内部资源的集成化，从而提升企业生产经营管理效率。商业模式变革源于企业外部的信息化、网络化应用，特别是现代电子商务的发展，使交易企业与企业、企业与个人、个人与个人之间都可以随时随地进行资源共享和价值交换，从而颠覆传统商业模式。产业链整合是互联网从在交换活动的应用拓展到产业链的应用，特别是以商品交换环节为起点的商业变革，衍生到客户关系管理、营销、配送、仓储、采购、供应链管理、生产管理等全产业链环节的应用变革。价值链协同是产业链整合的高级阶段，在人工智能、大数据、区块链等技术支持下，实现全球价值链活动的一体化，资源配置和工作效率最优化，最终实现经济效益最大化。

电子商务发展进程中演绎出多种产业形态，派生出农村电子商务、跨境电子商务、移动电子商务、社交电子商务、直播电子商务等模式，其本质都是互联网与传统商贸流通业的不断融合，进而促进产业链整合优化。为此，农村电子商务在发展进程中也呈现出模式多元性、业态多样性及特征多种性，对“三农”事业的影响复杂而又深刻。

电子商务对区域经济社会的影响绝不仅限于促进商品流通。实践证明，农村电子商务的发展不仅促进了农产品销售、农业发展，实现了农业价值链升级、农民增收，还促进了农村基础设施建设，促进了农村先进文化发展，提升了农民的文化素质和精神面貌，助力了农村生态保护，乃至提升了农村基层治理现代化水平，这是研究农村电子商务这一主题不可忽略的要点。

电子商务对三农事业的影响主要体现在促进农业价值链升级、促进农民生活品质提升、促进新农村建设上。一方面，在纵向维度上，电子商务对农业、农民、农村每个方面的影响都处于不断演进深化的过程中，体现为影响的广度、深度和效度的递进；另一方面，电子商务对三农的影响并非是各自为战、线性发展的，而是具有全局性、系统性和生态性特征，与横向、纵向的联系密不可分。图 4-1 主要显示了电子商务对三农事业纵向的影响演进，横向的网状关系与显隐变化则难以直观表现。

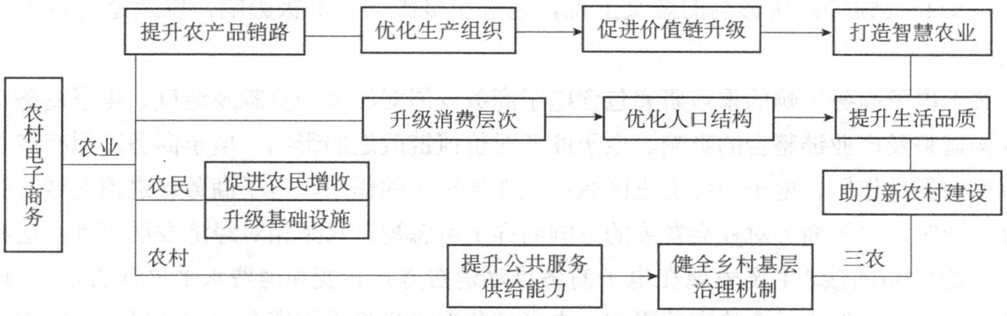

图 4-1　电子商务对三农事业纵向的影响演进

4.1　电子商务的影响特征

4.1.1　电子商务的影响综述

电子商务作为网络经济发展中最重要的一种商业形态，对经济和社会发展均产生了深远影响。《电子商务“十二五”发展规划》明确指出，加快发展电子商务，是企业降低成本、提高效率、拓展市场和创新经营模式的有效手段，是提升产业和资源的组织化程度、转变经济发展方式、提高经济运行质量和增强国际竞争力的重要途径，对于优化产业结构、支撑战略性新兴产业发展和形成新的经济增长点具有非常重要的作用，对于满足和提升消费需求、改善民生和带动就业具有十分重要的意义，对于经济和社会可持续发展具有愈加深远的影响。《电子商务“十三五”发展规划》又指出，电子商务经济以其开放性、全球化、低成本、高效率的优势，广泛渗透到生产、流通、消费及民生等领域，在培育新业态、创造新需求、拓展新市场、促进传统产业转型升级、推动公共服务创新等方面的作用日渐凸显，成为国民经济和社会发展新动力，孕育全球经济合作新机遇。由此可见，电子商务的地位已经从原先单一工具或渠道，走向一种引擎和驱动力；电子商务的影响面已经从原先对商贸流通渠道、经营方式和消费方式的影响走向对各行各业，乃至整体经济和社会的全面影响；电子商务的影响力已经从原先扩渠道、促消费等表层功效走向推动产业结构变革、企业组织更新和社会治理创新的深度作用。

关于电子商务的影响研究，从影响的业务范畴上可划分对经济和产业发展的影响、对社会和文化发展的影响、对企业管理和公共事业管理的影响等；从影响的地域范畴上涵盖电子商务对城市、城郊、城镇、乡村等的影响研究；从影响的特征上包含影响的性质、结构和类型，影响的机理、因素和作用机制，影响的过程、程度，以及影响的测度、评价和反馈等；从影响的意义上说，包含积极影响、消极影响，以及意义待界定的影响等。

关于电子商务影响的重点研究包含电子商务发展对经济的贡献及测度、电子商务对产业结构调整及产业链整合的影响、电子商务对价值链改造的影响、电子商务对原有产业性质改变的促进作用、电子商务促进区域产业布局优化的作用、电子商务促进消费增长的作用等。同时，电子商务对社会发展的影响同样不可忽视，只是相对经济发展而言，这种影响更为隐性和间接，主要表现在电子商务推动消费方式转变和消费水平提升的作用、电子商务带动就业与促进社会稳定的影响、电子商务促进机构组织变革与职能转变的影响、电子商务推动城市空间有机更新的影响、电子商务对节能减排与环境保护的影响、电子商务对推动社会治理创新的影响、电子商务对文化发展与精神文明建设的影响等方面。

4.1.2 电子商务对经济发展的影响

早在 2005 年，《国务院办公厅关于加快电子商务发展的若干意见》指出：“发展电子商务是以信息化带动工业化，转变经济增长方式，提高国民经济运行质量和效率，走新型工业化道路的重大举措，对实现全面建设小康社会的宏伟目标具有十分重要的意义。”《电子商务发展“十一五”规划》明确指出：“电子商务是网络化的新型经济活动，正以前所未有的速度迅猛发展，已经成为主要发达国家增强经济竞争实力，赢得全球资源配置优势的有效手段。……抓住机遇，加快发展电子商务，是贯彻落实科学发展观，以信息化带动工业化，以工业化促进信息化，走新型工业化道路的客观要求和必然选择。”后续的《电子商务“十二五”发展规划》《电子商务“十三五”发展规划》又强调了电子商务促进经济发展的意义，重点补充了电子商务在推动经济全球化、加快经济增长方式转变、推进资源优化配置、降低流通交易成本、开拓市场、带动消费等方面的直接作用。各级地方政府在当地电子商务产业规划和电子商务发展扶持政策中也不乏关于发展电子商务促进经济发展意义的充分表述。由此可见，关于电子商务对经济发展的积极作用早已深入人心。

在电子商务业界，阿里巴巴发布《中国中小企业电子商务发展报告（2009）》，针对国际金融危机大背景，认为发展电子商务对促进中小企业和国民经济发展具有重要作用。从宏观角度来看，发展中小企业电子商务对促进国民经济快速发展、结构优化等具有重要战略意义。从微观角度来看，电子商务在增加中小企业营业收入、促进中小企业经营效率提升，以及帮助中小企业实现产业升级等方面的效果明显。

理论界亦存在较多相关的研究成果。Lee 和 Clark 基于经济学，从交易成本角度指出电子商务能够显著影响交易的组成部分、交易成本和交易方式。Malone 和 Laubacher 用信息经济学的观点论证了电子商务在企业降低信息不对称造成的交易成本、提升企业价值创造效率方面的作用①。Craighead 和 Shaw 结合资源基础理论，建立了电子商务在供应链中价值创造的概念模型，同时给出了这种价值增加的动态过程③。张媛认为，电子商务将传统的商务流程电子化、数字化，一方面以电子流代替实物流，可以大量减少人力、物力，降低成本，另一方面突破了时间和空间的限制，使交易活动可以在任何时间、任何地点进行，从而大大提高了效率。电子商务所具有的开放性和全球性的特点，为企业创造了更多的贸易机会。它使大小企业可以以相近的成本进入全球电子化市场，使中小企业有可能拥有和大企业一样的信息资源，提高了中小企业的竞争能力。它重新定义了传统的流通模式，减少了中间环节，使生产者和消费者的直接交易成为可能。它一方面破除了时空的壁垒，另一方面又提供了丰富的信息资源，为各种社会经济要素的重新组合提供了更多的可能，这将影响到社会的经济布局和结构，彻底改变了传统的贸易形态③。马斌、许越倩认为，电子商务在对传统专业市场的发展带来挑战的同时，也为其升级与优化提供了有力的支撑，电子商务与专业市场可以互动发展④。刘佐太认为，电子商务能够在充分发挥社会化生产优势的基础上缩短生产和消费的距离，克服市场信息不对称，降低交易成本，扩大交易范围。在促进县域经济发展中，电子商务对农业产业化、第二产业等有着重要的促进作用，是农业产业化过程中农产品经营市场化的有力手段，对促进当地第二产业的发展作用日益凸现，还可以提高县域企业（尤其中小企业）的竞争优势⑤。于聚然认为，运用电子商务发展农业，有利于加速农业信息流通；发展农村电子商务，有利于拓宽农产品销售渠道、减少环节、提高效益；发展农村电子商务，形成新型的农产品营销模式，可以促进相关行业的发展⑥。马丽、薛思敏认为，电子商务作为经济全球化、电子化的产物，成为促进西部地区经济跨越式发展的一条捷径；电子商务的信息交流、商品在线交易等优势成为西部大开发的新起点，能为西部地区经济营造良好的发展空间；借助电子商务，有机会缩小东部和西部经济发展差距⑦。桂学文在博士论文中剖析了电子商务促进经济发展的作用机制，认为电子商务是当代经济发展的重要动力因素，它是由现代信息技术的进步引起的、以信息化为基础的、具有生态系统特征和广泛渗透性的综合动力因素；它通过改变消费者的消费方式、促进生产变革、改进管理、扩大流通、新增电子商务服务业等途径来实现其内在作用；促进电子商务应用产业的发展，

LEE H G，CLARK T H. Impacts of the Electronic Marketplace on Transaction Cost and Market Structure[J]. International Journal of Electronic Commerce. 1996，1（1）：127-149.

① MALONE T，LAUBACHER R. The Dawn of the E-Lance Economy[J]. Harvard Business Review. 1998，76（5）：145-152.

③ CRAIGHEAD C W，SHAW N G. E-Commerce value creation and destruction：a resource-based，supply chain perspective[J]. ACM SIGMIS Databases. 2003，34（2）：39-49.

③ 张媛. 电子商务在经济发展中的作用及地位[J]. 广东金融电脑，1999（2）：7-9.

④ 马斌，许越倩. 论专业市场与电子商务的互动发展——以浙江省为例[J]. 商业经济与管理，2005（3）：15-19.

⑤ 刘佐太. 试论电子商务与县域经济的发展[J]. 农村经济，2007（6）：44-45.

⑥ 于聚然. 扶植农村电子商务 促进农业经济发展[J]. 农业网络信息，2008（9）：73-75.

⑦ 马丽，薛思敏. 运用电子商务推进我国西部经济发展[J]. 中国管理信息化，2010（7）：107-109.

可以带动相关产业发展，促进国内生产总值的提高。桂学文还提出了相应的效果测度流程与方法`。

4.1.3 电子商务对社会发展的影响

相对于对经济发展影响的研究，关于电子商务对社会影响的研究较少，主要集中在扩大消费、服务民生、促进就业、服务环保、优化社会治理等方面。高凤民、尹忠红从社会经济学视角指出了电子商务造就了全新的经济运行方式，将给社会经济带来重大的变革。在政治方面，它会提高政府的工作效率，推动民主化进程；在经济生活方面，它会加速全球经济一体化进程；在文化生活方面，网络媒体拓宽了信息渠道，使思想文化更加多元化；在工作方式上，出现了按个人方便的时间上下班制或在家工作制。这是对于我国电子商务对社会经济发展综合影响较早的系统性研究①。廖晓淇提出经济信息化的进程将促进社会发展的信息化，主要体现在企业生产经营方式信息化和促进资源优化配置②。何东从消费选择面扩大、消费行为理智化、消费需求多样化与个性化三个角度阐明电子商务如何改变人们的消费方式③。中国统计信息服务中心发布的《中国电子商务舆情 2012 年度报告》指出，电子商务正从消费品位、消费层次、消费结构等方面悄然改变中国民生消费格局。刘聪粉指出，提高电子商务产业在消费市场中的作用愈加重要，因此电子商务企业履行社会责任对企业自身、对行业，以及对社会意义重大，从企业层面的营销实践上、国家社会层面的“硬约束”及“软约束”上分别提出了促进电子商务零售企业履行社会责任的对策建议④。

实际上，电子商务对社会发展的影响还涉及社会进步（如教育医疗、民生保障、生态环境）、文化观念（如民主意识、法治观念、共享文化）、体制机制（如基层治理、创新发展）等方面。

4.1.4 关于电子商务的区域性影响研究

区域性电子商务研究主要有以下四类。

(1) 关于区域电子商务产业自身的发展。例如，杨欢分析了电子商务发展的影响因素，并从宏观和中观政策层面提出了相应对策⑤；吴凌娇在剖析区域电子商务产业集群发展满

` 桂学文. 电子商务对经济发展的促进效果测度研究[D]. 武汉：华中师范大学，2011：27-35.
① 高凤民，尹忠红. 论电子商务对社会经济的变革[J]. 哈尔滨商业大学学报（社会科学版），2003（4）：70-71.
② 廖晓淇. 大力发展电子商务 推进国民经济和社会信息化[J]. 中国流通经济，2007（3）：4-6.
③ 何东. 浅析电子商务对社会经济的影响[J]. 龙岩学院学报，2011（s1）：76-77.
④ 刘聪粉，郭彬，仲伟周. 我国电子商务零售企业履行社会责任的协同机制[J]. 经济问题，2014（4）：60-63，87.
⑤ 杨欢. 区域电子商务发展之探析[J]. 湘潮，2012（11）：94-96.

在复杂适应系统的四个基本特征和三个交流机制的基础上，提出了生态链发展模式、产业链发展模式和专业市场发展模式三种常见的区域电子商务发展模式。

（2）关于城市、县域、农村等特定区域的电子商务发展。例如，Bennett J. Sapin（2013）、Frank C. Wilson（2014）等分别研究了洛杉矶、约翰内斯堡等地的电子商务发展条件和环境，分析了当地发展格局背后的产业链因素；戴天敏分享了部分城市在创建电子商务示范城市过程中的关于政策制定与产业引导方面的相关经验和启示[①]；陈越分享了浙江典型县域电子商务发展模式和经验，并提出县域电子商务发展的对策[②]。

（3）关于区域电子商务发展水平、成熟度和相应测度的理论研究、案例研究和实证研究。例如，H. G. Lee 和 T. H. Clark 重构了信息化背景下的区域市场结构及产业链协同优化流程[③]；Craighead 等基于资源基础理论建立了电子商务在供应链中价值创造的概念模型，同时给出了这种价值增加的动态过程[④]；邱长波等构建了企业信息化应用成熟度模型来评价企业电子商务系统成功与否[⑤]；任今方对国内外电子商务测度理论和方法进行了系统评述，并构建了适合我国不同区域进行电子商务发展水平宏观测度的模型[⑥]。

（4）关于区域电子商务模式的研究。这方面的研究常见于学术刊物和著作，还出现在艾瑞网、中国电子商务研究中心等电子商务行业分析网站。电子商务模式涉及交易模式、运营模式、商业模式、广告模式、盈利模式等。区域电子商务模式更多涉及电子商务发展模式，即一定区域范围内电子商务从产生、发展、壮大到成熟的过程中形成的一般性、有规律、可借鉴的特征范式。其中包含耳熟能详的农村电子商务发展模式，如缙云北山模式、丽水遂昌模式、江苏沙集模式、义乌青岩刘村模式等。汪向东[⑦]、唐家琳[⑧]、王红[⑨]等学者对该领域开展了研究。此外，区域电子商务模式还包含城市、县域、工业区等特定区域的电子商务发展模式，如顺德乐从模式[⑪]、义乌商贸模式[⑫]、温州双屿模式[⑬]等。

吴凌娇. 区域电子商务产业集群发展模式研究[J]. 常州大学学报（社会科学版），2014（3）：37-41.

① 戴天敏，姜薇，谢印成. 区域电子商务示范城建设的调查与思考——以常州为例[J]. 中国商贸，2014（23）：118-120.

② 陈越. 抢占县域电子商务市场“蓝海”[J]. 浙江经济，2014（20）：40-41.

③ LEE H G，CLARK T H. Impacts of the Electronic Marketplace on Transaction Cost and Market Structure[J]. International Journal of Electronic Commerce，1996（1）：105-107.

④ CRAIGHEAD C W，SHAW N G.E-commerce value creation and destruction：a resource-based，supply chain perspective Database for Advances in Information Systems[J]. ACM SIGMIS Database，2003，34（2）：39-49.

⑤ 邱长波，张佳，吕连升. 企业信息化成熟度评价指标体系及影响因素研究[J]. 情报科学，2005（12）：1803-1805.

⑥ 任今方. 区域电子商务发展水平测度方法研究与实证[J]. 兰州教育学院学报，2013（10）：48-51.

⑦ 汪向东. 衡量我国农村电子商务成败的根本标准[J]. 中国信息界，2011（3）.
汪向东，王步芳. 沙集现象与新农村建设的模式创新[J]. 无锡商业职业技术学院学报，2011（5）.
汪向东. “沙集模式”及其意义[J]. 互联网周刊，2010（23）.

⑧ 唐家琳. 农村电子商务模式比较研究[J]. 中小企业管理与科技（下旬刊），2013（8）.

⑨ 王红，张瑞玉，董晓刚. 电子商务与农村经济发展[J]. 经营与管理，2014（2）.

⑪ 顺德区乐从镇经济发展办. 顺德乐从：借力电子商务促商贸强镇升级发展[J]. 广东科技. 2010（8）.

⑫ 徐峰. 浅析“义乌试点”对发展义乌电子商务的影响及建议[J]. 中小企业管理与科技. 2012（2）.

⑬ 施星君. 电子商务驱动城市工业区转型发展的实践及对策研究[J]. 知识经济. 2017（12）.

4.2 电子商务对价值链的影响特征

4.2.1 产业链整合的基本理论与模式

产业链是社会分工造成的一种社会生产组织方式。亚当·斯密的《国富论》就已指出工业生产是一系列基于分工的迂回生产的链条，这是对产业链最初的表述。贝恩提出了著名的产业组织理论（市场结构、企业行为和市场绩效），为当代产业链研究提供了理论分析基础`。

以梅森、贝恩为代表的哈佛学派提出了结构—行为—绩效分析范式，主要考察市场集中度、进入壁垒、产品差别化程度等市场结构状况对企业价格和产量决策的影响，以及评价市场的资源配置效率。谢勒则分析了范式各环节存在的反馈效应。迈克尔·波特把这一理论应用于企业的战略分析中，即五种作用力模型。企业可以通过分析产业中供方议价实力、买方议价实力、新进入者的威胁、替代产品或服务的威胁、现有公司的竞争威胁五种影响产业利润的因素，选择合适的产业定位，并创造对自己有利的竞争态势。波特因此被归入战略管理的定位学派。

结构—行为—绩效范式指出不良的市场绩效资源配置的低效率是由不良的市场行为垄断行为引起的，这些不良的行为又源于不良的市场结构垄断。因此，哈佛学派的政策主张倾向于通过政府干预来维护有效竞争的市场结构，从而获得高的资源配置效率。

差不多与哈佛学派同时兴起的芝加哥学派对结构—行为—绩效范式持批评态度。该学派主要以斯蒂格勒、布罗曾为代表，主张把价格理论模型作为分析市场的基本工具，认为市场竞争过程是市场力量自由发挥作用的过程，是一个适者生存、劣者淘汰的“生存检验”过程。企业自身的效率提高，才使企业利润增加和规模扩大，从而使市场集中度提高并使市场势力得以增进。既然市场结构是竞争和优胜劣汰的结果，政府的干预就必须慎重。结构—行为—绩效范式揭示了企业可以通过产业链整合获得市场实力，芝加哥学派则暗示企业能力差异也是导致产业链整合的重要原因①。

新产业组织理论广泛使用非合作博弈分析方法对企业策略性行为进行分析，发现信息不对称在产业链整合过程中也发挥重要作用。阿罗的研究表明，如果投入品的供应是随机的，并且上游生产厂商对于实际供应拥有更多的信息，那么下游的生产厂商会产生后向一体化的动机，以改善其有关投入品市场信息的质量②。另外，由于未一体化的企业在纵向上存在双重加价的价格扭曲，每个企业在每个阶段都加上自己的价格——边际成本，导致整

` BAIN J S. Industrial Organization[M]. New York: John Wiley and Sons，1959：11-15.

① 任红波. 模块化体系中的产业链整合研究[D]. 上海：复旦大学，2005：17-19.

② ARROW，KENNETH J. Vertical Integration and Communication[J]. Bell Journal of Economics，1975，6（1）.

个产业链的利润低于一体化时的利润，所以存在纵向的外部性`。厂商可以通过纵向合并或者施加纵向约束，将外部性内部化，最大化产业链的利润①。纵向约束可以是收取特许费、转售价格持平等办法②。

当前传统产业整合模式主要有以下三种。

1. 产业链的水平整合

产业链的水平整合有两种方式，一种是进行水平合并，另一种是建立横向联盟，典型的是价格联盟。水平合并的目的是通过提高市场集中度，提高市场实力，从而增加对市场价格的控制力，增加垄断利润。同样，市场集中度的提高有助于在位厂商自行构建或者和其他厂商联合构建进入壁垒，阻止潜在的进入者进入。横向联盟是在保持各企业独立自主性的前提下，通过联合充分利用市场势力，达到上述目的，但由于存在信息不对称和囚徒博弈困境，这种联盟很难稳定。

在传统产业的演化过程中，产业链的水平整合如果不能通过规模经济降低成本，而是单纯增加市场力量，通过控制价格提高利润，那么合并很可能减少消费者福利和社会福利。经验研究还表明，合并带来的市场力量与合并后的市场集中度相关。所以，传统产业的企业促进产业链水平整合的直接目的是获取市场实力，这种行为是否有利于提高社会福利水平，则需要比较其合并前后的效率增加和消费者福利下降的程度。正因为如此，产业链的水平整合（包括价格联盟等），都是政府行业管制的重点。

2. 产业链的垂直整合

产业链的垂直整合分为垂直合并和纵向约束两种类型。垂直合并是指企业将产业链上游或下游的企业合并组建为新的企业，向产业链下游合并称为前向合并，反之称为后向合并。产业链上的企业也可以通过对上下游的企业施加垂直约束，使之接受一体化的合约，通过产量或价格控制实现纵向的产业链垄断利润最大化。

垂直一体化除可以带来市场势力以外，也可以给一体化企业带来水平方向的竞争优势。一个控制或影响上游必需的投入品价格的垂直一体化企业可以通过提高这种投入品的价格而将其在下游产业的非一体化竞争对手置于竞争劣势的境地。另外的研究表明，产业的垂直一体化程度随着卖方产业和买方产业的市场集中度的上升而提高，并随买方产业的成本中卖方产业所供产品的比例指标的上升而提高。这说明产业链上的企业为了提高自己的议价能力，从而进行一体化。此外，垂直整合还可以帮助企业减少信息不确定性带来的存货风险，节约交易成本。

从产业链垂直整合的动机看，获得谈判优势或者避免谈判劣势是传统产业链垂直整合的主要动机，企业和企业之间是为了获得议价优势，专用资产投资者和购买者之间是为了避免机会主义行为带来的交易成本，实质也是为了避免谈判劣势。垂直整合并没有影响到

` REY P，STIGLITZ J E. Vertical Restraints and Producers，Competition[J]. European Economic Review，1988，76（5）.

① COMANOR W S，FRECH H E. The Competitive Effects of Vertical Agreements?[J]. American Economic Review，1985，75（3）.

② MATHEWSON G，WINTER R A. The Competitive Effects of Vertical Agreements：Comment[J]. American Economic Review，1987，77（5）.

产业价值链，价值增值方式依然是线性的，不同的只是由原来的市场分工转化为企业内部分工。因特殊人力资本投资导致的垂直合并，实际上是知识转移内部化的手段。

3. 产业链混合整合

蒂斯从交易费用的角度对多角化进行了研究，指出技术诀窍和不可分割的专业化的有形资产的共同使用是支持多角化经营的一个重要因素。这和企业垂直一体化整合节约交易费用的动机类似。由于技术诀窍多数是隐性知识，很难通过公开市场交易，于是企业通过内部化来避免机会主义带来的成本。由于专业化有形资产提供的服务一般较为狭窄，因此为了降低市场风险，企业倾向于在能够利用该资产的多个产业推行多角化经营`。John Scott 的研究则指出，混合合并能够产生和加强市场力量，因为其促进了暗中串谋。因此，企业的不同业务单元若存在市场关联或者竞争对手关联的情况，合谋则可以增加市场竞争力①。

综合来看，传统产业链的整合，不管是水平整合、垂直整合还是混合整合，目的主要在于两个方面：一个方面是充分共享资源、发挥规模经济和范围经济的优势；另一个方面是谋求市场实力，尽最大可能获取垄断利润。整合战略脱离不了一体化，其理论指导脱离不了基于报酬递减的新古典一般均衡分析框架。

4.2.2 电子商务对产业链整合的影响

1. 极度马太效应

互联网产业马太效应非常显著，由此诞生了许多互联网行业巨头。百度长时间占据中文搜索引擎市场份额的90%左右，天猫的销售额远远大于国内其他所有B2C电商平台销售额之和，国内互联网即时通信领域几乎被腾讯垄断。由于互联网强大的信息交换能力和资源整合能力，全世界各地之间的信息互通不再存在大面积时间异步或空间错位现象，地球自然成为“地球村”。因此，传统依靠信息不对称或空间壁垒获得商业生存空间的商业模式已经无法继续维系。例如，某顾客欲在一家手机商场购买某款手机，对比了周边几家商店后，找到出售该款手机最便宜的一家下单购买，也就是说，比价空间仅限于几百米地域范围的商业实体。若另外一个城市、另外一个省份，甚至国外存在更便宜的同款手机，消费者就由于信息局限无法获悉该信息，或者即使得知该信息，也由于缺乏购买渠道而不得不作罢。而在互联网时代，对于手机等标准化产品，同款可能存在几千家销售网店；用户只需在比价平台搜索对比，就能找到最便宜的一家并下单购买。同理，在卖家端，电商平台上排名前三位的爆款（热卖）产品很快会成为其他竞争对手竞相跟随、模仿和打击的对象，往往马上就会涌现出大量的相似产品，而且价格竞争力更强，也就是说，由于电商平台信息高度共享的实时性和透明性特征，卖家之间竞争的核心短时间内是运营推广能力的竞争，

` TEECE D J. Profiting From Technological Innovation[J]. Research Policy，1986，15（6）：285-305.

① SCOTT J T. Purposive diversification as a motive for merger[J]. International Journal of Industrial Organization，1989，7（1）.

作最终是供应链的竞争。这就意味着在互联网这个开放透明的平台上，企业的产品竞争力、价格竞争力必须位于行业领先水平，或者在定位、产品和商业模式方面具有强大的创新性和足够的用户黏性，才能够在互联网全球化竞争环境中立足。

（1）电子商务的马太效应也体现在电商平台属性上。一方面是对用户的聚合能力。前文已经分析了互联网时代的关系价值，反映出互联网产品对用户的强大集聚能力。关于用户对互联网产品的选择动机，关系结构是关键因素。通常来说，就是用户非常注重互联网产品的社交属性，在选择互联网产品时，通常考虑如何与其他人更好地建立社交关系，只有拥有更多的用户，才拥有更多的创作、评论和交流，平台才不仅仅是一个框架性平台，而是具有更多的内容服务。因此，用户基数大的、周边亲友使用多的互联网产品更容易获得新用户的青睐，能够形成更大的聚合效应。另一方面是对业务的整合能力。广告是互联网产品的主要营收业务，用户基数大的平台能够获得更多广告主的青睐，因此能够获得更大的广告营收，从而集聚资金优势，进行投入与产品推广。投融资、产业链上下游的业务合作也重点考虑平台的用户基数，也就是说用户基数越大，资源整合能力往往越强，整合的外围资源又能够促进用户基数的增加，从而形成良性循环。

（2）互联网马太效应还表现在互联网产品的生态属性上。互联网引流成本高企，特别是在我国人口红利逐步弱化之后，如何承担高昂的引流成本、提升流量价值是企业思考的问题，企业千方百计致力于将用户效益最大化。对于电商平台而言，企业设想购买 A 类产品的用户也会对 B 类产品有需求，如购买沙发和床垫的用户可能家里在装修，就可能购买家电，购买奶粉的用户可能有婴孩，就可能购买尿布，等等。因此，以图书销售为主营业务的当当网逐步发展成为综合性购物平台；以 3C（计算机、数码相机、手机）产品为主营产品的京东，目前成为国内第二大综合性电商平台；苏宁收购了处于亏损的“红孩子”，以期将“红孩子”培养的客户群转向其他可盈利品类……于是，各种专卖店最终都成为大卖场。此外，为了延伸服务链，打造能够满足用户一站式服务的生态闭环，同时降低竞争压力，大企业纷纷走向了并购之路，优步中国和滴滴合并、土豆和优酷合并、美团和大众点评合并等案例屡见不鲜；而行业巨头的并购案例更是风起云涌，以阿里巴巴为例，这些年先后收购了搜狗、美团、快的打车、高德地图、TicketNew、大麦网、中国万网、CNZZ、宝尊电子商务、深圳一达通、阿斯兰、淘淘搜、Paytm、魅力惠、Lazada、新浪微博、陌陌、UC 浏览器、酷盘、Snapchat、翰海源、友盟、PHPWind、虾米网、天天动听、优酷土豆、华数传媒、第一财经、南华早报、光线传媒、华谊兄弟、中信 21 世纪、恒大足球、恒生电子、天弘基金、百世物流、星辰急便、新加坡邮政、圆通速递、魅族科技等企业的全部或部分股权（存在部分项目后续回购脱离现象）。

2. 快速反应诉求

从摩尔定律开始，互联网“天下武功，唯快不破”的定律就一直被推崇，并在业界根深蒂固。用户需求千变万化，技术更迭日新月异，为此，Zynga 游戏公司每周对游戏进行数次更新，小米 MIUI 系统几乎坚持每周迭代，微信自投入市场后一年内更新了 44 次……这些都体现了企业对互联网市场快速变化特征的敏锐反应。但是，互联网行业的商机也会稍纵即逝：2006—2009 年，中国网购人数快速增长，网店长期处于供不应求状态，因此在淘宝开店即盈利，而选品、营销、活动、物流、美工设计等都不重要；但是，之后随着供需结构变化，网店竞争持续加剧，只有产品质量或价格优势明显、视觉设计精美、团队运营推广能力强、供应链有保障、渠道全面布局优化、客户服务体系完善，或者所谓"小而美"的商家才能够在淘宝取得良好业绩，而粗放型卖家在用户需求升级和其他卖家产品价格或品质更优面前举步维艰。同理，2011—2013 年的速卖通、2014 年的 WISH、2014 年的日本亚马逊、2015 年的 Lazada 等亦是如此。

因此，互联网产业界始终崇尚"剩"者为王，能够在快速迭代和激烈竞争的环境中生存下来的互联网企业显然都是具备快速反应能力的企业。然而，互联网的本质是连接，互联网产业的本质是转化，互联网若不能与实体产业有效衔接，就只能是空中楼阁，市场规模和影响力有限，这就要求互联网与传统产业融合，与经济社会发展的各个领域融合，这也就是"互联网+"概念的意义。然而，实体产业的基因决定了其难以适应快速迭代的互联网平台。例如，2011—2013 年的"双十一"物流爆仓现象就反映了快递物流业的发展滞后，支付宝的快速发展反衬出了传统银行业的发展滞后，微信的普及反衬出了三大电信运营商的落后，等等。为此，互联网企业，尤其电商企业，为了更好地打造与线上业务相匹配的线下支持服务体系，只能摒弃传统第三方服务商，转为自行建立线下支持服务体系。这就是淘宝摒弃银联而开发支付宝，收购百世汇通，组建菜鸟物流的原因，也是京东自建京东物流并后续开发"夜间送""次日达"等物流服务的内在原因。总的来说，为了使核心业务具备多维度协同的快速反应能力，互联网平台企业通过自建服务业务或整合服务商资源来构建完整的产业链支持服务体系，以实现更优的产业链协同。

3. 用户数据资产

（1）"大数据"作为近年来兴起的热门概念，越来越受到互联网产业界乃至各行各业的高度重视。在引流成本逐渐高企的国内电子商务圈，许多企业将业务重心从开拓新客户转移到充分挖掘已有客户价值，视用户数据资源为企业的核心资产；随着 O2O 的发展，企业致力于实现线下和线上用户资源的全面共享和相互转化，需要一套底层架构统一，能够实现积累、跟踪和分析用户行为信息的客户关系管理（customer relationship management，CRM）系统。

（2）为了在早期占领市场和培养用户习惯，互联网企业往往采用基础服务免费的模式，这就需要其他增值服务收费或者生产链产品实现盈利。例如，奇虎 360 为用户提供免费的防火墙和杀毒软件后，也就使 360 浏览器的用户量大幅增加，从而从导航、竞价排名等浏览器业务中获得盈利；小米生态体系中的核心产品手机的定价相对比较低，但通过典型的粉丝经营模式和其他家居生态链产品获得利润空间；百度更是推出了以搜索引擎为核心的一系列业务，如网盘、知道、百科、地图、文库等，而通过一个账号可以使用系统内所有产品，不仅可以通过高溢价产品实现盈利，更可以跟踪用户行为而获得有商业价值的用户数据；阿里巴巴收购了中国万网和新浪微博，业界分析主要初衷是利用万网的云计算服务能力和新浪微博的用户数据为电子商务业务的可持续、精细化发展提供支持。

（3）基于用户中心论思想，制造业企业在互联网时代的主要竞争不再是产品的竞争，而是用户资产的竞争，在产能过程、产品同质化严重的工业化中后期，洞悉并满足用户的真正需求不仅能为产品研发和企业经营管理决策提供依据，更能够提升产品和服务价值，实现客户资产增值。为此，大型制造业企业往往尝试延伸产品链，把从产品生产到销售的传统业务环节仅仅作为当前企业业务流程的起点，而核心业务是为用户使用产品的全过程提供全方位一站式服务，从而实现价值链的可持续延伸。

此外，有实力的传统生产企业或流通企业为了可持续跟踪用户行为，为企业生产经营管理决策提供数据依据，也会逐步开展全产业链的纵向整合，这是企业除为实现外部交易内部化之外的又一个开展产业链纵向整合的重要动机。甚至从不关注终端用户的 OEM 制造业企业、中间流通企业及生产性服务业企业，也会基于大数据业务需求开始探索对上下游产业链的整合。

4. 长板理论

“短板理论”又称“木桶原理”或“水桶效应”，由美国管理学家熊彼特提出，指的是木桶的储水量由最短的木板决定，该理论在工业时代十分受推崇。例如，一条公路最窄之处决定了公路的通车能力，一个企业最薄弱的环节决定了该企业的发展能力。因此，企业努力通过自查活动补齐短板，解决主要矛盾，提升业务运行通畅性。但在互联网时代，“长板理论”往往更加适用。长板理论指的是企业不应该关注自身薄弱的环节，而应该持续加强自身最具优势之处，从而吸引其他企业合作，共同创造价值。无论是一个自然人，还是一个企业，均不可能各方面都强大，最多只是各方面都还“过得去”的均衡状态，在竞争中只能属于泛泛之辈。因此，企业应该将所有的精力投入最强之处，把自身非核心的、不擅长的业务剥离开来，以服务外包、跨界合作等形式来弥补短板。在工业时代，由于信息壁垒，合作资源处于游离状态，不易整合；而在互联网时代，由于互联网强大的“连接器”功能，人们能够轻易找到最需要的合作伙伴，实现项目、资本、团队、供应链等关键要素的迅速高效对接，整合形成一个强大的商业实体。

利用长板理论实现企业发展壮大的案例举不胜举，传统制造业企业有产品和资金优势、互联网团队有人才和技术优势、物流企业有物流优势，于是三方可以整合各自优势资源，合作成立一家电商企业，制造业企业主要以资金和场地入股，重点提供产品和供应链支持；互联网团队以运营和技术入股，作为电子商务项目运作的主体；物流企业以仓储资源、供应链管理和退换货业务服务入股。这种模式比代运营、服务外包等传统模式更能够充分调动三方的积极性，形成同心同向的合力。

4.2.3 电子商务产业链整合的典型模式

1. B2B2C

B2B2C 即“企业—企业—个人”模式，是十分典型的产业链整合模式，在整合中起主导作用的大多数是中间的 B（记为 B1 型），但也可以是第一个 B（记为 B2 型）。

B1 型企业更多的是承担平台功能的互联网企业，如团购平台、应用市场、外卖网站等。把 B2B2C 记为 B2 to B1 to C，则团购平台的产业链整合模式如图 4-2 所示。

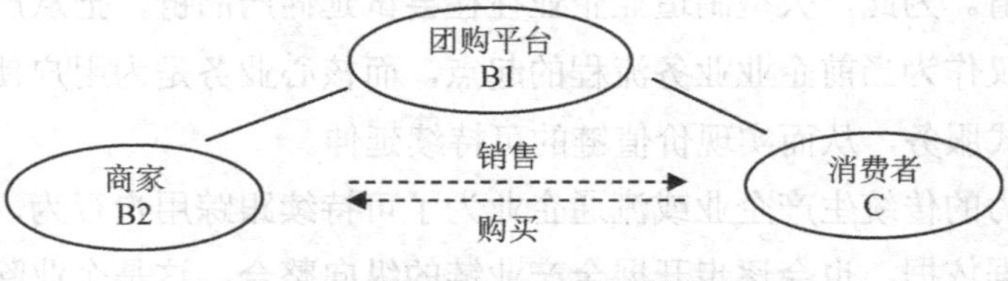

图 4-2 团购平台的产业链整合模式

外卖平台则增加了一个 C 端角色——骑手，利用平台整合商家和骑手资源，为消费者提供服务，其产业链整合模式如图 4-3 所示。

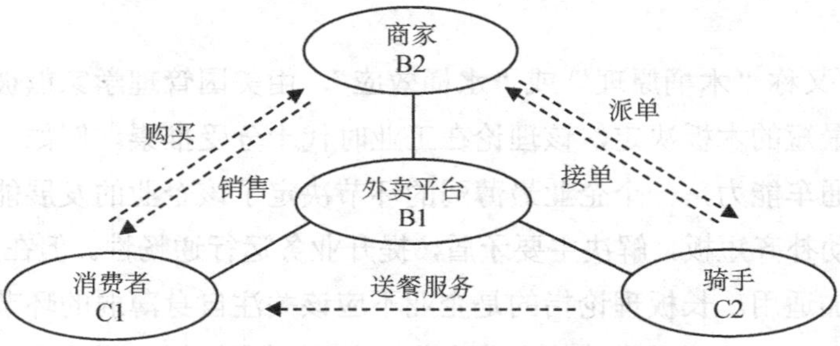

图 4-3 外卖平台的产业链整合模式

图 4-3 中的虚线表示双方业务交易行为并非直接对接，而是通过平台这一媒介。以往商家、消费者、骑手之间的交易模式和资源配置方式是以商家为中心的，而在外卖这一领域，商家通常只是规模很小的餐饮店，资源整合和协调能力十分有限。而平台就起到了“连接器”和“服务商”的作用，实现了产业链不同环节的资源高度共享和按需调配，资源的配置方式从集约式走向分布式，从而提升了资源配置效率，优化了价值分配机制。

B2 型企业是产业链后端的 B，作为产业链整合的发起者和主导者的，产业链后端的 B 一般也可以替换为 F（factory）。在一般情况下，生产型企业相对于流通型企业的市场反应较慢，尤其我国中低端中小制造业企业云集，大多数从事 OEM 或 ODM 业务，很少接触终端消费者，品牌运营和产品研发能力不足。近年来，由于海外市场萎缩、用工成本增加、行业竞争加剧等因素，许多企业面临订单减少、利润挤压、资金回笼放慢等危机，纷纷探寻转型升级之道，其中互联网就是非常重要的手段。但是，习惯按订单生产的传统制造业企业，缺乏供应链管理和客户关系管理的经验和能力，无法抓住“2004—2008 年的淘宝”和“2011—2014 年的速卖通”等电子商务发展的黄金机会，电子商务之路仍然举步维艰——电子商务人才缺乏、库存控制不准、推广成本高企，组织架构、激励机制和管理模式陈旧……除产品以外，适合电子商务发展的各要素均不具备。于是，一些企业对互联网用户中心论持质疑态度，认为其不适用于面向 B 端的产业；而实际上已有不少关于 B 端产业向 C 端成功转型的案例，其主要路径就是产业链纵向整合。

温州某鞋业生产有限公司（以下简称“VV 鞋业”）的转型案例是 B1 型和 B2 型兼具的综合案例。VV 鞋业是一家皮鞋制造中小企业，主要为欧洲几个中端品牌代工生产，也接受少量国内订单，年产值在 5000 万元左右。企业没有零售门店，仅在工厂附近设置一家展厅，主要渠道和推广方式为参加广交会和鞋博会，以及维护老客户。

VV 鞋业在 2008 年面临订单减少和资金回笼放慢的压力，恰逢以淘宝为主的电商平台崛起，便招募了一批大学生组建了一个电子商务团队，开始探索电子商务之路，但效果并不理想。VV 鞋业面临以下几个主要问题。

（1）产能冲突。对于 VV 鞋业来说，探索电子商务只能说是未雨绸缪，并非破釜沉舟。当老客户下达加急订单时，工厂三条生产线火力全开；恰逢电子商务团队报名淘宝大型促销活动成功，需要短期备货 5000 件。此时，公司高层考虑到老客户维护的价值及订单生产利润的稳定性，因而不愿意腾出忙碌的生产线为有一定库存风险的电子商务渠道备货，从而浪费了一次宝贵的电子商务发展机会。

（2）库存控制难。库存控制是决定零售企业盈利水平的关键。皮鞋的尺码范围较大，国内男鞋一般为 38～43 码，女鞋为 34～38 码，零售业的库存控制更加困难。面向电子商务渠道，用户需求日新月异，触网不久的传统企业在促销策划、客户关系管理及大数据分析方面经验与能力不足，往往难以对销量做出准确预测。据不完全统计，2008—2010 年，皮鞋电子商务季度库存积压量占比超 35%，VV 鞋业也不例外。

（3）利润受挤压。2010 年前后，皮鞋线上市场竞争异常激烈。一方面，企业若要让主打产品在关键字排名方面靠前，以得到更高的曝光率，或想打造爆款产品，需要在钻石展位、直通车等推广手段方面投入巨大成本。另一方面，企业若想通过“聚划算”等活动提升销量，就要在价格上做出巨大的让步，而且平台的产品同质化现象进一步加剧了价格战，从而使利润空间进一步受到挤压。

（4）恶性竞争。对于研发能力不足的广大中小鞋企来说，以往产品设计研发的创新大多数来源于各类展会，对其他厂家的新鞋样品进行模仿。在电子商务时代，信息完全公开透明，一款精心研发出来的爆款皮鞋，第二天就会出现 100 款款式相近但又在细节方面略有差异的竞品，而且价格更加便宜。当时，电商平台监管机制尚待完善，这种恶性竞争对全力投入新品研发的企业十分不公平，VV 鞋业在此吃了一次大亏。

（5）团队不稳定。多年来，具有淘宝与天猫运营经验的人才始终紧缺，他们是电子商务人才市场的香饽饽。因此，各企业之间“挖墙脚”事件屡见不鲜。此外，传统企业的管理模式（如朝九晚五）和激励机制（如底薪+提成）难以适应以“85后”和“90后”为主的运营团队，因此电子商务人员流动频繁，团队的积极性和活力没有得到有效激发。

痛定思痛之后，VV鞋业在电子商务顾问团队的帮助下设计了一套新方案。

（1）将电子商务团队人员从30人缩减成10人，独立注册由VV鞋业控股、电子商务团队核心成员技术入股的VV电子商务有限公司。

（2）建立分销体系和分级激励机制，建设鞋分销平台，鼓励市场敏锐性更强，更懂消费者的鞋零售商、高校大学生和社会团队开展各种形式的分销。

（3）通过分销平台实现对分销商的实时监控和管理，根据各分销团队和产品的表现分配优质资源，并结合综合数据探寻公司的电子商务产品定位，结合预售方式实现产品研发有的放矢，同时提高资金回笼效率。

（4）随着分销业务的发展，供应链管理成为突出难题。解决思路是：建立供应链后端支持系统，鼓励规模更小、反应更快的小微鞋企开展生产；引进金融机构，为分销商和生产商统筹开展供应链融资服务；注册成为鞋材网VIP用户，以竞价方式获取最快速、便捷的鞋材供应，从而使其与上下游企业的合作模式从基于传统的经验和信任改进到基于互联网平台的开放合作共赢，实现全产业链有机协同。

2. F2C

F2C即工厂对消费者。F2C并非一定指没有任何中间环节，也可以泛指去中间化的产业链整合思想。互联网打破了产业链前端和后端之间的信息壁垒，过程的支持服务环节可以通过互联网平台整合第三方服务商或采用众包的形式完成，从而使中间商的作用被大幅削弱。去中间化的常见方式有三种：工厂前置、平台整合和C2M。

（1）工厂前置。

工厂前置是指零售商将生产线搬到消费者能接触到的实体店、体验店等终端，实现即产即销和按需生产。传统的工厂前置有如果汁店在店中配备榨汁机和原材料（水果、糖、可可、色素等），根据用户现场购买需求在几分钟内完成果汁产品生产；传统手工艺品店如泥人张等，除了在店里或摊位上展示部分样品外，更多的是根据用户需求现场制作泥人作品；浙江苍南龙港镇是印刷礼品生产集聚区，在礼品城一条街上，商家普遍采用“前店后厂”模式，实现生产销售的无缝对接。互联网背景下的工厂前置主要是以提升用户体验从而提高产品附加值为目标的模式创新。例如豆浆店配备黄豆、手工磨具和配料，用户不仅能够体验手工磨豆浆的新奇感，还能够感受到豆浆制作过程的绿色健康，豆浆的价值增值更多体现在体验服务环节；浙江龙泉青瓷销售店里提供青瓷制作的全套设备，并由工艺大师亲自教授青瓷制作技艺，制作的作品也可以参与销售或网上拍卖活动，从而使店铺具备传统工艺的传承、非遗文化的弘扬和儿童动手能力教育等商业职能和社会职能。

（2）平台整合。

平台整合是指利用第三方平台的双边市场信息服务功能对产业链两端以及相关外围资源进行有效整合，达到去中间化的目的。例如传统家装市场的产业链包括前端的建材品牌商、经销商、卖场，与用户直接对接的装修公司、设计师和施工队，以及后端的家居软饰品牌商、经销商、卖场等，产业链非常冗长。此外，各方参与者间的利益关系错综复杂，无法很好地协同完成家装任务，造成上下游整合难度高、产业链效率低下等问题。爱空间是小米集团旗下的一个互联网家装公司，利用“699 元的装修单价、20 天完工”的口号吸引了很多用户。那么爱空间是怎么做的呢？在上游环节，与行业知名品牌合作，所以不同于其他主打套餐装修的公司有大量原材料供用户选择，爱空间的展厅只有三种不同户型的样板间，这样能够控制原材料质量。在下游环节，给自己的产业工人提供从吃到住到工作的全部标准化：为工人建培训基地、统一食宿，以便科学地管理及派工；让工人成为正式员工、发放固定工资和各种福利。爱空间通过整合上游资源，通过采购标准化（和知名品牌合作），确保材料质量，整合下游的产业工人资源（单独培训，标准化作业）缩短了家装时间。不再把时间浪费在重复冗杂的沟通等待处理再确认的环节上，把家装一切问题全部标准化，缩短了时间，又保证了工程质量。

（3）C2M。

C2M（customer to manufacture）意为“用户直连制造”，也作“C2F”（customer to factory），即客户对工厂，是在社区化平台或个性化定制平台上以用户需求为主导的生产销售一体化模式。小米集团就运用了这种模式：通过社区平台收集用户需求和对上期产品的反馈意见，让用户得到参与手机产品研发的参与感和满足感，使用户成为企业的忠实粉丝；新品发布后采用预售制度，不仅可以达到饥饿营销效果，还可以有效控制库存，且可使资金链得到有效保障，是为一举三得。当然，一批忠实粉丝的沉淀是预售制度行之有效的前提。浙江上虞一轻纺工厂开设了一家体验店，能够回收用户旧衣服、围巾等产品，逆生产成为纺线（限部分材质产品），用户可以在现场计算机上挑选和设计简单的家纺产品，并在 DIY 纺织机上亲自动手生产产品，感受到科技含量高、模式新颖而又低碳环保的生产方式。这是融入现代信息技术、智能制造技术和现代环保理念的综合性传统产业转型升级新模式。C2M 可以衍生出 C2M2S（customer to manufacture to share）模式，也就是用户提出个性化需求后，通过分享拼单的模式把单个订单转变为小批量订单，从而实现一定程度的批量生产。这种模式在 3D 打印等适用于个性化定制的智能制造技术尚未普及的阶段，是控制成本、实现盈利的重要方法。

当然，F2C 模式并非表明中间商可以完全不存在，而是只有针对特定产业和服务，或起到特定作用的中间商，只有能实现产品和服务价值增值的中间商才能成为产业链整合中不可省略的重要环节。例如，传统钢材交易的环节是：钢厂—大代理商—中间商—零售商（次终端）—终端用户（真正的用钢企业）。钢厂和大代理商之间有着长期稳定的合作关系，双方是强关系，相比之下，钢铁零售商和中间商之间是弱关系。所以，找钢网的切入点就是先汇集小买家，再以此吸引卖家进入平台。找钢网找货快、比价快、议价能力强，并且是免费服务，因此它的撮合交易量增长迅速，海量订单又能够吸引到厂家和代理商，钢厂自营的交易环节变成了“钢厂—找钢网—零售商（次终端）—终端用户”，大代理商环节被取消了。总之，从“钢厂—大代理商—中间商—零售商—终端用户”，到“钢厂—找钢网—零售商—终端用户”，找钢网对于产业链进行了纵向整合，去掉了大代理商和中间商角色，直达零售商（B端）。零售商之所以能得到保留，是因为终端用户需要零售商提供垫资、加工等服务，并且零售商是高频消费，大部分终端用户是低频消费，这样更有利于钢厂的产量控制与管理；更重要的是，零售商的信用会更好，找钢网如果对N个终端用户都授信的话，就会面临非常大的应收账款问题。找钢网使钢铁交易的链条变短，物流效率提高。

3. 柔性跨界

互联网时代的产业链整合不仅限于上下游产业或周边产业。以房地产为主营业务的恒大集团于2013年推出了恒大冰泉饮用水，以矿泉水等饮品为主营业务的娃哈哈集团于2012年进军房地产，被人们调侃为“做房地产的做矿泉水，做矿泉水的做房地产”。而真正基于互联网的跨界整合是以用户内在需求等互联网商业逻辑为依据的。例如，《国民经济行业分类》大致把产业分为第一产业——农业、第二产业——工业、第三产业——服务业。对农业而言，以往农民对市场信息的了解非常有限，应变和把控能力非常薄弱，因而出现许多因供不应求浪费宝贵市场机遇的现象，第二年由于盲目扩大生产导致供大于求，大量蔬菜瓜果烂于田地。其根本原因是大部分农业项目缺乏规模化、信息化、企业化运营管理，农业生产资料供给、农业生产、销售等整个产业链非常脆弱，任何来自前端市场或者后端供应链的变化都可能导致产业链崩塌。农业作为第一产业，主要是通过培育动植物产生产品价值，其产品的附加值极低。互联网可以很好地解决这一问题，提升农业的附加值，其根本出路就是跨界整合，让农业向具有更高附加值的工业和现代服务业转型。

4.3 电子商务对农业的影响机理

4.3.1 提升农产品销路

自2012年各大B2C、C2C平台蓬勃发展以来，电子商务运营主体随之不断壮大，并不断探索进军农产品领域，打通农产品上餐桌的渠道，让农产品搭上互联网的快车，减少流通中间环节，拓宽销售渠道和地域范围。在探索的过程中，不断有大批生鲜电子商务退出，农产品上行面临质量控制、产品溯源、品牌创建、物流配套等系列难题，但在电商企业持续探索实践，以及互联网行业整体迅猛发展的大形势下，这些难题逐渐被缓解和突破。2018年，全国农产品网络零售额达2315.2亿元，其中天猫和淘宝平台占据了农产品网络销售额超过一半的份额，随后是京东、拼多多和苏宁易购。社交平台，如微信、抖音等，也成为许多农户的销售渠道，简单易行，有效缓解了谷贱伤农的历史性难题。提升农产品销路是服务三农事业的重点和起点，对后续带动农民增收，转变农民思想观念、缩小城乡差距等均起到了重要的支撑作用。

电子商务对于提升农产品的销路的影响可以归纳为以下四个方面。

（1）主流电商平台的低门槛为广大农民兼职成为网店主成为可能，加之物流成本的有效控制，农产品通过网店渠道销售成为最重要的农产品销售渠道之一。

（2）电子商务运营团队壮大，看到了农产品供应链的发展前景，纷纷需要与各地农户合作，同时广大学成归来的“农二代”往往带着浓烈的故乡情结，致力于投入农业信息化事业。

（3）主流电商平台上的农产品供需信息使广大农民较以往更为容易获取哪些产品易销售、哪些产品受欢迎、哪些产品利润高等信息，从而扩大了热门产品的销量。

（4）区域团购、微商模式的崛起，帮助广大农户打开了良好的区域性销路，城乡配送或邻市、邻县销售，供需两端物理距离在 100 公里以内为主，保障了农产品的新鲜度且有效控制了物流成本，成为农产品的主流销售渠道。

4.3.2　优化农业生产组织

我国农业生产组织形式历经漫长的历史变革。改革开放之前，农村实行集体经济公社化，生产资料（包括农具、土地、种子化肥等）属于集体财产，农民按时出工，由队长派活，年底分粮分红，这种“大锅饭”形式不利于调动广大农民的积极性，致使生产效率低下。改革开放以来，我国实行家庭联产承包责任制，农户在农业生产中作为一个相对独立的经济实体承包经营集体的土地和其他大型生产资料，按照合同规定自主进行生产和经营。其经营收入除按合同规定上缴一小部分给集体及缴纳国家税金外，全部归自己。集体作为发包方除进行必要的协调管理和经营某些工副业外，主要为农户提供生产服务。随着社会主义市场经济的发展，企业作为社会生产最重要的组织涌现在经济大潮中，现代企业制度体系基本形成。农业生产也不断走向规模化、市场化。但是，由于我国农村社会形态和耕地分布情况的实际因素，大规模机械化农业生产方式仅适合中东部平原地区，无法遍及全国。大多数乡村还是以分散的农户生产方式为主。电子商务时代农业生产组织方式发生了颠覆性变革。变革的主要方向为规模化、定制化、多元化。

1. 规模化

电子商务有利于整合分散的土地资源，实现规模化生产。在以往市场供需信息不对称、农户之间信息沟通不足的情况下，农民土地生产计划的制订依据往往缺乏客观性和可靠性，容易陷入“牛尾效应”，部分农产品供不应求，部分农产品供大于求，大量积压，价格下行，甚至“烂在地里”的情况时有发生。电子商务的发展一是提升了农户的信息获取能力，让

沈斌莉，应珊婷，刘彦林，等. 农村电子商务标准化现状与需求分析[J]. 标准科学，2019（1）：112-114.

广大农户更加了解市场需求，二是平台方和销售端能够有效引导用户差异化种植，从而促进供需均衡，三是有利于整合区域分散土地资源，统筹生产计划，调配生产资源，提升生产组织水平。

2. 定制化

电子商务搭建了农民和消费者近距离接触的平台，增强了农民对市场的认知和把握，转变了仅凭经验、感觉、主观决定种植品种的被动局面。大量农民正在运用互联网改变自己的生产经营活动，农民可以按照消费者的需求进行农产品生产，这就催生出了定制化农业——以销定产的商业模式。例如，大槐树电子商务在北京推出了生鲜产品高端定制，社区消费者可以预订生猪，通过摄像头监测，生猪成长过程全程可视，并可以按客户要求送到指定地点。大槐树电子商务还针对部门或者单位进行定制化农业生产，如某个单位包一块土地作为蔬菜、水果供应基地，水果、蔬菜定制化专供，种植过程全程监控、质量可追溯。这种高端路线让农民的收入至少翻了三倍。电子商务介入农业后，市场倒逼农村土地流转，规模化、数据化的农业产业模式正在出现，为缓解我国农业小生产与大市场的矛盾提供了新的解决途径。

3. 多元化

“互联网 + 农村”不仅是简单的互联网和农业结合，还能催生本地以前没有的新实体经济。例如，江苏省的东风村，一个典型的苏北农村，人均耕地不足 0.6 亩，青壮年大都外出打工。三个有远见的农村居民发现了淘宝平台的优势，免费注册网店后，从家具厂买回简易家具放在网上出售。不到四年时间，当地建立了从产品设计、线下加工、线上销售到物流配送的整条供应链。一个收废品的穷村变出一个价值 50 亿元的家具大产业来。另外，农村电子商务的发展必然会吸引各种市场元素不断跟进，带动相关配套产业发展，如美工、客服、培训、店铺装修、文案创作、仓储、物流等电子商务服务业。电子商务涉及的垂直产业链和相关横向产业链很广，可以说电子商务兴旺，百业就兴旺。

4.3.3 促进农业价值链升级

梁春晓认为，“新商业基础设施在农村和农业中的普及应用，使信息逐渐成为同土地、资本、劳动力同等重要甚至更为重要的核心生产要素，形成分布式协同特征的信息生产力，优化重构传统的农业生产与流通关系。信息生产力融入现代农业技术并进行集成化组装，进而释放出信息经济下农业升级的巨大力量”①。发展现代化农业，仅仅按照工业化的方式推行农业产业化，推进农业社会化大生产是远远不够的，因为企业与农户之间的利益分配问题、农业发展与农民增收的协调问题、农业产业化与农村生态保护及现代化新农村建设的同步发展问题未能得到根本性解决。也就是说，要真正实现农业现代化，还要推进农业

① 汪向东，梁春晓. 新三农与电子商务[M]. 北京：中国农业科学技术出版社，2017.

服务化，用以互联网产业为核心的第三产业思想和方法改造农业。

以农业信息化为代表的农业服务化，不仅是开展农产品网络销售，而且是一个系统工程。

（1）完善农业信息基础设施建设是前提，正如“先兴水利后兴农”和“要致富，先修路”思想一样，农村信息基础设施的建设是实现农村与外界资源交换的基础，是最重要的农村生产要素之一。

（2）利用互联网打通城乡之间的要素流通渠道，以信息流为基础构建商流，盘活资金流，完善物流，疏通农产品进城及农业生产资料和农民生活资料下乡的低成本便利渠道，实现农民生产增收和生活品质提升。

（3）以信息化和服务化提高农业附加值，通过优化和完善农村生产要素流转机制，吸引资本和人才对农业项目进行改造包装，发展农业旅游业、农产品加工旅游业、农村生态旅游业、民俗文化旅游业、农业科普教育业等高附加值产业。

（4）以信息化和服务化提高农民素质，通过普及移动互联网，普及互联网基本知识技能，引导广大农民运用互联网学习农业科学知识、生活常识及电子商务技能，摒弃陈规陋习，营造学习、传播和分享知识的良好氛围；推进农村党建政务管理信息化，提升农村社会治理水平。

在过去 20 多年的城市化进程中，我国土地、劳动力、资本等生产资料基本上是从乡村单向流向城市。随着网络经济的发展，国家对农村电子商务高度重视，中央连续发文部署，各项政策密集出台。加之互联网和电商企业都意识到中国互联网未来最大的红利在农村，纷纷布局农村市场，劳动力、资金开始向农村回流。电子商务以其门槛低、风险小等优势吸引了大量青年返乡创业。据初步统计，目前全国返乡创业人员已超过 800 万人，电子商务、信息服务是农民工返乡创业的重要领域。还有一部分非来自农村的大学生进入农村创业，大量青壮年回流，这些高层次人才、资本、技术等生产要素将大大提升农业附加值，实现专业大户、家庭农场、农民专业合作社、优秀企业等新型农业经营主体发展壮大和联合，促进农产品生产、流通、加工、储运、销售、服务等农业相关产业紧密连接，农业土地、劳动、资本、技术等要素资源得到有效组织和配置，从而再造整个农业产业链，实现农业与第二、第三产业交叉渗透、融合发展，促进农业价值链升级。

4.3.4 打造智慧农业

农村电子商务的落地实施有助于新一代信息化、数字化技术的推广应用，并通过产业内和产业间投入产出的关联波动带来生产效率的提升。电子商务进农村项目创新农村产业体系的重要手段是新一代信息与通信技术的推广应用，数字化、信息化的生产和管理手段将极大地促进电子商务及其相关产业发展。

与工业信息化历程相似，我国农业信息化进程主要从流通环节开始，进而影响到生产和研发环节。也就是说，互联网对流通环节的影响最为直接，模式成熟，平台完善，农产品最终也是必然进入流通环节的，那么，我国凭借强大的人口优势，蓬勃发展的电子商务就是打造智慧农业的重要基础。

所谓智慧农业，就是指将物联网、大数据、区块链、人工智能等新一代网络信息技术运用于传统农业，通过信息化平台整合集成应用计算机与网络技术、物联网技术、音视频技术、3S 技术（遥感技术、地理信息系统、全球定位系统）、无线通信技术及专家智慧与知识，实现农业生产可视化远程诊断、远程控制、灾变预警等智能管理。智慧农业是农业生产的高级阶段，是多种最新网络信息技术在农业生产中的综合应用，实现更完备的信息化基础支撑、更透彻的农业信息感知、更集中的数据资源、更广泛的互联互通、更深入的智能控制、更贴心的公众服务。智慧农业将现代生物技术、种植技术等科学技术融合于一体，对建设具有世界领先水平的农业具有重要意义。

电子商务对农业的深层次影响最终体现为促进智慧农业的打造，主要表现为以下五个方面。

1. 对人的信息化武装

电子商务加速了信息化对农户大脑的武装，利用互联网和数字技术改变生产经营方式，提高生产水平的观念逐步深入人心。广大农户尝试通过互联网提升自身文化和技能，通过互联网采购所需的农业生产工具。在流通环节，农户通过“千人千面”“智能推送”等认可和接受了大数据、人工智能技术的强大应用能力，自然也会在生产领域探索和接受智能化改造。

2. 对科技化设备的应用

在电商平台上，特别是面向农业生产的垂直电商平台，大量最新的科技型农业生产工具和资料云集，同时提供选品指导服务，农户可以根据自身需求轻松选购到需要的先进农业机械等生产工具；同时，生产工具的采购还往往能够得到金融机构的低息或免息贷款支持，以及政府的财政补助。

3. 智慧农业平台支撑

政府及大型农业服务平台企业致力于在种植、养殖生产作业环节，摆脱人力依赖，构建集环境生理监控、作物模型分析和精准调节于一体的农业生产自动化系统和平台，根据自然生态条件改进农业生产工艺，进行农产品差异化生产；互联网与农业的深度融合，使农产品电子商务、土地流转平台、农业大数据、农业物联网等农业市场创新商业模式持续涌现，大大降低信息搜索、经营管理的成本。在生产管理环节，特别是一些农垦区、现代农业产业园、大型农场等单位，智能设施与互联网广泛应用于农业测土配方、茬口作业计划及农场生产资料管理等生产计划系统，提高效能。这些平台能够以极低的门槛向广大农户开放入口，便于农户以较低成本轻松接入这些平台。

4. 政府智慧农业公共服务

云计算、农业大数据让农业经营者便捷灵活地掌握天气变化数据、市场供需数据、农作物生长数据等，准确判断农作物是否该施肥、浇水或打药，避免因自然因素造成的产量下降，提高了农业生产对自然环境风险的应对能力；通过智能设施合理安排用工用时用地，减少劳动和土地使用成本，促进农业生产组织化，提高劳动生产效率。在食品安全环节，构建农产品溯源系统，将农产品生产、加工等过程的各种相关信息进行记录和存储，并能通过食品识别号在网络上对农产品进行查询认证，追溯全程信息，使产业要素集聚从量的集合到质的激变。

5. 智能化改造的整体解决方案

随着农业智能服务水平的升级，广大服务商不再局限于提供一项或几项智慧服务，而是提供智慧农业的整体解决方案。例如，基于蜂舞协议（zigbee）的智慧农业解决方案，成本低廉，是一般人都能负担的价格。基于该方案的系统控制更简单，每一个刚接触的人都能轻松使用；功耗更低、组网更方便、网络更健壮，给使用者带来高科技的全新感受。智慧农业系统能有效连接物联网通信网关和超出物联网通信网关有效控制区域的其他蜂舞协议网络设备，实现中继组网，扩大覆盖区域，并传输网关的控制命令到相关网络设备，达到预期传输和控制的效果。基于先进的蜂舞协议技术，物联无线中继器无须接入网线，就可自行中继组网，扩散网络信号，让用户的网络灵活顺畅运行，保障所有设备正常运行。

4.4　电子商务对农民的影响机理

4.4.1　促进农民增收

对于农村电子商务促进农民增收的途径，部分研究认为，农村电子商务在实现对农村剩余劳动力安置的同时，产生的岗位空缺也促进了农民返乡就业。大量农村劳动力从土地生产剥离是农业现代化在我国普及的负面结果之一，进城务工者逐年增多，但工资性收入增速明显低于城镇居民，是我国农民收入增长缓慢的一大重要原因。从人口学角度出发，根据雷文斯坦的“推拉理论”，如果农民进城务工的目的是获得更多的工资收入来改善生活、提升个人及家庭福利水平，那么流入地（城市）有利于提高农民工福利水平就是拉力，流出地（农村）不利于提高农民工福利水平就是推力。前农村电子商务时期，拉力和推力的均衡结果决定了农民工大量涌入城市。农村电子商务的出现，会极大拉动农村地区第二、第三产业的发展，由此创造的就业机会可以吸纳数量可观的劳动力就业，加之农村利用电子商务创业可观的经济效益，会极大提升农民福利水平，农村作为流入地，对农民工开始形成拉力。此外，在我国的二元劳动市场的格局下，外出农民工一直面对医疗、养老和失业等社会保障缺失的困境，严重影响其在城市的福利水平，生活压力日益增大，作为流出地，城市农民工福利水平改善程度低于期望值形成推力。拉力和推力的再次均衡，促使劳动力返乡就业创业。劳动力回流的直接影响是促进回流农民增收，间接（也是更为深远的）影响是激发当地经济活力，可持续促进农民群体整体增收。

现有研究表明，作为互联网时代新经济的代表，电子商务的发展对农村和城镇居民都有增收的作用，但这种增收作用并不一致。一方面，我国长期存在的城乡二元结构决定了农村和城镇居民在人力资源积累、资金可获得性、公共产品人均拥有量上的差距，加之部分地区城乡“数字鸿沟”依然存在，农村和城镇居民知识和技能上的差距也决定了二者从电子商务发展中分享的红利不可能是同质、等量的。因此，电子商务发展的城乡不均衡便可能导致城乡居民收入差距的扩大。另一方面，农村电子商务会提高农产品市场价格、打通城乡信息流通渠道、优化农户生产决策、促进劳动力自由流动、改善城乡资源配置，这些都会缩小城乡收入差距。随着电子商务在全国的规模扩张和不断更新迭代，发展模式不断成熟，市场会有新的技术手段出现，能够提高农村居民从中分享红利的能力，城乡收入差距便会出现缩小的态势。

电子商务促进农民增收还对我国深化精准扶贫、迈向共同富裕提供重要支撑。电子商务服务主要有三种作用机制：一是直接到户，即通过教育培训、资源投入、市场对接、政策支持、提供服务等方式，帮助贫困户直接以电子商务交易实现增收，达到减贫、脱贫效果；二是参与产业链，即通过当地从事电子商务经营的龙头企业、网商经纪人、能人、大户、专业协会与地方电子商务交易平台等，构建起面向电子商务的产业链，帮助和吸引贫困户参与进来，实现完全或不完全就业，从而达到减贫、脱贫效果；三是分享溢出效应，即电子商务规模化发展，在一定地域内形成良性的市场生态，当地原有的贫困户即便没有直接或间接参与电子商务产业链，也可以从中分享发展成果。

4.4.2 升级消费层次

党的十九大报告对当前我国社会主要矛盾做出与时俱进的新表述，指出“中国特色社会主义进入新时代，我国社会主要矛盾已经转化为人民日益增长的美好生活需要和不平衡不充分的发展之间的矛盾”。广大农民过上美好生活，电子商务不仅可以起到增收作用，还有助于农民消费层次的提升。农民消费层次的升级包含物质和精神两个方面。

1. 农民物质消费的提升

电商平台促进城乡双向流动，分别为农产品上行和工业品下行。得到增收的农民自然追求更美好的生活。西方国家先完成工业化和城市化，再进入信息化时代；而我国城市化在一定程度上滞后于工业化，且在工业化、城市化进程中加入了信息化，实现了信息化与工业化、城市化的全面融合。在这种背景下，广袤农村地区，甚至周边城镇，基本商业配套体系还未有效发展，电子商务就已经走进了千家万户。很多西部偏远城市、乡镇，民众无论经济能力多强，也很难买到“欧时力”“可口可乐”等产品，享受不到“海底捞”“许留山”等餐饮服务。而电子商务帮助广大农民群体实现对几乎所有消费品的轻松采购，只要农民具备足够的消费能力。

云南省祥云县以实施电子商务进农村综合示范项目建设为抓手，坚持“政府引领、市场主体”的原则，加大电子商务“进城下乡”工作力度，推进县、镇、村物流服务网点建设，解决“农产品进城、工业品下乡”双向流通“最后一公里”问题，拓展电子商务促进城乡融合发展新领域，为乡村振兴注入活力。建立电子商务村级服务站，进一步完善实体店，通过集约化管理、市场化运作、成体系的跨区域跨行业联合，破解了山区和偏远地区群众交易难的问题，通过网上销售渠道，助推工业品下乡，为全县经济社会发展注入了新活力。

山西省偏关县农村地区服务消费水平远远低于城市地区，与农村居民的收入水平较低、需求不大有关，更重要的是，农村地区的各类商品服务供给不足，农民的各种服务需求难以满足。针对这些问题，偏关县电子商务公共服务中心按照“政府引导、企业主体、市场运作、合作共赢”的原则，积极搭建农村商贸流通体系，针对老百姓急需的生活用品，主动联系优质货源，节约老百姓的生活成本，为电子商务服务站点增强自身造血功能，促进县域农村电子商务发展。

2. 农民精神消费的提升

电子商务促进农民精神消费水平的提升，主要体现在三个方面：一是电子商务背后的互联网有利于新理念、新风尚、新文化的传播，有助于农民追求时尚新潮的生活方式；二是电子商务让更多农民看到知识改变生活的鲜明事例，看到褚时健等“活到老、学到老”的成功案例，追求通过互联网学习和提升技能；三是电子商务在促进农民生活水平提升的基础上，还帮助广大农民建立起无形资产的消费观念，让广大农民了解并非有形商品才具有价值，软件使用权、视频服务会员、游戏账号、虚拟货币、在线服务等各种无形商品也具有重要的价值。例如，一台价值 5000 元的电视机很难给人们带来欢乐，只有配上 20 元/月的视频会员服务，人们才能真正享受到精神消费的愉悦。

4.4.3 优化人口结构

20 世纪 60 年代，我国实行了轰轰烈烈的知青下乡活动，主要出于四个原因：一是城市就业岗位、粮食供应、生活物资等资源不足，无法容纳大量年轻人；二是我国温饱问题尚未解决，而农业生产是个劳动力密集的过程，劳动力越多，生产力越高；三是农村是一片广阔的土地，拥有丰富的生产资料，我国尚未完成工业化的原始资本积累，只能继续维护农村经济发展；四是培养青年的意志力、吃苦耐劳能力和抗挫折能力。改革开放以来，随着农村改革的不断深入，大量农村劳动力开始转移到非农产业中。但是，由于城市经济体制改革尚未展开，城市中非农产业对于农村剩余劳动力的吸纳能力十分有限，因此政府仍然严格控制农村剩余劳动力进城。直到80年代中期，当农村改革取得巨大成功、城市就业压力得到缓解时，政府开始放松对农民工进城的控制。1983年1月，中央指出，允许农村资金、技术、劳动力一定程度地流动和以多种方式结合。1984年，农民工被允许迁往城市寻找工作或经营小企业。同时，我国工业化和城市化进程不断加速。深圳、青岛、苏州、杭州、厦门等一批城市飞速发展，创造了无数的就业、创业机遇。因此，农村劳动力向城市转移的积极性空前高涨。1988年，迁移到城市的农村劳动力上升到2600万人。1978年，我国城市人口占比为17.9%，截至2020年底，这一数据达到65.5%。大量的农村劳动力转移到城市，也在一定程度上造成了农村的空心化，特别是农村青壮年劳动力大量流入城市，导致农村人口下降和农村青壮年人口比例下降，农村剩下的人口大多数是老人、妇女和儿童，严重制约了农村经济社会的发展。

农村电子商务的发展对于农村人口优化起到了重要的推动作用，体现为以下三个方面。

1. 提升劳动者素质

电子商务使农村人口更为便捷地接触到时代前沿和流行趋势，接触到最新的通用知识或专业领域知识。劳动者通过从事电商活动提高了知识技能水平，而更多的所谓"非劳动力"则在电子商务领域得以施展技能，开展店铺运营、新媒体营销等各项工作，从而转化成为新兴劳动力。农村电商平台企业通常附带培训服务，政府、电子商务协会往往周期性组织各类培训，推动了培训资源下沉到农村，带动农村人口更有效学习和提升。

2. 留住优秀人才

我国大学基本上分布在大中城市。农村学生往往从初中求学开始走进中心镇，从高中开始走进县城，从大学开始走进城市。城市更为优越的基础设施、商业实体、公共服务、就业机会等对人才而言具有极大的吸引力，高房价、高物价也很难消退其向往大城市的心愿。而电子商务的发展带来了改变：一是给予农村更多的发展机遇，弥补了农村原来商业配套不足，买不到优质商品的短板；二是提供了更多高质量就业机会，扩大了年轻人的职业发展空间；三是促进了配套基础设施的建设和生态环境的建设，为人才高质量生活提供了保障。正是电子商务的发展把广大"农二代"培育成为高素质的新型农民。

3. 吸引青年人才

电子商务发展不仅能够留住本地人才，还能够吸引外地人才。一方面是因为电子商务优化了职业发展环境，增加了就业、创业机会，更多青年人才乐意回到农村就业、创业。另一方面是因为电子商务促进了社会生产的组织化程度提升，形成了产业在空间上的集聚，完善了产业链配套，形成了新兴的产业集群。浙江义乌青岩刘村就是一个典型的电子商务从业者的集聚平台，许多大学毕业生留在该村从事电子商务工作。由于小商品市场提供完善的供应链，村内电子商务配套设施完善，形成了极大的集聚效应。2014年，青岩刘村集聚了 2800 多家网店，吸纳了 1 万多人就业。政府提出要着力支持大众创业，使新业态、新模式加速成长，培育经济新动力，打造新的经济发动机。

4.4.4　提升生活品质

电子商务促进农民生活品质的提升，主要源于物质因素和精神因素，而每种因素又分为客观因素和主观因素，如图 4-4 所示。

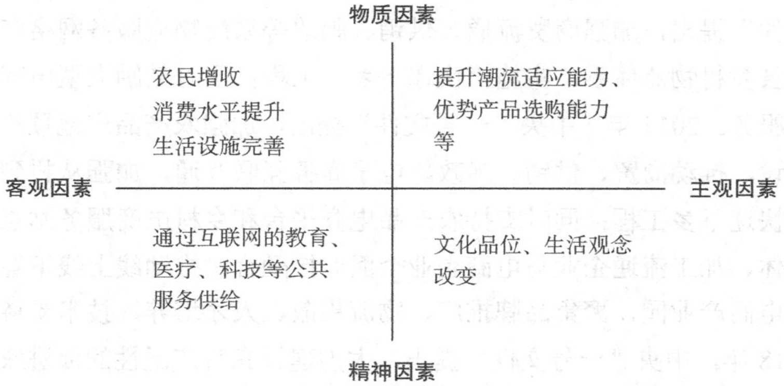

图 4-4　电子商务提升农民生活品质的主要因素

物质层面的客观因素在于电子商务促进农民增收，为农民提供便捷高效的生活物资采购渠道，以及更为完善的道路、公园等基础设施等，在此不再赘述。

物质层面的主观因素在于广大农民通过互联网轻松感知到时代的潮流和前沿，从而提升了在互联网上选购优质商品的能力，提升了消费品质和消费等级。

精神层面的客观因素在于电子商务促进了基于互联网的教育、医疗、科技等公共服务供给，不仅是通过互联网开展的老年大学、社区大学教育，以及在线问诊等服务，而且促进了线上优质教育、医疗、科技资源向线下拓展应用。例如，传统乡村中小学教育配套设施不完善与教师能力不足，基础教育城乡发展不平衡现象十分严峻，而“互联网+”教育新模式有效地改善了这些情况。

精神层面的主观因素在于农民文化品位和生活观念的改变。这种改变是潜移默化的，影响也是方方面面的。第一，广大农民通过互联网得到了发家致富的机会，内心接受和追求对互联网创业技能的学习，传统的生活方式和落后观念被不断摒弃。例如，闲暇之余，棋牌室的人少了，计算机前的人多了。第二，广大农民通过电子商务认识到外面的大千世界，认识到这个世界不只是由几座大山、两三个村子组成，从而打开心境，思维更为开阔，处事态度更为包容。第三，广大农民通过互联网参加在线的社区教育、技能教育、网络函授等，接受互联网公平、诚信、平等、自由、包容、开放的文化和价值观，提升了生活品位。

4.5 电子商务对农村的影响机理

4.5.1 升级基础设施

从2015年以后，中央“一号文件”加大了对农村电子商务发展的部署，明确农村电子商务的主要工作方向，特别是在电子商务配套基础设施发展方面政策不断加码。2016年，中央“一号文件”提出，加强商贸流通、供销、邮政等系统物流服务网络和设施建设与衔接，加快完善县乡村物流体系；实施“快递下乡”工程；同时鼓励大型电商平台企业开展农村电子商务服务。2017年，中央“一号文件”提出，加强农产品产地预冷等冷链物流基础设施网络建设，推动商贸、供销、邮政、电子商务互联互通，加强从村到乡镇的物流体系建设，实施快递下乡工程；同时支持农产品电商平台和乡村电商服务站点建设，促进新型农业经营主体、加工流通企业与电商企业全面对接融合，推动线上线下互动发展；鼓励地方规范发展电商产业园，聚集品牌推广、物流集散、人才培养、技术支持、质量安全等功能服务。2018年，中央“一号文件”提出，大力建设具有广泛性的促进农村电子商务发展的基础设施，建设现代化农产品冷链仓储物流体系，支持供销、邮政及各类企业把服务网点延伸到乡村；同时鼓励支持各类市场主体创新发展基于互联网的新型农业产业模式。2020年，中央“一号文件”提出，支持供销合作社、邮政快递企业等延伸乡村物流服务网络，加强村级电子商务服务站点建设。2021年，中央“一号文件”提出，加快完善县乡村三级农村物流体系，改造提升农村寄递物流基础设施。

2021年10月，商务部、中央网信办、发改委三部门联合发布的《“十四五”电子商务发展规划》明确指出，实施“数商兴农”行动。其内容包括：引导电商企业发展农村电子商务新基建，提升农产品物流配送、分拣加工等电子商务基础设施数字化、网络化、智能化水平，发展智慧供应链，打通农产品上行“最初一公里”和工业品下行“最后一公里”。

我们从中可以发现，电子商务促进农村基础设施建设水平提升分为两个方面、三个层次。在有形设施方面，电子商务促进了物流设施、道路设施、商贸公共基础设施建设。在无形设施方面，一方面是网络信息基础设施的建设，建成了大批4G、5G网络，不少东部省份的行政村Wi-Fi全村覆盖；另一方面可理解为对应配套政策基础的打造，如基层党建、基层治理体系的建设等。从层次维度分析，电子商务的促进作用体现在三个层次：一是以电子商务产业链为中心的公共基础设施，如道路、物流、网络等；二是公共配套设施的建设，如公园、厕所、商业服务、生活服务、文化教育、卫生服务配套设施等；三是生态环境建设，特别是农旅融合产业的发展让广大农民切实感受到了“绿水青山就是金山银山”，从而使农民环保意识大幅增强。

4.5.2 提升公共服务供给能力

关于电子商务在服务民生领域的研究，更多地集中在农村，涉及推进道路等基础设施建设、农业生产和农民生活资料下乡、促进新农村建设等。例如，卫明、廖丹萍提出发展农村电子商务对提高农民科学文化素质、丰富农民精神生活的意义；陈国亮等提出农业电子商务的发展促进农业生产和农民生活资料下乡，提升农民科学文化水平的意义和对策[①]；郭彪提出通过发展电子商务，解决三农问题的新论点：通过系统规划，促进其整合与共享，推动农村信息规范化、标准化建设，健全信息收集发布制度，全面提升农村生产、管理信息化水平。[②]

农村的建设不仅是基础设施的建设，而且要提高公共服务的供给能力。东部省份很多农村地区的生态环境和基础设施现在都非常吸引人。广大青年人才之所以仍然更向往一线、二线城市，主要是在于农村地区公共服务供给能力的薄弱。2022 年 5 月，中共中央办公厅、国务院办公厅印发《关于建立健全基本公共服务标准体系的指导意见》提出，2025 年全面建立基本公共服务标准体系，2035 年基本实现基本公共服务均等化。

公共服务供给能力的差异成为近年来我国推进城乡一体化，消除城乡二元结构进程中最突出的问题，主要体现在以下方面：公共服务供给数量严重不足，公共产品供给远远不能满足农民的生产生活需要；供需结构失衡，所供给的服务很难精准匹配需求；供给质量低下，无法满足广大农民对美好生活向往的需求。

针对城乡一体化进程中公共服务供给这一最大的二元不平衡问题，中央和地方政府均出台了大量的政策文件加以改善，而现实中电子商务起到了重大的促进作用。

1. 电子商务改变农村公共服务的供给决策机制

传统公共服务的供给更多的是从供给侧出发，由政府主导，自上而下；而电子商务发展更多依靠市场机制，企业（农户）自发，从而将“自上而下”的决策机制转变为“自下而上和自上而下相结合，以自下而上为主”的决策机制，以市场机制促进农村公共服务的合理供给。这就将公共服务的选择权交给了农民，更能够满足当地农民对公共服务的差异性需求，保证供给的有效性。

2. 电子商务引导政府公共服务政策供给机制

电子商务发展超前于政府的电子商务扶持政策。我国电子商务自 20 世纪末萌发，2003 年以后快速发展，2010 年前后百家争鸣，2012 年后走向高质量发展。而《电子商务法》直到 2018 年 8 月才出台，2019 年 1 月才开始实施。农村电子商务的快速发展直接刺激了政府关于完善配套扶持政策的作为，特别是让县域、乡镇政府深刻感受到新时代农民群体在推动新农村建设方面的热情，以及改变乡村公共服务供给不足现状的强烈意愿，从而促使政府加强制度建设，创新体制、机制，加快推进公共服体系建设有效政策出台。

卫明，廖丹萍. 新农村建设下我国农业电子商务发展路径研究[J]. 安徽农业科学，2011（22）：1372.

① 陈国亮，李泽朋，赵亮. 中国农村电子商务发展探析[J]. 科技广场，2009（2）：14-15.

② 郭彪. 电子商务 解决三农问题的新坐标[J]. 绿色中国，2013（10）：38-41.

3. 电子商务弘扬以人为中心的社会评价机制

电子商务发展为基础的互联网思想与传统“官本位”思想是完全相悖的。电商企业产品及服务质量的优劣最终不由政府监管部门、质检部门等评价，而是由客户评价。而客户评价的结果又直接影响企业的品牌、形象和信誉，所以网店高度重视好评率。在这样的观念影响下，政府公共设施服务的优劣同样由农户、农村电子商务从业群体评价；如无法令其满意，电商企业可以选择入驻其他村镇，本地农户可以选择向外地企业供应农产品。政府由此切实构建了以农民满意度为核心的公共服务供给评价体系，促进了更为注重生态、文化、教育、基础设施等指标，坚决整治面子工程和资金浪费，提高资金使用效益的长效机制建设。

4. 农村电子商务产业生态逐步完善

农村电子商务逐步形成完善的产业生态，从农产品生产、加工、营销、物流、结算等流程扩展到直播、短视频、VR 等新型业态，金融、结算、培训等第三方服务体系，农旅融合、个性化定制、产业链逆向整合等发展模式。由电子商务牵动的各行各业均衡发展，形成庞大的产业体系，推动整体公共服务建设；特别是引导了更多社会资本从城市走向农村，参与提供基本公共服务，形成多元主体参与、城市优质资源要素下乡的长效促进机制。此外，产业的背后涉及公共文化的供给，一方面是互联网文化、优质文化在乡村的传播与繁荣，另一方面是农旅融合推动农村优质传统文化的传播，互联网推动传统文化产品的全国流通，从而促进文化产业繁荣发展。

4.5.3 健全乡村基层治理机制

电子商务作为乡村发展最突出的影响因素，对乡村基层治理变革也产生着深刻的影响。陈芳芳等认为，电子商务促发的乡村产业化与城镇化浪潮正以迅猛的态势在全国蔓延，淘宝村、淘宝镇的出现和快速增长，展现出乡村地区跨越工业时代直接进入信息时代的伟大变迁。乡村治理重构的实质是各主体参与治理的动机和积极性的转变。因此，以治理主体为切入点，从乡村内外两个层面分析各治理主体的行为逻辑转变，能够很好地总结乡村治理重构的特征。在电子商务驱动下的乡村发展过程中，乡村治理结构直观表现为过去以乡镇政府为顶端、以村级政治组织为中间层、以广大农村居民为末端的金字塔层级结构的解体。乡村治理主体开始由一元主宰向多元化共治的结构转变，不仅实现了乡村内外治理结构的双向重构，而且催生了协调沟通内外的中间治理层级`。

电子商务对乡村治理的影响主要包含以下四个方面。

1. 电子商务重构乡村内部治理体系

我国乡村治理经历过长期变革，政策、文化、经济均对乡村治理产生深刻的影响。在传统治理模式中，农村居民个人力量不足，缺乏参与公共治理活动的动力和能力。农村电

` 陈芳芳，罗震东，何鹤鸣. 电子商务驱动下的乡村治理多元化重构研究——基于山东省曹县大集镇的实证[J]. 现代城市研究，2016（10）：22-29.

子商务的飞速发展推动集体经济增长，农村居民作为重要的利益主体，发现只有积极主动参与乡村治理，才能取得更多话语权，保障自身权益，维护自身经济利益。当农村居民的个人利益和集体利益、企业利益之间存在冲突时，农村居民以参与公共事务决策的方式，维护自身的权益。

2. 电子商务促进政府治理资源的渗透

电子商务引发县级、村镇政府对村集体经济的高度关注，使其将发展农村电子商务、推进农旅融合作为推动农业转型升级和农民增收的重要手段，对乡村的治理倾向逐渐转变到服务电子商务发展，服务农村居民经济社会文化发展需求上来，从而使乡村和政府的关系更为紧密。

3. 电子商务推动乡村治理走向多元化

除了政府治理和农村居民自治，电子商务还带动新兴治理主体的崛起，推动乡村治理走向多元化进程。新兴治理主体包含广大入驻乡村或在乡村成立的电商企业、各类企业、个体性质的电子商务、物流服务中心、服务电子商务产业发展的行业协会等非营利机构等。这些机构有力缩短了上级政府与基层政府之间的沟通距离，为基层参与决策、沟通等提供良好的条件，保障了乡村内外治理协同发展。

4. 电子商务促进乡村基层党建发展

电子商务进农村，基层党建信息化不断发展并覆盖更多乡村，更多党支部建设在“云端”，全面打通了党组织与党员、上级党组织和基层党组织之间的联系和沟通渠道，为农村党员干部培训、农村党课教育提供了重要支撑。同时，电子商务推动智慧党建引领强村善治，提供精准便民服务，催生“党建+”模式，助力乡村各项事业协同发展。

“世纪之村”是我国电子商务推进乡村治理创新的典型案例。作为中国排名第一位的农村信息化综合服务平台，世纪之村以服务电子商务发展为基点，逐渐建成集村务管理及公开、村财务管理、乡风文明、农家店、劳务供需、星火科技、企业展品、百姓新闻八大功能于一体的综合性网站，主要分便民服务、电子村务、电子商务、电子农务四大版块，旨在服务三农，推动三农事业发展，促进社会主义新农村建设。

河北邢台市南和区也在乡村治理方面形成了自身特色。该区建成了市区乡村四级联通智慧党建可视化平台和“1+4”智慧党建平台，将全区 551 个党支部和 1.4 万名党员纳入管理，构筑党建信息化矩阵，推进“互联网+党建”融合发展，推进“互联网+综治”嵌入乡村治理。依托乡村两级综治中心，该区同时推进三级“互联网+政务服务”平台建设，下放审批服务和延伸受理环节事项 75 项，增加公共服务事项 34 项，使乡村两级事项网上可办率达到 97.34%，实现数据多跑路、群众少跑腿。

4.5.4　促进新农村建设

新农村建设是一项系统工程，是指我国按照新时代中国特色社会主义建设新要求，在科学规划的基础上，对农村经济、政治、社会、法制、文化、教育、医疗、生态等各方面进行建设，从而实现社会主义农村经济繁荣、设施完善、环境优美、文明和谐，实现农民物质富裕、精神富有的系统过程。2005 年，中国共产党十六届五中全会提出要按照“生产发展、生活富裕、乡风文明、村容整洁、管理民主”的要求，扎实推进社会主义新农村建设，由此拉开了新世纪我国新农村建设的序幕。2014 年，中央农村工作会议提出，积极稳妥推进新农村建设，加快改善人居环境，提高农民素质，推动“物的新农村”和“人的新农村”建设齐头并进。

新农村建设的基本理论逻辑是经济建设带动政治建设，引领全面建设。马克思主义哲学认为，一切上层建筑都是建立在经济基础之上的，包含各种制度、设施和意识形态。这就为新农村建设指明了“以经济建设为中心，带动三农事业全面发展”的康庄大道。

新农村建设存在的三大关键性顽疾是劳动力不足、关键要素缺失、思想观念滞后。电子商务的发展恰巧可以有效破解这三大难题。

第一，农村电子商务的发展不仅留住了新生代青年农民，还吸引了大量新生力量投入农村生产，这点在本章 4.4.3 优化人口结构部分已经详细剖析，不再赘述。

第二，农业是国民经济之基、民生之本，重要性不言而喻。但农业 GDP 占比不高，农民收入低于城镇居民，根源在于农业生产附加值低。提升产业附加值的重要路径在于促进产业向“微笑曲线”两端转移。波特价值链理论指出：任何企业都是其产品在设计、生产、销售、交货和售后服务方面进行的各项活动的聚合体。每项经营管理活动就是这一价值链条上的一个环节。企业的价值链及其进行单个活动的方式，反映了该企业的历史、战略、实施战略的方式及活动自身的主要经济状况[1]。微笑曲线的形成，源于国际分工模式由产品分工向要素分工的转变，使价值链上各环节的附加值产生差异。在经济全球化时代，产品价值链上的不同生产环节和工序的配置是以不同国家和地区掌握的生产要素为依据的；从微观上而言，分工是依据不同企业掌握的核心竞争力实现的。微笑曲线描述的正是价值链不同环节之间的附加值差异。将微笑理论应用于农业生产领域，我们可以发现，在农业价值链分工中，农机、农械等生产工具和生产技术研发企业产品附加值较高，从事农产品品牌建设和营销的企业产品附加值较高，从事农旅融合、将农业与第三产业融合发展的企业产品附加值较高，而从事农业生产的企业或农户产品附加值较低。其中从事农产品原材料生产的企业或农户的产品附加值远远低于从事农产品深加工的企业。那么，提升附加值的高端要素有哪些呢？答案是人才、资本、技术等。电子商务以其强大的提升生产组织化程度和要素集聚的能力推动了高端的生产要素向农村地区转移，是推动新农村建设的重要力量。

第三，电子商务的低门槛从业特征带动广大农民接触互联网，学习互联网，融入互联网时代。我国传统农村保持着勤俭、淳朴、好客等优良民风，但也存在一些不良风气和落

[1] 波特. 竞争优势[M].陈小悦，译. 北京：华夏出版社，2005.

后观念。其中重工轻农、重男轻女，以及法治意识不足、攀比心强等严重制约了新农村精神文明建设。电子商务、互联网带来的平等、自由、时尚、公平、开放等思想恰恰对传统农村思想产生了巨大的冲击，大大强壮了新农村建设的精神文明这“一条腿”，反之又带动物质文明的建设与繁荣。

第 5 章　农村电子商务发展的典型模式

我国幅员辽阔，多民族融合，东西、南北地区经济、文化、资源、习俗差异巨大，为此农村电子商务发展业态万千，形式多元，路径各异。尽管如此，我国农村电子商务的发展并非无迹可寻。不同的村镇、不同的区位优势、不同的要素禀赋，决定了农村电子商务不同的发展模式。不同模式的侧重点各异，涉及农村电子商务发展主导因素，包括农村电子商务产业的演化路径、互联网与农村经济社会的融合机理、农村电子商务产业治理等多个方面。通过梳理归纳分析发现，我国农村电子商务发展并非"一村一模式"，而是基于对要素禀赋、动力机制、发展形态的归纳形成了一些抽象化的、具有一定通用性的模式，具有可复制、可借鉴的典型意义。

我国农村电子商务发展主要包括三种类型，分别是企业主导、平台主导和特色发展。每种类型分为具体的三种模式，如表 5-1 所示。

表 5-1　农村电子商务发展的典型模式

类　型	典型模式
企业主导	传统制造企业主导模式；龙头电商企业主导模式；主流电商平台企业主导模式
平台主导	专业市场主导模式；地方政府主导模式；行业协会主导模式
特色发展	O2O 本地模式；特色产品竞争力模式；农业价值链升级模式

5.1　企业主导

5.1.1　传统制造企业主导模式

1. 模式分析

电子商务的内涵通常有广义和狭义之分，但其狭义的定义更为常用，即指基于互联网的以商品交换为中心的商务活动。电子商务作为一种流通手段，对商品交换的带动作用是全方位的。随着我国经济社会的发展，产业结构不断优化，服务业比重逐年上升。但经过多年的工业化发展后，我国当前的第二产业和第一产业的比值增速已经大幅放缓。2019 年，我国第二产业增加值为 386165 亿元，增长 5.7%；第一产业增加值为 70467 亿元，增长 3.1%。几年来，第二产业和第三产业的比值基本稳定在 5%～6%。同时，2019 年我国恩格尔系数为 28.2%，连续 8 年下降。从中明显看出，相对于第一产业，第二产业的产品附加值更大，社会需求总量更大。所以，首批淘宝村的主营产品基本为工业品；之后的大多数淘宝村、淘宝镇及淘宝村集群的主营产品亦为工业品。换句话说，有制造业产业基础的，在发展电子商务方面具有难以比拟的先天性优势。

传统制造业主导模式就是以当地制造业产品为主营商品开展电子商务，从业者既可以是制造业企业，也可以是电商企业或电商从业个体。典型的淘宝村通常位于江苏、浙江、广东等制造业发达省份，位于温州、台州、佛山、东莞、泉州等轻工业发达的东部城市，代表有浙江省永嘉县黄田镇千石村、福建省晋江市龙湖镇梧坑村等。

传统制造业主导模式的基本内涵是：依托当地传统制造业优势发展电子商务，不断提升商品知名度、销量、盈利能力及品牌附加值，并促进制造业供应链体系优化及产业转型升级，同时带动农村基础设施建设等三农事业发展。

传统制造业主导模式是农村电子商务发展的常见模式，也是淘宝村形成比例最高的模式，在晋江、石狮、瑞安、乐清、顺德、玉环等制造业发达地区具有很强的典型性，充分说明了产品和供应链对电子商务发展的强大支持作用，同时电子商务也促进了产品创新和供应链优化。传统制造业主导模式下的农村电子商务可持续发展需要走专业化和精细化路线。

（1）品牌定位。

品牌定位是企业在市场定位和产品定位的基础上，对特定的品牌在文化取向及个性差异上的商业性决策，它是建立一个与目标市场有关的品牌形象的过程和结果。品牌定位是市场定位的核心和集中表现。企业一旦选定了目标市场，就要设计并塑造自己相应的产品、品牌及企业形象，以争取目标消费者的认同。由于市场定位的最终目标是为了实现产品销售，而品牌是企业传播产品相关信息的基础，品牌还是消费者选购产品的主要依据，因而品牌成为产品与消费者连接的桥梁，品牌定位也就成为市场定位的核心和集中表现。品牌化路线是传统制造业企业提升产品附加值的重要手段，而互联网又是绝好的载体和机遇。传统企业要做好品牌差异化定位，一定要摒弃传统商业品牌发展路线，注重线上、线下有机结合，在线上培育代表年轻、时尚、个性的快时尚品牌，在线下及少数线上旗舰店树立诠释品质、内涵、底蕴的传统品牌，形成相互补充、相互促进的品牌线。

（2）柔性生产。

柔性生产是以“制造系统响应内外环境变化的能力”建设为核心的生产方式与方法论。强调对资源的广泛协调与有效利用，对市场需求的快速响应与品质保障，对主体生产流程间的衔接效率与价值适配，通过精益生产、并行生产、敏捷制造和智能制造等形式，获得制造系统响应内外环境变化的能力提升带来的成果，创造最佳社会价值与经济效益。在离散型生产组织（装备制造与零部件加工）中，主要指依靠有高度柔性的以计算机制造系统响应内外环境变化的能力提升带来的成果，创造最佳社会价值与经济效益；在流程型生产组织（化工制造与化学品供给）中，主要指依靠主要介质生产的柔性中心来实现多品种、高收率、低库存的价值最大化的生产方式。电商企业的企业资源规划（ERP）系统要打通生产、研发和供应链，在大数据决策系统支持下打造动态柔性的供应链体系，推行个性化、小批量、多批次的生产方式，不断降低库存风险，适应瞬息万变的互联网市场需求。

（3）要素支撑。

农村基础设施对于发展电子商务而言，除产品、供应链及成本优势外，短板也十分鲜明。农村地区以交通、物流为核心的基础设施仍比较薄弱，要加快构建农村物流基础设施骨干网络，鼓励商贸、邮政、快递、供销、运输等企业加大在农村地区的设施网络布局；加快完善农村物流基础设施末端网络，鼓励有条件的地区建设面向农村地区的共同配送中心。同时，以 5G 网络、Wi-Fi 等为代表的信息与通信基础设施建设也至关重要，要深入贯彻实施数字乡村战略，加快物联网、地理信息、智能设备等现代信息技术与农村生产生活的全面深度融合，深化农业、农村大数据创新应用，推广远程教育、远程医疗、金融服务进村等信息服务，建立空间化、智能化的新型农村统计信息系统。此外，在生活服务配套、生态环境建设、公共文化建设等方面也需要强化，以吸引更多年轻从业者。政策层面的重点仍是以土地、劳动力为核心的农村生产要素流转机制的创新，以支撑供给侧结构性深度改革。

2. 典型案例

浙江省永嘉县黄田街道千石村于 2014 年入选阿里研究院评选的淘宝村。千石工业区位于千石村，早在 20 世纪 80 年代就启动建设，是温州典型的老牌工业区，主要产业有制鞋、制革、皮具、锁具、鞋机等，较为知名的企业有奥康集团、佳龙电子、鹏程控股、金螳螂鞋业、嘉仁电气等。

千石村电子商务的发展主要来源于奥康集团这一龙头企业的带动。奥康集团于 2006 年 12 月登记成立奥康鞋业销售有限公司，早在 2009 年便开始探索网络销售，于 2014 年 1 月登记成立奥康国际电子商务有限公司（以下简称“奥康电商”）。依托奥康总部的强大实力和货源优势，奥康电商的业绩几乎每年翻番，2013 年电子商务零售额达到 3.8 亿元，在黄田街道一枝独秀。2018 年，奥康电商占鞋业销售业务收入比重超过了 20%，成为传统企业电子商务转型的靓丽标杆。

实际上，奥康电商的发展道路并非一帆风顺。2009 年的奥康电商根本缺乏可行的运营方案，负责传统业务的“大咖”主管电子商务业务难有作为，重金聘请的电子商务职业经理人大刀阔斧的改革方案与企业线下业务也有冲突。在奥康总部发展电子商务的决心支持下，淘宝、京东、当当网、自建官网等多平台运营一拥而上，但奥康电商在布局结构上缺乏经验，一度面临投入大、效率低的困局，一些渠道成为鸡肋。直到被 2009 年淘宝“双十一”销售业绩启发，奥康电商第二年开始在淘宝上重点发力，并试水“双十一”购物狂欢节，取得了 500 万元销售额的不错业绩。2012 年 1 月，淘宝商城改名为“天猫”。奥康电商通过两年左右的探索，电子商务人才储备基本到位，团队磨合更加成熟，也嗅到了天猫发展的潜力，在渠道布局上更为合理。从那时到 2016 年，奥康电商零售额成倍上涨，发展一日千里；但规模的扩大也带来了供应链上的难题。尽管总部对奥康电商支持力度很大，但由于缺乏强大的数据预测和供应链管理能力，库存积压成为绕不开的难题。据统计，有一年“双十一”期间，奥康电商库存备货量仅去化三分之一，留下价值约 7000 多万元的商品。但由于总部的强大支持和线下渠道丰富，这一问题未对电子商务发展造成深刻影响。此后，奥康电商开始强化电子商务供应链的精细化管理，推行大部分生产 OEM、ODM 产品，以及将电子商务仓储业务外包给第三方，集中精力开展电子商务运营，注重数据挖掘分析，电子商务发展从粗放型走向了集约型，业务附加值逐年提升。

千石村其他轻工产品制造业企业早期一直对电子商务保持谨慎观察的态度，它们旁观奥康电商的探索历程和得失，在发现电子商务乃大势所趋后，才顺着奥康电商的路子，在天猫等平台上逐步试水，形成了长尾效应。为此，千石村电子商务直到 2014 年才集中爆发，并带动黄田街道的中小工厂、作坊，它们有的运营淘宝店铺，有的为电子商务团队供货，形成了浓郁的电子商务发展氛围。2018 年，全村电子商务从业者达 130 多户，网络零售额超过 5 亿元。随着国内电子商务人口红利弱化、电商平台成熟化、媒体资源多元化的局势变化，产品竞争力逐步替代运营能力，成为在网络市场竞争中最关键的因素。具备制造业优势的地区电子商务发展优势不断显现，同时网络终端市场也为产品研发提供了重要的信息支持。千石村的电子商务实质上就是城镇工业区的电子商务，“一超多强”的发展格局具有较强的典型性。

5.1.2　龙头电商企业主导模式

1. 模式分析

龙头电商企业主导模式又称“企带村”模式。企带村模式并非农村电子商务发展的独特产物。在传统农业生产体系中，一家规模化生产、市场把控能力强、抗风险能力强的企业，能够对全村农户的农业生产起到市场接洽、技术帮扶、生产资料和生产工具供给、产量结构优化等至关重要的带动作用。在乡镇企业快速发展的时代，企带村模式也在农村工业化进程中起到重要作用，“一家大企业、千百家家庭作坊”成为浙江、福建沿海一带农村常见的产业形态。

在电子商务时代，互联网加剧了马太效应，提升了资源配置的效率和组织化水平，企带村的作用更加凸显，一家企业往往就能够带来区域电子商务产业发展所需的关键要素，从而带起一个淘宝村，甚至一个淘宝镇。企带村模式以浙江省温州市永嘉县桥下镇西岙村、福建省南安市康美镇兰田村等为典型代表。

在企带村模式中，企业在农村电子商务发展中往往同时扮演两种类型角色：一是电子商务销售方，是产业链中对接市场的一个环节，企业帮助农民打开产品销路，广大农民只需做好产品的供应。二是电子商务服务平台，企业为农民提供电子商务从业指导等一站式服务。

企带村模式对三农事业的促进作用尤为显著。一是提高了农村居民的收入，无论是企业与村集体之间以何种契约方式共同投入电子商务项目建设运营，均在十年电子商务红利中获得了相应回报；二是提升了农村基础设施建设水平，既包含电子商务物流所需的仓库、展示区、道路等硬件基础设施，也包含光纤、Wi-Fi、终端设备等网络基础设施；三是从文化层面提升了农村居民文化素质和信息素养，有效传播了学习、平等、共享、进步的互联网理念；四是提升了乡村治理水平，不仅提升了村基层党政组织的治理能力和信息公开化程度，还大大提升了农村居民参与村务管理的积极性。

企带村模式相对于遂昌模式、沙集模式等典型模式，最鲜明的特征在于企业作用的发挥。龙头企业扮演了产业领军者、电子商务服务商、供应链平台商、政府村户纽带四种角色，是该模式成功的核心因素。

不过，企带村模式同时存在一定的短板或风险。在该模式下，企业凭借强大的市场把控能力，能够为农村居民提供广阔的销路；而农村居民提供的产品因具有品质、特色、价格等优势成为稳定的供应源。但是，其中存在的风险是：互联网时代产品更新迭代的效率高、周期短，用户对产品的个性化需求程度不断提高；而农村居民往往缺乏产品研发能力，更多凭借区域传统产业集聚优势或者区域特色农产品优势，依靠技能、劳动力等生产要素获得市场价值。一旦产品在市场上竞争力减弱或出现更有价格优势的同类可替代产品，企业就可能放弃这些供应链。同时，各地招商引资力度不断加大，当企业认为留在该村镇获得价值不大，且遭遇招人难、留人难等困境时，企业整体搬迁是必由之路。少数村镇龙头电商企业已经整体搬迁至城市电商产业园区，其对相应村镇电子商务发展的辐射力将大大减弱，“淘宝镇”“淘宝村”的招牌往往因为一家企业搬迁而一夜间消失。

要有效防范企带村模式的风险，需当地政府和村两委在三个方面发力：一是为企业发展创设良好的环境，通过更具实效性的政策和更为精细化的服务，切实帮助企业解决融资、人才引进等难题，通过更为良好的企业营商环境和商业文化的打造，实现制度留企、文化留企、条件留企、情感留企；二是要加强对广大农村居民的引导和培训，依靠乡村学堂、职业学校等资源，帮助其提升劳动技能，拓展多元化就业、创业路径，提升其在劳动力市场的竞争力；三是加强电子商务产业发展的布局规划，充分发挥本地区位、交通、产品、文化等方面的优势，发展彰显自身要素禀赋的电子商务产业，并通过电子商务产业来提升产业附加值，走品牌化发展或农（工）旅融合发展之路，推动价值链向微笑曲线两端转移。

2. 典型案例

福建省南安市康美镇兰田村近年来诞生了著名的兰田模式。

兰田模式是以“世纪之村”电商平台为基础的运作模式。在各级党委、政府的领导下，在中国扶贫开发协会，国家、福建省、泉州市、南安市科技部门，相关政府部门的大力支持下，南安市新农民培训学校与友友新创系统技术（北京）股份有限公司合作，结合我国新农村建设的实际，积极探索，优化创新，成功研发了自有知识产权的世纪之村农村信息化服务平台。

兰田模式主要由世纪之村平台企业、信息员、销售商和采购商四方参与，兰田集团作为最主要的平台企业，负责电商平台的构建和运营，负责交易规则的制定和完善，负责代销、代购渠道的建立和管理。信息员负责买卖信息的发布，促进买卖活动的成功，一般多由拥有上网能力的农产品商人或者农资商人充当，作为农户与平台、消费者与平台、生产商与平台之间联系的桥梁，是这一形式中的代理人。生产农副产品的农户或者合作社、提供农资的生产商或者经销人作为销售商，通过信息员（可以是专门的信息员，也可以自己申请成为信息员）发布自己的供货消息，农产品商家、需要农资的普通农户或者合作社作为采购商则通过信息员购买所需商品。

2008年6月，融合村务、商务、信息服务的世纪之村投入运营。依托食杂店、农资店等，世纪之村在村庄建立信息点，培训信息员，为农村居民提供服务。凭借日益扩张的渠道和规模采购的议价优势，世纪之村和通信运营商、商业银行、企业合作，服务范围从农产品交易迅速向家电下乡、农资下乡、金融下乡等延伸。一个“农村版阿里巴巴”呼之欲出。

随之而来的是世纪之村裂变式的成长——日均点击数达118万次，2011年成交额达23.7亿元；300多名大学毕业生聚集在兰田集团麾下，衍生出动漫、物流配送、农产品加工等14家企业；信息点向省外延伸，到2012年3月，共提供就业岗位72815个。

该平台自研发开始，受到各级党委、政府的高度重视及有关媒体单位的大力支持，先后有中央电视台新闻频道《共同关注》栏目、中央电视台农业频道《聚焦三农》栏目、福建省电视台综合频道《时代先锋》栏目、福建省电视台经济频道《海西新农村》栏目及泉州市、南安市媒体等单位莅临兰田村进行专题采访，对世纪之村农村信息化服务平台给予了专题报道。通过深度研发与推广，该平台在泉州市500多个村得到广泛应用，使农村村级管理水平有质的提升，村务管理更加透明、政府的监管更加有效，为三农事业发展提供信息服务支撑，为提高农村社会资源利用率和拉动农村消费市场的发展奠定信息服务的基础。

兰田模式取得的丰硕的运行成果。

（1）信息平台作为政府对农村管理和监督的好帮手，降低了政府管理成本；同时给村干部的日常管理带来便利，提高了村干部的管理水平和管理效率；提高了村务的透明度，让老百姓对政策了解得更快速、更准确；让政府赢得了民心。

（2）服务三农事业，增加农民收入，改善民生，促进经济发展。老百姓通过平台获得信息，可以增加产值，降低损失；农产品生产商通过平台服务，快速进入农村生产，增加销售收入，降低流通成本。同时，信息平台的使用开阔了农民的眼界，提高了农民的基本素质，让农民得到实惠。

（3）企业业绩提升。信息平台将原来分散的资源集中整合，原来需要多家机构来做的事，通过系统整合，积少成多。信息使用费、广告费、交易佣金等多种收入保证了平台自身的造血能力，可以不断发展壮大。作为平台中重要服务环节的信息员，通过信息服务也可获得很好的收入，并伴随平台不断成长，成就新的事业，让企业赢得了发展空间。

5.1.3 主流电商平台企业主导模式

1. 模式分析

当前国内主流的电商平台有淘宝（天猫）、京东、拼多多、苏宁易购等，且行业寡头效应十分显著。2018 年，我国网络零售额达 9.39 万亿元，占社会消费品零售总额的 19.6%[1]，足以说明主流电商平台在零售市场的重要地位。2018 年中国网购市场份额如图 5-1 所示。

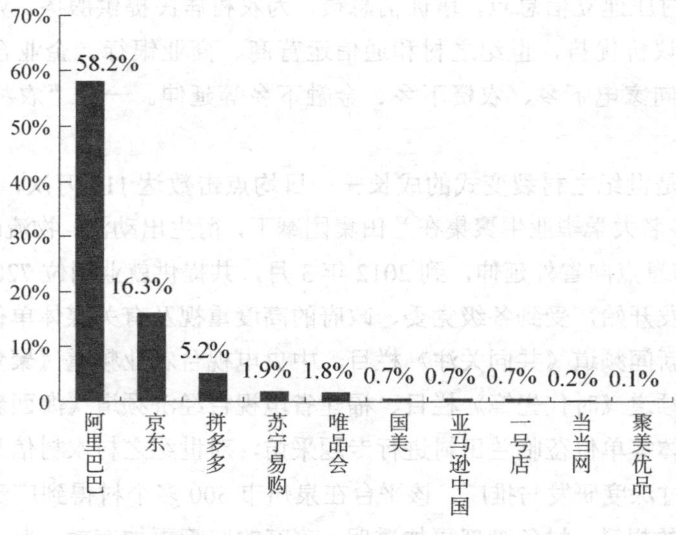

图 5-1 2018 年中国网购市场份额

在乡村振兴战略背景下，立足我国庞大的农村人口规模和产业基础，农村电子商务发展必将前景广阔。各主流电商平台也纷纷瞄准了这个契机，相继进军广袤的农村。其中阿里巴巴旗下的农村淘宝更是一马当先，在 2014 年与浙江省桐庐县政府部门正式签署了《农村发展战略落地桐庐试点项目》，在桐庐开通 10 个类似的农村淘宝服务点，为普通民众提供优质服务，以电商平台为基础，通过搭建县村两级服务网络，充分发挥电子商务优势，突破物流、信息流的瓶颈，实现"网货下乡"和"农产品进城"的双向流通功能。京东也在 2014 年实施工业品下乡、农产品进城和乡村金融三大战略，全力布局农村电子商务。苏宁则实行了苏宁易购"直营店+线上中华特色馆"的 O2O 模式。此外还有知名的云集、拼多

[1] 根据智研咨询发布的《2018—2024 年中国电商行业市场竞争现状及未来发展趋势研究报告》。

多和顺丰优选平台，也都在农村电子商务领域有了一番作为。

2021 年 8 月，拼多多宣布准备走硬核的重研发路线，提出“百亿农研”的目标。时隔一年，2022 年 8 月 29 日，拼多多第二季度财报显示，公司营收实现 314.4 亿元，同比增长 36.42%；净利润为 88.96 亿元，较上年同期的 24.146 亿元增长 268.44%。从创立至今，拼多多已连接 1600 万农户及近 9 亿消费者，农产品成交额保持高速增长，成为国内最大的农产品上行平台。无独有偶，直播电商也在助农带货的道路上越走越远。2022 年 7 月 17 日，抖音平台火爆的“东方甄选”将直播间搬到北京市平谷区的一个桃园。据悉，当日直播间最高同时在线人数超过 20 万人，1 万单桃子在开售后不到 10 分钟便售罄[*]。

平台经济正在显著改造旧有的农产品销售方式。过去，农产品先要收获，经过经销商与零售商抵达城市，消费者过几天才能买到。现在农产品在田间地头还没采摘，消费者看到照片和视频就可以下订单，越过了中间的渠道环节，成本大幅下降，节约了中间环节的损耗。在云消费时代，买家与卖家在时间上、空间上的障碍正在消弭，一切流通资源走向整合与平台化。

成熟的电商平台进军农村电子商务，在运营能力、资源整合、资金、人才等方面的优势十分鲜明，但也并非一帆风顺，潜在的难题很多，包含政治、文化、环境、观念、基础设施等方面，并非是一个电商平台能够解决的。为此，主流电商平台在农村电子商务之路上的探索实践也是几经坎坷，无论成败，都有许多宝贵的经验教训，值得不断分析和总结。

主流电商平台主导模式发展效率高、战略清晰、成效显著，其中市场在农村生产要素优化配置中占据了重要的主导作用。主流电商平台主导的农村电子商务充分发挥了平台运营主体人口红利高、销售渠道广、运行机制成熟的优点，有利于大大改变“低、小、散”的农村生产方式，通过市场机制引导农业生产走向规模化、公司化、品牌化之路。这种模式的主要不足是平台运营主体与各节点之间的利益博弈。电商平台的运营商进军农村电子商务是一种纯市场化的商业行为，必然以盈利为目的，且在合作中具有规则的主导话语权，在分成机制上尽量制定对自身有利的标准，这就导致农民、合作商、分销商等中间群体的利益得不到保障。为此，主流电商平台模式应遵循“平台主导、农民主体、政府监管三结合”的原则，平台在主导商业行为、制定行业规则时，要具备长远目光，充分考虑农民的利益，在政府的监督协调下透明运作；地方政府不能被平台运营商“利益绑架”，不能唯项目投资落地论成败，唯 GDP 增速论英雄，而要充分考虑广大农民的利益，探索引入多个平台运营商，实现良性竞争，同时做好监督、服务等作用，促进本地农村电子商务健康发展。

2. 典型案例

“农村淘宝”是阿里巴巴的战略项目。阿里巴巴与各地政府深度合作，以电商平台为基础，通过搭建县村两级服务网络，充分发挥电子商务优势，突破物流、信息流的瓶颈，实现“网货下乡”和“农产品进城”的双向流通功能。

农村淘宝在 2017 年 6 月 1 日正式升级，升级后的农村淘宝和手机淘宝合二为一，手机

[*] 方紫薇. 拼多多、京东等竞速入局，农村电商迈入兴农新阶段[N]. 中国城市报，2022-09-15.

淘宝针对农村市场增设“家乡版”。

农村淘宝是较早进入农村的电子商务项目之一，在阿里巴巴的支持下发展迅速。截至2018年，农村淘宝已孵化培育出160多个区域农业品牌，上线300多个兴农扶贫产品和23个淘乡甜种植示范基地。此外，1688零售平台有超过100万个农民网商、超过1000亿元的农产品年销售额，建成3万多个村级服务站，有近5万个“村小二”。

1688零售平台在832个国家级贫困县拥有活跃网购用户超过2800万个，共实现消费额2074亿元。淘宝村数量从2013年的20个发展到2017年的2118个，4年间增加近2000个淘宝村。

阿里巴巴曾计划在全国范围内建立1000个县级运营中心和10万个村级服务站，至少覆盖全国1/3的县与1/6的农村地区。

然而，自2017年6月农村淘宝与手机淘宝合并之后，农村淘宝合伙人被大量清退。2019年，阿里巴巴开始对农村淘宝服务站进行劝退。农村淘宝暂时告一段落。分析其内在原因，大致有三点：一是工业品下行、农产品上行的初衷是好的，但实际操作过程十分曲折，原因是工业企业对于下行的工业品质量定位较低，导致质量缺陷产品流入农村，严重动摇了广大农民对农村淘宝工业品的信任；二是农产品缺乏标准化处理和现代企业管理，无法依据市场需求组织规模化、规范化的生产，供应链生态十分脆弱，供需难以形成有效对接；三是阿里巴巴对农村淘宝战略定位欠妥，制度不健全，对合伙人的利益考虑不够充分，导致合伙人纷纷离去，甚至倒戈。当然，还有诸多外部因素影响，如其他平台对农村淘宝形成的强大竞争压力等。

5.2 平台主导

5.2.1 专业市场主导模式

1. 模式分析

专业市场作为市场经济发展的重要产物，是商品大规模集中交易的重要场所。打造专业市场，构建交易方式专业化和交易设施共享化平台，可以有效提升行业流通能力，降低中小企业、批发商和零售商的交易成本，形成交易领域的信息规模经济、外部规模经济和范围经济。

随着电子商务的发展，信息更加透明，交易成本进一步降低。电子商务与专业市场两者在发展中起到相互促进作用。一方面，电子商务改变了传统专业市场的组织模式，简单依靠区域优势和信息不对称获利的现象难以为继，专业市场走向专业化、差异化、多元化、精细化发展方向；另一方面，专业市场强大的产品供应链体系为电子商务零售发展起到了至关重要的支撑作用，由此涌现出了许多专业市场和电子商务办公一体化的物业形态，助力传统专业市场焕发新的生机。

成规模、专业化的专业市场对周边乡村电子商务发展也起到了良好的辐射作用，带动了乡村基于电子商务零售运营模式的人才集聚和硬件建设，形成了良好的电子商务产业生态，同时带动了乡村基础设施建设，带动了农村居民发家致富。典型案例有浙江义乌青岩刘村、永嘉县桥头镇桥头村等，两村都是距离中心专业市场不到几公里的淘宝村，在专业市场的辐射下实现了良好的蜕变。当然，这种模式也在不断发展中，特别是在我国电子商务从规模效应走向精细化发展的进程中受到了挑战。

专业市场主导模式有着无可比拟的先天性优势，是孕育电子商务产业的圣地。有市场，也就有了供需双方集结和联系的桥梁，实现了物理层面上的人、货、场集聚。然而，毕竟人和商品在专业市场中都是流动的，尤其是人，无论是采购商还是供应商，都不可能二十四小时停留。因此，为了提高交易效率，提升交易便捷性，让物理层面的人、货、场关系突破时空限制，电子商务就自然出现。在互联网席卷世界，以及电商平台培育的进程中，这些人和货在另一个虚拟的场中集聚，人与人、人与货的关系并没有改变，改变的只是交易渠道。这就是专业市场周边电子商务产业能够快速崛起和集聚的原因。

专业市场除能够带来交易关系的集聚化和推动交易关系泛在化之外，还能够带来电子商务基础设施建设的集中化。电子商务资金流、信息流和物流三个基本要素都需要实体的支撑。在 2015 年前，电子货币尚未普及，专业市场周边的商业银行、ATM 机、信贷企业都是密集布局的；在电商企业如雨后春笋般密集冒出的时候，为了保证交易顺利进行，基站、光纤、Wi-Fi 等网络基础设施建设不得不紧跟电子商务发展步伐；对基础设施依赖度最高的物流、仓储、道路、车辆周转中心等配套设施建设都刻不容缓。这些设施的建设，既是对电子商务业务的支持，也是对农村现代化建设和对农民生活品质提升的有力支撑。

在新型城市化和商业化进程中，传统专业市场发展面临新的困境，专业市场的功能也已悄然发生深刻变革。不少专业市场从城市中心搬迁至城郊，这为推动专业市场与农村电子商务融合协调发展带来了机遇和挑战。专业市场要立足广袤乡村地区要素禀赋，以及乡村振兴、共同富裕政策优势，抓住高质量发展的新机遇；乡村地区要依托专业市场的市场价值，为本地经济社会发展插上新翅膀，需要在融合路径上进一步探索。

（1）加大对专业市场经营商户的电子商务意识和能力培养。

电子商务的不断发展引发了商业模式和流程的深度变革，对传统市场经营主体提出了更高要求。为此，一方面可以通过构建完善的电子商务培训体系，加强对专业市场商户的电子商务实际技能训练，还要对其电子商务意识、信息化素养，甚至信息伦理道德进行培训；另一方面，可以在专业市场内部入驻纯电商企业、电商服务企业、电商培训企业，设立大学生创业基地、新型农民电商创业孵化基地等，与各商户开展“一件代发”等系列服务，双管齐下推动专业市场电子商务化进程，在为郊县村镇吸引电子商务人才的同时，促进村镇居民与外来人员的业务融合。

（2）借助专业市场业态与产品结构调整之机推进市场与村镇融合。

传统专业市场更加关注产品的规模、款式与类型，在这种情况下难以满足用户的精准化、个性化需求。同时，商户习惯了传统的批发、分销等单一环节经营模式，缺乏对整体产业链的系统认知。当专业市场搬迁至郊县地区时，新的环境势必打破原有专业市场的业务格局，引发资源重组，形成新的专业市场业态。此时可以趁机对专业市场空间和性能进行改造，通过完善电子商务发展环境，为专业市场数字化转型提供支撑，同时从物理空间和文化场域上推动农村地域与专业市场的有机协同，实现多元融合发展。

（3）转变为集成服务商，实现平台化发展。

在电子商务发展中，市场经营主体需要从简单服务方式转变为综合服务方式，并为消费者、用户等提供智能体验。专业市场的经营主体产业链需要进行延伸与创新，保证单一的交易功能都能转变，在电子商务和专业市场的融合发展下，实现专业市场的平台化发展[1]。通过平台打造，可以发挥村镇优势资源作用，以电子商务产业链带动各类人才、资金、产品的集聚，为广大农民提供更多的就业、创业契机。

2. 典型案例

义乌青岩刘村，号称“中国淘宝第一村”，可谓全国农村电子商务发展的典范，也是“大众创业、万众创新”的典范。

青岩刘村位于浙江省金华市义乌市江东街道，占地约 28 万平方米，当地人口总共不到 2000 人。村道的两端一侧是环城路，另一侧是小商品集聚地。青岩刘村是一个面积不大的住宅小区，有 200 多幢农民房、586 条楼道、房屋 1800 间，公寓楼是清一色的乌青色外墙，几乎每幢楼的一楼都是仓库。全村有外来人口 8000 多人，创建了 1000 多家淘宝网店，拥有 2 家金冠店、数十家皇冠店（2015 年数据）。2010 年，青岩刘村电子商务成交额超过 20 亿元，成为名副其实的首批淘宝村。而青岩刘村所处的义乌市是全球最大的小商品集散中心，被联合国、世界银行等国际权威机构确定为世界第一大市场，更有全球最大的小商品批发市场——义乌国际商贸城。

青岩刘村成为专业市场 O2O 电子商务化的样板，也是 2010 年以来新常态下我国经济转型发展的典型。青岩刘村模式创造了新的消费需求，可以帮助企业应对经济下行压力、降低企业经营成本。电子商务突破了时空限制，降低了营销、人力和物流成本，拓宽了买卖双方市场空间，改变了企业的市场开拓方式和商业模式，是在当前经济下行压力持续加大情况下，中小企业降低成本、稳住和拓展市场的有效途径。

在青岩刘村等电子商务村的影响下，义乌传统企业也纷纷试水电子商务。青岩刘村模式开辟了就业增收新途径，一大批与电子商务相关的新岗位出现在社会职业中，如微商、电子商务运营等，扩大了社会的就业渠道，并且不少电子商务、微商等商业方式还可以兼职进行。仅 2015 年，青岩刘村促使业界新增移动电子商务 2 万多人，新增平台电子商务 2000 多人。青岩刘村模式推动了服务业转型升级。经济发展新常态实质上是发展模式的根

[1] 张义博. 浅谈专业市场与电子商务融合发展模式及对策[J]. 纳税，2018（3）：215.

本性转变，核心是实现高效率、低成本、可持续的新型增长模式。而青岩刘村电子商务模式可以促进金融、信息服务、物流、网络模特、电子商务培训等现代服务业发展，推动电子商务产业链延伸，全面提升服务业的发展水平。

青岩刘村也成为“四众”梦工场：一是众创蔚然成风，两年新增网店 1000 多个，销售额连续三年同比增长 28%以上；二是众包汇涓成海，组建了青岩刘村电子商务产业联盟，开展“诚信通活动伙拼”“网销宝来助力”等平台合作活动，一些传统电子商务已向网货供应平台、移动电子商务微分销平台转型；三是众扶凝心聚力，先后投入 2000 多万元改善综合环境配套设施，使青岩刘村成为一站式网商的“创客摇篮”，累计向外地 20 多个地市输出电子商务创业服务；四是众筹方兴未艾，一批青岩刘村电商企业正在准备挂牌上市，微众筹、天使投资、股权投资、电子商务大数据信贷等案例不断涌现。

当然，青岩刘村模式也不断面临诸多新的挑战：一是产品开发和品牌运营能力不足，大多数网店比较低端，以低价走量为主，产品同质化比较严重；二是中高端人才短缺，对市场变化的预期和应对能力不足，缺乏扩大经营规模和提升运营品质的能力；三是商业模式较为单一，商业壁垒不坚实，模式容易被复制，可持续发展力不足。青岩刘村模式发展至今，将面临新一轮“破茧成蝶”的蜕变，应着重点从专业市场的运营模式着手，让专业市场不仅作为电子商务的供货地，而且是集电子商务供应链体系、O2O 体验、新媒体营销、大数据分析等功能于一体的一站式服务平台。同样，电子商务也不能仅仅作为专业市场的出货渠道，而是专业市场走向专业化发展、精细化管理、数据化运营，以及基于互联网多元用户需求的品牌化升级之路。

5.2.2　地方政府主导模式

1. 模式分析

在经济发达的地区，往往是市场走在政府的前方，市场发展和产业变化推动政府职能改革；而在欠发达地区，就不再是政府跟着市场跑了，而是要政府带着市场跑，政府引领产业发展的政策时机、导向、力度至关重要。

在中西部和东北部偏远乡村，在一些市场经济和现代商业文明尚未顾及的地方，山沟沟里飞出金凤凰的事凤毛麟角。而电子商务改变了这一切，不仅让各种各样的现代科技商业用品“飞入寻常百姓家”，还让各地的特产轻松走向全世界。

然而，电子商务的普及并非是一蹴而就的。当我国东部地区电子商务发展得如火如荼的时候，广袤的中西部农村地区还是“春风不度玉门关”，享受不到电子商务带给生产的任何价值，以及带给生活的任何便利。相比当地百姓，地方政府有着更加强大的行业认知能力，能够通过考察交流等形式，了解到国内外经济社会发展的前沿动态和趋势。为此，当一二线城市在讨论“双十一”交易额，对比京东、天猫平台产品质量，探索 O2O 模式的时候，偏远农村地区甚至还有相当一部分人不知道谁是马云和刘强东。此时，政府就要发挥其主导和引领作用，带领当地企业和百姓把握行业热点，进军主流市场，开启电子商务之旅。

地方政府主导模式，顾名思义，是指在地方政府的主导下发展农村电子商务。在这种模式下，地方政府对当地电子商务发展起到引导激励、政策扶持、平台搭建、资源供给、供需对接、技能培训等全方位作用，从而增强当地民众发展电子商务的意识，激发民众的积极性，提振信心，推动电子商务产业乃至县域经济快速发展。

由政府主导和推动产业发展，看似有点计划经济的味道，至少是宏观调控过度的味道。有人认为，即使在产业生命周期的开始，政府都不应该发力去管控其发展动向。但是，对我国欠发达区域而言，市场经济尚不成熟，投资环境和营商环境不佳，发展所需的要素条件不充分，各种新产业、新业态就被无情地挡在壁垒之外了。此时，政府走在市场的前面，充分发挥其产业引导的作用无可厚非。这种倾向性、扶持性的政策是否会打破原有的市场平衡，不是当下重点考虑的问题。事实证明，政府引导和扶持处于发展早期阶段的农村电子商务是完全可行的，也是十分必要的。

但是，这个模式也具有明显的缺点，那就是模式的可持续性和可靠性。农民仍然专注于农产品生产，只是通过电子商务这一渠道拓宽了销路，提升了销量，增加了利润，而小富即安的小农思想对农村社会的影响是深刻的。农民更多的是满足于这一现状，或者考虑通过更大规模的农业生产继续增加收入，在渠道上对政府及政府带来的电子商务服务平台高度依赖，很少考虑这一模式的可持续性和多元性，很少考虑是否可以自身把控渠道，培育品牌，主导农产品电子商务全产业链。一旦政府的政策支持力度减弱，服务商战略调整，弱化对该领域业务的投入，或提高中间提成、返点或服务的费用，广大农民只能处于被动局面，在价值链中不具备任何话语权，甚至整条农产品电子商务产业链将陷入瘫痪。

在社会主义市场经济体制内，政府扶持行为必定是短期行为，市场化机制才是长久之道。对农村电子商务而言，多元化发展将是地方政府主导模式需要面对的一条必由之路。为此，地方政府在扶持农村发展时一定要避免"短视"行为或短期政绩观，更要避免简单粗暴的"弱就补贴，强就管控"的政策机制，而是要立足长远，统筹谋划，建立稳健的区域市场经济秩序，优化产业发展环境，建立可持续、多元化、市场化的农村电子商务服务体系，推动农村电子商务业态走向成熟。

2. 典型案例

吉林省白城市通榆县是典型的东北农业大县，是我国著名的"杂粮杂豆之乡"，绿豆、葵花等多项农产品的产量居全国之冠。2017 年，通榆县播种总面积 451 万亩，启用抗旱水源井 15000 多眼，投入抗旱资金 1.05 亿元，农作物总产量达到 98.31 万吨，畜禽养殖总量达到 1400 万头（只），渔业产量达到 3500 万吨，农牧业总产值突破 45 亿元。通榆县县级以上产业化龙头企业增至 51 户，其中国家级龙头企业 1 家、省级 6 家；新注册家庭农场、合作社 740 个；启动建设农机园区 24 个、牧业小区 31 个。2020 年 8 月，通榆县入选农业农村部"互联网+"农产品出村进城工程试点县名单。

通榆县地处偏远，交通不便，农产品最初主要以原材料的方式通过传统批发和零售渠道销售，销路严重受限，产品附加值极低，成为国家扶贫开发工作重点县。后来，在当地县委、县政府支持下，通榆县通过电子商务走上了一条致富之路。

2013 年 5 月，在白城市政府邀请杭州常春藤实业有限公司董事长牟文建考察查干浩特旅游项目之际，通榆县县长真诚地邀请这位浙商进行畅谈。牟文建了解到通榆县总人口 36.4 万人，其中农村人口 23 万人。当时全县仍有建档立卡识别的贫困村 90 个、贫困人口 10.3 万人。同时，通榆县拥有优质天然弱碱沃土，是世界公认的杂粮杂豆黄金产区之一。除有“葵花之乡”“绿豆之乡”的美誉外，通榆县还出产杂粮杂豆、打瓜、牛羊肉等特色优质农产品。但通榆县的农产品商品化程度低，没有像样的品牌。祖祖辈辈已经习惯于粗放经营，停留在产业链的最低端。双方最终就共同推动通榆县电子商务发展，通过电商精准扶贫，带领农民致富达成了共识。

一个月后，在机构改革迟缓、组织效能低下、审批程序烦琐的通榆县委、县政府运行体系内，竟然快速成立了一个精干的政府工作团队——通榆县电子商务发展中心，从政府办、商务局、文广新局、招商局等部门抽调精兵强将加入其中。通榆县通过整合资源，协调问题，形成合力，全面服务电子商务发展，并出台了《关于促进农产品电子商务发展的若干意见》，明确了发展战略。

2013 年 9 月底，在通榆县委、县政府推动下，杭州常春藤实业有限公司在通榆县成立了吉林云飞鹤舞农牧业科技有限公司，整合生产方（农户、生产基地、合作社或农产品加工企业等）的产品（小米、绿豆、燕麦和竹豆等），通过淘宝平台销售；同时还注册了“三千禾”“大有年”等品牌，实行“统一品牌、统一标准、统一质量、统一包装”的标准化“网货”售卖，启动农产品“原产地直供”计划。

2013 年 10 月，“三千禾旗舰店”在天猫上线，“通榆农产品主题”4 天销售超百万元。上线当天，时任县委书记和县长联名写了“致淘宝网民的一封公开信”，将通榆县的自然优势、政策规划、具体措施等亮给亿万网民，并郑重盖上了政府的大印。这一诚恳亲民的做法赢得了网友的一致称赞，在很大程度上提升了消费者对于通榆县农产品的信任感。

通过政府力量和政策引导，引进外来电商销售企业或第三方电商服务企业，带动当地农产品线上销售和深加工，是近几年典型的政府主导县域电子商务发展模式。在通榆县市场经济并不发达的背景下，政府部门能够开拓进取，通过政策的杠杆筑巢引凤，带动当地电子商务发展，实为服务型政府的典范。

5.2.3 行业协会主导模式

1. 模式分析

行业协会被誉为政府和企业的桥梁，通常是指介于政府、企业之间，以及商品生产者与经营者之间，并为其提供咨询、沟通、监督、协调等服务的社会中介组织。

行业协会是一种民间性组织，属于非营利性社团法人，而不属于政府的管理机构系列。因此，行业协会不具备行政权力，也无法按照企业方式进行市场化经营，但其存在的意义却不容小觑。行业协会有以下主要作用。

（1）沟通协调。向政府传达企业的共同要求，协助政府制定和实施行业发展规划、产业政策、行政法规，牵头制定并执行行业规范标准等。

（2）行业监管。受政府委托，对本行业产品和服务质量、竞争手段、经营作风进行严格监督，对企业进行资格审查，签发证照，维护行业健康发展。

（3）统计研究。对本行业基本情况进行调研、统计、分析，并发布结果或报告。

（4）专项服务。为本行业企业开展信息服务、教育培训服务、咨询服务等。

地方性的行业协会往往与当地产业特征密切相关，由当地政府主管部门或龙头企业牵头成立，以加强政企沟通，促进行业健康快速发展。据不完全统计，在一些传统优势产业集聚地，行业协会更多是由企业自发申请成立的，如晋江制鞋行业协会、温州眼镜行业协会、台州模具行业协会、顺德家具行业协会等；而对于一些战略性新兴产业，或者该产业发展相对滞后的地区，行业协会的成立和运作更多是由政府牵头和指导的。

对于电子商务领域，在各地行业协会成立之际，产业发展大多数处于成长期。刚刚崭露头角的新兴电商企业忙于在市场中立足和发展，很少会去考虑行业发展的标准和生态问题。政府推动行业规模化、有序化、可持续性健康发展，但又不能够更多地运用行政手段进行干预，此时牵头成立行业协会就是行之有效的一种手段。行业协会能够帮助政府及时掌握行业动态，了解行业前沿，洞悉企业发展处境，从而及时制定政策或调整政策方向，调整行业监管松紧度，促进行业集聚和壮大。对于新兴的行业而言，由政府推动成立行业协会，行业协会能够起到的政企之间的桥梁纽带作用更加显著，运作得当的话，对产业发展壮大的作用显而易见。

各行各业的行业协会都对本行业发展起到了有效的推动作用。各地电子商务行业协会对电子商务产业的发展尤为重要，这主要是由于电子商务产业具有非常典型的生态特征，不仅需要在纵向上打通完备的供应链，更需要在横向上构建及完善物流、通信等基础设施，以及平台、媒体、技术、支付、培训等全方位服务体系，任何一个环节薄弱都会使电子商务发展受阻。为此，在县域电子商务早期发展时，政府的帮扶作用不可或缺，但又要避免过度行政干预带来的负面效应，行业协会的作用自然而然就凸显出来了。

县域电子商务行业协会的主要作用可以归纳为四个方面。

（1）氛围营造。通过组织各类培训、沙龙、考察、交流等活动，在县域内培育电子商务发展的浓郁氛围，让本地商户、农户真正意识到“要么电子商务，要么无商可务”的行业现状和趋势，是县域电子商务发展的关键。

（2）培训咨询。当大家都意识到电子商务的重要性时，最需破解的当务之急就是“心有余而力不足”的现状。为此，电子商务从业技能培训和业务咨询服务需要马上跟上。行业协会此时更需发挥其作用，通过组织和引进优质的第三方电商服务企业或培训讲师，帮助广大商户、农户提升电子商务运营能力。

（3）政策服务。全国大多数地方政府都倾向于通过租金补贴、贷款优惠、培训补助、人才引进等方式来扶持当地电子商务发展。行业协会通过对外学习考察了解先进地区的经验做法，通过内部调研交流深入洞悉本地电商的实际诉求，在此基础上向政府传达企业心声，协助政府制定和实施行业发展规划和扶持政策，最后还要负责政策的落实，指导企业进行材料申报和补贴领取等工作。

（4）要素支撑。电子商务发展还需要诸多要素支撑。一是平台资源。通过行业协会以集群化形式对接天猫、京东等平台，更契合平台发展战略重心，因而更容易获得平台的流量、展位等资源倾斜。二是推广资源。通过行业协会打包，与媒体资讯类企业洽谈合作策略，可以获得相对优质的流量资源和相对较低的获客成本。三是快递物流。无论是第三方物流还是快递业务，通过行业协会打包的形式形成更大的体量，可以大大降低物流成本。会展资源、供应链资源等通过集聚对接，都能够在成本和效益上获得优势。

（5）行业监管。一方面是受政府委托，对电子商务业务进行引导和帮助，如建设运营产业园区，推进产业集聚发展；开展行业数据统计分析，发布宏观和区域行业发展现状，提出本地行业、企业发展的意见建议等。另一方面是对行业产业和服务品质、竞争方式、经营作风等进行监管，打击压价、刷单、知识产权侵害等恶性竞争行为，维护行业良性发展。

2. 典型案例

安徽宿州的砀山梨全国知名，而“砀山模式”同样在电子商务界广为传播。砀山模式是依托本地以酥梨为主的水果产业发展农村电子商务，实现精准扶贫的模式，其主要架构为“产业+基地+电子商务+贫困户”，即以当地政府主导，以农产品为基础，建立生产基地，以先进的技术和管理模式来生产和加工农产品，再通过电子商务销售渠道进行销售，这大大增加了农产品的产量和销量，使贫困户脱贫成为可能，而贫困户的经济问题解决又能进一步激发当地生产积极性，带动其他相关产业，延长农产品产业链，从而形成良性循环。

砀山模式的成功还有一个最为关键的环节，就是广大农户的思想统一和认识提升。这个环节的核心推动者就是砀山县电子商务协会。在政府的支持和推动下，砀山县电子商务协会成立。协会的主要功能定位为电子商务行业培训、资源共享、结对帮扶、决策咨询等。首要的任务就是团结农户。针对广大农户对电子商务不了解、不信任的情况，协会一方面邀请其他郊县的农户作为农产品电子商务成功先例来砀山现身说法，旨在引起广大农户的共鸣。另一方面，协会邀请砀山县有丰富农产品电子商务操盘经理的运营团队，和农户结对帮扶，手把手教农户如何做好电子商务产品的供应链环节。同时，对于有意自己进军电子商务渠道的农户，为其量身定制操作攻略。2015—2017 年，全县共有 98 家电商企业与 2318 户贫困户结成帮扶对子，使 4632 人实现了稳定脱贫。

仅靠一对一的帮扶还不能实现更大面积的脱贫，砀山县于是开始谋划更大的文章。砀山被誉为“世界梨都，水果之乡”，拥有近百万亩连片果园，年产各类水果 170 余万吨。在各级商务主管部门的支持和指导下，砀山县电子商务协会立足本地特色，因地制宜，整合政府的场地和政策资源、企业的团队和渠道资源，建设电商产业园，同时在全县构筑县电商扶贫服务中心、镇（园区）电商扶贫分中心和村级电商扶贫驿站三级网络。重点发展村级驿站，在全县60个贫困村，每村建成一个电商扶贫驿站，集“电子商务运营、企业孵化、就业培训、扶贫车间、产业基地、物流配送”于一体，搭建电子商务带动贫困户的综合服务平台，从而实现对贫困户的全方位、多层面的带动。

砀山县顺应社群电子商务发展趋势，各电商企业、创业者借助互联网，采用砀山采梨节等节庆形式，与直播、短视频等平台运营有机联动，形成口碑联动效应，实现产品的推广、传播及价值再造。在此过程中，各家电子商务创意层出不穷，不仅高效对接了市场，也有效解决了水果的筛选、包装、品牌、销售等老大难问题，涌现出“背个果果”“桃如意”“带澳飞”等知名电商品牌，开创了品牌营销新渠道。

借助电子商务产业带动，全县水果加工及包装、印刷、物流、快递、旅游等产业加速发展，有效带动了5万多人就业，带动一大批年轻人回乡创业。

一业兴带动百业旺，电子商务的突飞猛进带动完善配套的物流产业链形成。砀山县联合县域内的物流快递企业，建设了全县农产品物流调度中心，打造了一个完善的县、镇、村三级物流配送体系，有效解决了物流配送“最后一公里”的瓶颈问题。计划建设中的物流园占地500亩，包括物流快递业集聚区、甩挂综合集配区、物流配送中心、联运服务配套区、冷链加工增值区、仓储增值加工区、农村物流配送分拨中心、电子商务云仓储中心、金融物流服务中心、物联网研发创意中心等，并着力建设成全国农产品物流集散中心。

砀山县依托电子商务协会开展电商扶贫的新模式有效解决了农村产品销售难的关键问题，推动电子商务支撑产业发展，增加了就业人数，帮助更多人实现脱贫致富。

5.3 特色发展

5.3.1 本地O2O模式

1. 模式分析

农产品电子商务不可避免会涉及城乡配送、冷链物流等问题。特别是生鲜产品和初加工产品，对物流设施、时效性、运作模式等要求很高。因此，农产品本地化销售至关重要。这里的本地化一般指城乡配送或较短距离内的运输，一般辐射半径在200公里以内，运输时长在4小时以内。加上包装、装卸、转储、分拨、城市配送等环节，基本上前一天晚上的订单能够在第二天下午之前完成，甚至当天早上下的订单也能够在当天完成。

本地 O2O 模式的崛起主要经历了两个关键节点。一是团购模式的兴起。从 2010 年 3 月 4 日美团创立开始，团购行业如雨后春笋般迅猛发展，到 2011 年底，全国约有团购网站 8000 多个。团购网站对垂直 O2O 模式产生了巨大的挑战，尤其电影票、餐饮、旅游尾单、理发、洗车等服务业，通过团购模式得到了行之有效的推广。农产品，特别是生鲜果蔬产品，对时效性要求较高，在当前全国性冷链物流体系尚未建立的情况下，本地配送是主要途径。二是移动电子商务发展，微商群体崛起，带来了农产品的新销路。由于农产品标准化程度低，线上价格参照点不多，特别是具有区域特色的农产品，适合微商群体销售。

农村电子商务本地 O2O 模式主要针对生鲜果蔬类农产品或在本地饮食消费中具有深厚文化积淀的特色产品，通过本地供销社、微商、农贸市场商户、社区店等渠道开展，以满足本地居民的生活需要。O2O 模式大幅减少中间环节，降低交易成本，提高配送效率，使农户与消费者之间实现双赢。

本地 O2O 是农产品电子商务的典型模式，其蓬勃发展并形成独特优势。但是，农产品 O2O 电子商务模式也存在不少短板，亟待有所突破。

农产品 O2O 电子商务模式存在的问题主要有以下四个方面。

（1）农产品标准化问题。

尽管深加工的农副产品具有一定标准，但在 O2O 电子商务模式中流通的农产品往往是非标准化的，缺乏固定的质量要求、包装要求和组织模式。此外，由于农产品具有很强的地域性，不同地区不同的气候、土壤等自然环境，以及农民不同的生产方式，使农产品无论是内在品质还是外在形态都可能存在差异。

（2）农产品安全问题。

农产品 O2O 销售过程具有较强的随意性，难以受到政府和平台机构的监管，存在一定的安全隐患。一方面，由于销售方或消费者缺乏相关产品的存储、物流、保管、加工知识，使农产品客观上达不到国家食用标准；另一方面，由于监管缺失，少数不良商家鱼目混珠，销售劣质产品，导致消费者安全得不到保障，出问题后也很难追责。

（3）农产品物流配送问题。

由于冷链物流技术尚未普及，农产品的新鲜承诺无法得到有效保障，不仅产品可能变质，也会增加产品在配送、销售过程中的难度。例如，消费者同时购买两种保质要求不一样的农产品，卖家就很难为其统一配送，势必增加配送成本，降低配送效率和服务水平。

（4）产品定位及定价问题。

农产品具有非标准性，定价缺乏市场参考依据。减少中间环节，给予农民更多的定价权，让农产品从农民直达消费者，这既需要提升农民素质，也需要政府相关扶持政策的完善。

农产品 O2O 电子商务模式是农产品电子商务发展的重要阶段性产物，具有极其重要的作用，但由于模式本身的局限性，后续还需要进一步优化。优化农产品 O2O 电子商务模式可以从以下几个方面发力。

(1)提升农民电子商务能力。

以鼓励龙头企业带头、电商服务企业入驻、“农二代”回乡创业等形式，进一步激发广大农户的电子商务活力。乡镇政府、行业协会、村集体组织等加强合作，开发适宜农户的移动电子商务、网络推广、社群营销、产品拍摄与图像处理、客户关系管理等培训课程，进一步增强其电子商务运营推广与管理能力。

(2)强化电商平台支撑。

地方政府要进一步加大农村电商服务企业引进力度，建立更多的销售平台，并以政策补贴、销售奖励等方式引导农民开展 O2O 直销电商活动。在村集体中宣传、表彰各种销售冠军，营造通过电子商务扩大农产品销路的良好氛围。

(3)做好售后保障服务。

快捷、有效的售后服务一直是消费者关注的重点，对于售后服务，广大农户可能难以做好。农村电商服务企业可以帮助农户设计服务流程，提升服务标准化程度。例如，在销售农产品时向消费者明确产品的退换货规定、流程、时效、风险分担机制等，从而减少售后纠纷，提升用户体验。

(4)提升物流配送能力。

加快冷链技术应用研究与成果转化，在冷链物流设施装配及服务方面给予政策支持，在经济、交通发达地区建立相对成熟的城乡冷链物流配送体系。不断降低交通运输成本，提升物流从业人员素质，推动冷链物流技术普及，优化配送效率。

(5)严控生鲜产品品质。

建立统一的生鲜产品全生命后期监管平台。加强物联网技术在生鲜产品加工、制作、包装、配送全流程上的应用，构建产品溯源体系，从源头上把控产品品质。优化奖惩机制和信用管理机制，提升执法透明程度，促使广大从业者规范经营、诚信经营。

2. 典型案例

2013 年 12 月 1 日，在上海国际马拉松现场，一只“愤怒的小鸟”吸引了众多眼球，这只“小鸟”的真身是在微信上卖栗米出名的富军。

富军在 2013 年和老婆开玩笑说要卖米，之后开始向微信好友赠送大米，为他的大米营销创造基础口碑。

任何微信营销都需要两个基础条件，一个是足够多的好友数量，另一个是与微信好友之间有较为紧密的关系。

富军通过各种活动，增加自己的微信好友。为了与这些好友保持紧密关系，富军平均每周在朋友圈更新 6 条消息，并策划过一次效果不错的线下活动。

尽管没策划过品牌营销，但富军很了解互联网的属性，事件营销会带来爆炸式的效应。于是，背着米袋子、浑身贴满二维码的“愤怒的小鸟”在上海马拉松赛场闪亮登场了。2013 年 11 月底，富军统计全年订户有 200 个，销售大米 200 万斤，而这些都源自他的微信好友。

以上案例在很大程度上说明本地微商的崛起对农村电子商务的重要影响。自 2011 年以来，微信用户数量剧增，微商也随即崛起。微商是网络营销的新发展，是以人际关系为基石，利用网络等手段扩展销售渠道的社交电子商务，是一种新的电子商务模式。农产品微商作为微商中的后起之秀，已初具规模，烟台红富士、赣南脐橙、云贵火龙果、阳澄湖大闸蟹等农产品通过微商走入全国各地老百姓的家中，并对传统营销产生了重大冲击。农产品微商在风起云涌的同时，也带来不少问题。一是产品标准化程度低，产品溯源体系不完善，产品质量无法保障；二是产品销售不规范，虚假宣传普遍存在；三是产品监管体系不健全，相关法律法规未建立。上述问题在近年来已得到一定程度的解决，而农产品微商的健康发展之路仍然很长。

5.3.2　特色产品竞争力模式

1. 模式分析

“一招鲜，吃遍天”的俚语反映了个体职业技能优势在就业竞争中的作用，也适用于企业市场竞争。众所周知，在 2010 年前后，电子商务市场的竞争进入白热化阶段，淘宝（天猫）市场中同一类目的销售店铺多达几万家，产品同质化非常严重，价格战愈演愈烈。此时诞生了一些特色品牌店铺，以“小而美”的特色优势产品取得相当可观的市场份额。例如，定位民族风的裂帛、专做坚果的三只松鼠、靠蒸蛋器起家的小熊电器等。

农村电子商务发展也是如此。许多乡村尽管在区位、交通、人才、基础设施等方面不占优势，甚至相对落后，但依靠地方独特的产品，在电子商务市场上占据一席之地。

特色产品电子商务化并非有特色产品就行了。在我国广袤的乡村，几乎每个乡、每个村都有区域特色产品，但真正形成知名电商品牌的寥寥无几。特色农产品电子商务化需要以下三个要素条件支撑。

（1）产品本身需要有一定的市场接受度。

一些大众化产品，如江苏沙集的家具、浙江永嘉的教玩具、山西临汾的苹果等，都适合全网推广；而过于小众的产品，尽管特色鲜明，但市场需求或市场认知度不大，很难推广，如浙江宁海的白枇杷、福建福鼎的蛏子丸，尽管当地有一定认识度，但由于这些区域特色产品或特色饮食文化没有广泛传播开来，网络推广的市场范围受限，更适合本地微商去做。

（2）产品在同类产品市场上具有竞争优势。

竞争优势体现为三种类型：一是基于自然资源禀赋，如新疆的哈密瓜、葡萄干，由于气候条件形成的优势特产；二是基于传统工艺，如浙江青田石雕、山东博兴草柳编，由区域非遗文化和工艺形成品牌效应；三是基于产业链优势，由于产业基础、产品品质、产品价格及产品区域品牌优势，在电子商务市场具备竞争力，如福建石狮的运动服饰、佛山乐从的家具等。

（3）具有一定成熟度的电子商务发展生态。

有好的产品并不代表有好的电子商务产业，电子商务发展生态起到重要作用。该生态包含多种要素的平衡发展，如电子商务扶持政策、电子商务从业者、电子商务发展氛围、物流配套设施等。还有很重要的因素，就是具备电子商务项目策划和运营能力的团队。中西部许多县域具有当地有特色、有优势、有市场的产品，无奈当地缺乏良好的电子商务发展生态，政府在引进东部电子商务服务型企业或团队方面力度不够，好产品也只能走传统利润微薄、销路单一的老路子，无法培育出互联网品牌。

因此，特色产品竞争力这种农产品电子商务发展模式，特色产品是1，没有好的产品基础，一切策划都是空谈；而电子商务发展生态是后面的0，仅有产品远远不够，产品的后面能带出多少个“0”、能形成多大的附加值和影响力靠的就是良好的电子商务发展生态。

正因为“1”和“0”的关系，特色农产品，特别是已经具有一定地域、产品或文化知名度的农产品，在互联网的激发下，就能发生巨大的化学反应，展现出强大的市场活力。

然而，消费市场日新月异，各地特色农产品不胜枚举，分属不同地域的同质化产品不可避免地将大量出现，竞争势必不断加剧。在特色产品竞争力模式发展过程中，仍然需要把握以下几个要点。

（1）维护农产品的“淳朴”性。

无论是博兴草编、新疆干果，还是黑蜂蜂蜜，其产品或者背后的文化都具有一定的知名度，在网络推广的时候可以利用合理的文化策划、适度的渊源典故，使产品形象更加丰满，更能抓住消费者的心。但是，务必要避免过度夸大宣传。已有许多网络推广案例，商家给产品强加一些不伦不类的“离奇故事”“感人故事”“名人轶事”，企图达到猎奇效果，博取观众的同情心，结果消耗观众的好奇心，挑战观众的忍耐度，而得到负面评价，导致公关危机。

（2）完善农村电子商务发展环境。

一方面，对于有价值的特色农产品，当地政府要在政策上敢于突破，在经费上舍得投入，在运营团队引进上加大力度，打造出专属金名片。另一方面，在取得阶段性成功的同时，还要持续关注，继续加大在物流、基础设施等方面的投入，同时创新投入方式和风险共担机制，引入高端要素，实现高质量共赢。

（3）持续提升产品竞争力。

农产品电子商务小有成就之时，势必是树大招风之时。例如，内蒙古、东北等多地出现“黑蜂蜂蜜”，出现许多类似的商标，跟风的商家企图鱼目混珠，在市场上搅局。为此，一方面要加强新产品研发，减少视觉疲劳，用新产品、新品牌维持产品竞争力；另一方面，要注重知识产权保护，对于具有地方传统文化或知识产权价值的非物质文化遗产，地方政府要积极申遗，广大商家也要积极注册商标。同时，关注网络市场发展动向，加强对竞争对手的监控分析，一旦发现自身权益受到侵犯，应立即拿起法律武器，维护自身权益。

（4）发展农旅结合项目。

农产品提升附加值最行之有效的方法就是发展相关现代服务业。由于特色农产品是本地享誉盛名的品牌，以农产品为亮点打造与产品相关的劳动体验、精品研学、产品手工加工、产品博物馆、文化基因密码解锁等旅游项目势必容易获得青睐。但就项目开发而言，政府要在招商引资、企业服务等方面做好引导，切实帮助企业找好旅游项目定位、建立多元资金筹措方式、拓展推广渠道、丰富旅游产品线，千方百计降低旅游项目开发投资风险。

2. 典型案例

山东省博兴县淘宝村的兴起，除因具有得天独厚的产业基础外，还离不开县内一批具有高度市场意识和创业精神的草根创业者。

博兴县草柳编和手织粗布行业具有悠久的历史。在网络销售大规模发展以前，湾头村的草柳编产品和顾家村的老粗布产品，主要通过外贸渠道销往国外。但是，随着国家外贸政策转移和欧美市场萎缩，红红火火的草柳编和老粗布产业遇到寒流，农村传统手工业产品外销受到影响，内销则由于受到渠道制约难以为继。

在这一背景下，从 2005 年起，博兴县一些回乡的大学毕业生开始尝试利用淘宝等电商平台从事网上交易草柳编和老粗布产品，逐步形成了以点带面、辐射带动的发展趋势。“80后”青年贾培晓就是利用电子商务创业的返乡大学生的典型代表。2006 年，贾培晓在山东东营市创业注册了一家淘宝店，但由于网店没有自己的主打产品，一开始生意较为惨淡，后期生意起色，但又苦于被货源提供方压低利润空间。

2008 年，贾培晓和妻子回到家乡湾头村，开始专做家乡的草编工艺品生意。“那时候村里家家户户基本没拉网线，买电脑的都很少，更不知道啥叫开网店。”作为第一个上网开店“吃螃蟹”的人，特立独行的贾培晓没少受到村里人的非议。

随着网店草柳编生意步入正轨，2009 年，贾培晓在天猫商城注册了“目暖家居旗舰店”，仅 2012 年一年就实现收入三连翻。他一下子从一个名不见经传的打工穷小子变成了博兴县远近闻名的草编大王。在贾培晓的带动下，湾头村的电子商务创业人群日益庞大，草柳编在淘宝的销售也火热起来，村里在淘宝注册网店的商户也开始迅猛增加。

博兴县产业基础十分雄厚，拥有兴福厨具、锦秋草柳编、城东老粗布等 6 个市级以上特色产业镇和 102 个特色产业村，“一镇一业，一村一品”特色鲜明。雄厚的产业基础为博兴淘宝村的快速发展提供了丰厚的土壤。2013 年，全国只有 20 个淘宝村，而博兴一个县就有两个淘宝村，一个做草编，一个做土布。

网店的兴盛同时吸引带动大批快递企业入驻，湾头村有快递店二十家左右。每天下午四五点，网店会把当天订单商品打包好，送到各家快递店，快递收货装车，一小时后，一辆辆运输车离开湾头村，开往全国各地。村子表面上归于寂静，而每家每户的阿里旺旺依旧很忙碌。

湾头村传统手工艺与电子商务的结合引起阿里巴巴的重视。“电子商务时代涌现出的淘宝村，给适应变化的地方手工艺与特产迎来了发展的新机会。”阿里巴巴涉农电子商务课题组的负责人在湾头村调研时表示，像湾头村这样将传统的手工艺品自觉和电子商务对接，而又能够形成较为完善产业链的淘宝村并不多。

国家在战略层面上相继出台十余项“互联网+”的相关政策，博兴县也在进一步打造良好的县域生态环境，努力营造有利于淘宝村快速发展的良好氛围。博兴县政府以资源、人才、创新为抓手，本着“政府合理扶持，不缺位，不越位”的理念，快速打造适宜电子商务发展的生态环境。

（1）在技术培训方面，规划建设县创业大学，整合人社、农业、残联等培训资源，采取政府购买服务的方式，开展点对点技术服务，仅 2015 年就举办培训班 25 期，培训人员 2600 余人次，其中贫困人口 450 人次。同时，将农村电子商务工作列入科学发展综合考核体系，作为定量指标，新增“千县万村”服务站及人才培训等考核指标。

（2）在品牌建设方面，建成省级综合检验检测中心，县里统一制定网销产品标准，着手创建区域品牌，每年举办厨具节、编制工艺品博览会，不断提升产品档次和产业影响力。为鼓励创业、创新，规划设计草柳编电商产业园，集合会展、生产、交易、体验、创业公寓等功能，该项目已列入省重点项目。

（3）在电子商务园区建设方面，为了推动淘宝村规模化、标准化、产业化发展，在博兴县锦秋街道规划建设山东博兴草柳编文化创意产业园，该园在建设投产后，将与顾家老粗布电商产业园和兴福商用厨具电商产业园形成稳定的三角产业集群，将传统文化产业与互联网融合，铺就具有“博兴特色”的电子商务发展之路。

博兴县已初步形成政府引导、部门联动、企业主体、市场运作、科学管理、服务高效的电子商务工作机制；构建起符合市场经济发展规律、具有博兴地方特色的电子商务发展体系；编织起以县级为主体，镇、村、企协同发展，宽领域、广覆盖的电子商务组织网络。

归纳总结，博兴县电子商务之路的成功，无非出于两大因素，一是特色草编产品优势，二是政府主导的良好电子商务发展生态。

5.3.3 农业价值链升级模式

1. 模式分析

互联网产业最显著的特征是“连接”。我国电子商务产业发展至今，呈现出了显著的生态化、系统化发展态势。在从工业时代到互联网时代，再到数字化、智能化时代的演进进程中，不仅电子商务产业，可以说任何产业的发展都离不开网络化、数字化变革趋势，任何产业都很难孤立存在，而是与其他产业、其他要素之间的联系越来越紧密，集群化、生态化发展成为必由之路。

梁春晓认为，新商业基础设施在农村和农业中的普及应用，使信息逐渐成为同土地、资本、劳动力同等重要，甚至更为重要的核心生产要素，形成具有分布式协同特征的信息生产力，优化重构传统的农业生产与流通关系。信息生产力融入现代农业技术并进行集成化组装，进而释放出信息经济下农业升级的巨大力量。这就是农业价值链提升的力量。

发展农业现代化，仅仅按照工业化的方式推行农业产业化、推进农业社会化大生产是远远不够的，因为企业与农户之间的利益分配问题、农业发展与农民增收的协调问题、农业产业化与农村生态保护及现代化新农村建设的同步发展问题未能得到根本性解决。也就是说，要想真正实现农业现代化，还要推进农业服务化，用以互联网产业为核心的第三产业思想和方法改造农业。以农业信息化为代表的农业服务化，不仅是开展农产品网络销售，而且是一个系统工程。首先，完善农业信息基础设施建设是前提，正如“先兴水利后兴农”和“要致富，先修路”的思想一样，农村信息基础设施的建设是实现农村与外界资源交换的基础，是最重要的农村生产要素之一。其次，利用互联网打通城乡之间的要素流通渠道，以信息流为基础构建商流，盘活资金流，完善物流，疏通农产品进城及农业生产资料和农民生活资料下乡的低成本便利渠道，实现农民生产增收和生活品质提升。再次，以信息化和服务化提高农业附加值，通过优化和完善农村生产要素流转机制，吸引资本和人才对农业项目进行改造和包装，发展农业旅游业、农产品加工旅游业、农村生态旅游业、民俗文化旅游业、农业科普教育业等高附加值产业。最后，以信息化和服务化提高农民素质，通过普及移动互联网、普及互联网基本知识技能，引导广大农民运用互联网学习农业科学知识、生活常识及电子商务技能，摒弃陈规陋习，营造学习、传播和分享知识的良好氛围；推进农村党建政务管理信息化，提升农村社会治理水平。互联网时代的产业链整合不仅限于上下游产业或周边产业。

农业价值链升级的典型商业模式有以下三种。

（1）预制菜。

预制菜是农业价值链升级的典型思路，对农产品进行综合利用加工，从技术层面增加农副产品的附加值。在预制基础上还可以进一步打通农副产品的保鲜、贮藏、分级、转运、包装等环节，充分延长农业产品的流通价值和货架期。根据主流电商平台的调研数据显示，我国目前的预制菜市场增速稳定保持在20%左右，这与我国餐饮消费人群壮大、外卖平台高速发展、餐饮配送体系不断健全等有着密不可分的联系。预制菜的兴起，是主流外卖平台和外卖商家对进一步降低厨房成本和提升制菜效率的客观要求，也是广大消费者对这一菜品形式接受程度的不断提升。

（2）农业云仓。

农业云仓是推动农业价值链升级的又一典型模式。目前，我国农产品贸易以大宗批发贸易为主，小宗贸易以个人配送的方式零散存在，与传统的小农经济现状如出一辙，存在效率低、流通环节长、成本高且价值低等不足，而农业云仓模式正是要突破经销配送等环节的难题，实现物流效率最大化。在大数据技术的支持下，建立农产品从工厂到消费者的直达物流配送模型，以“区域配送+社区配送”的组合方式实现对物流效率的最大化运算。

（3）智慧小站。

与农业云仓配送优先模式不同，智慧小站是一种更多地将业务重心放在数据服务上的集成平台，涵盖农产品仓储保鲜、加工包装、市场集散、直播电商、农业金融保险、农村政策法规宣传等核心功能。在分布式农产品电子商务小仓储体系基础上，智慧小站还开辟出了“加工场+市场”的新模式，既能直接销售农产品，也能在现场对农产品进行第一步加工程序，即对农产品保鲜。这一模式在广东地区的各类农业园中应用最为明显。

价值链升级是农业高端化的重要突破口。实现农业价值链升级主要有两种途径，一是商业模式创新，二是技术创新。商业模式创新的出发点就是将简单位于第一产业区间的农产品通过深加工转化为副食品，通过植入以用户需求为导向的现代服务业及产业链整合理念，与旅游业、健康业、养老业、教育业等产业有机结合起来，使产品和服务更加契合用户的高层次需求，从而促使消费者买单。技术创新主要是通过将新一代云计算、大数据、物联网、人工智能、区块链等信息与通信技术应用于农业生产，从而达到提升生产水平、提高产品质量、降低人力资源成本等效果。

两种创新模式并非是完全孤立的，而是技术为商业模式服务、商业模式促进技术升级这样一种相辅相成的关系。立足我国农业发展国情，推动农业价值链升级的主要路径可归纳为以下三点。

（1）规模化。

我国农业低、小、散情况比较普遍，这是由于受制于土地地形、人口结构、土地流转制度等因素。在考虑亩产效率的前提下，适度扩大管理规模，可以促进机械化设备的使用，降低原材料采购、作业管理等方面的成本。农业规模化是农业价值链升级的前提和基础。

（2）市场化。

个体农户缺乏市场化运作能力，抗风险能力弱，在市场竞争中处于不利位置。提升竞争力需要农业生产主体企业化，按照市场化机制运营，通过专业团队提升融资能力、风险控制能力、产品研发能力、市场预判能力和客户关系管理能力。市场化水平提升才能够促进商业模式创新，从而提升产品附加值。

（3）科技化。

农业生产和服务领域存在的痛点由来已久，如农业服务不完善、病虫害问题解决不及时等，而新一代信息与通信技术融合农业生产服务创新应用，恰是解决农业问题的突破点。目前，大数据、物联网技术在农业智能化发展领域的应用已经崭露头角，取得了较好的成效，并将进一步得到应用。而人工智能、区块链技术的应用目前还处于起步阶段，需要技术本身有更大的突破，以及在农业应用领域更多的时间积累。

在农业规模化发展的基础上，通过持续性的商业模式创新和应用技术创新，能够有效提升农业价值链，使农业成为复合型、创新型高端业态，使农业从业者成为高素质群体，真正促进三农事业稳步发展。

2. 典型案例

这里以笔者带领学生团队的创业项目“豆趣雅园”为例。浙江省金华市磐安县一个较为偏僻乡村的一户农民，在家门前一块缓坡上拥有约 40 亩黄豆地（承包），夫妻二人共同打理，向县城一家豆浆作坊定期供货。这家唯一的儿子王成（化名）在县城高中就读，播种和收获季节帮忙在田间劳作。一年下来，算上政府补贴并除去成本后，净收入大约 5 万余元，基本满足家庭支出。

2010 年 7 月，已在高校电子商务专业完成一年学业的王成和三个同学组成电子商务创业团队，并回家考察农村电子商务创业项目。时逢诸永高速公路通车，从磐安出口下高速公路，再经 218、219 省道行驶 15 分钟，乡村公路行驶 3 分钟，即可到达王成家。在指导教师帮助下，一年后，王成所在团队集资注册了一家乡镇企业，租赁离家 30 米处一所闲置农房，购置了一条小型豆浆生产线和一辆面包车，生产豆浆制品并向磐安县和周边县市供货。由于父母种植的黄豆不能满足供应，且豆浆品种偏少，王成又向周边黄豆、红豆和绿豆种植户收购豆类产品，首年净利润就超过 15 万元。

2013 年，国内消费升级，广大消费者对健康、生态和养生的农副产品需求增加，同时对市场食品安全缺乏信任，创业团队为此采取了三大举措：一是引进权威检测机构，严格检测和把控豆类供应商的产品供应质量；二是建立产品溯源机制，每杯豆浆上都印有可追溯原材料和配料供应源的二维码；三是建立微信公众号，聘请食疗和营养专家，向广大消费者宣传健康饮食理念，同时直播自家大豆种植，豆浆生产、加工、运输、存储全过程，以此获取更多的流量和良好口碑。

豆浆生意日益兴隆，对此并不满足的王成感觉到工业制品附加值有限，并再次嗅到了转型发展的商机——发展以研学亲子体验式旅游为核心的现代服务业。得益于诸永高速，距离磐安仅 20 分钟车程的东阳横店游客量不断攀升。如何将这些游客资源引入磐安呢？

于是，王成让父母搬到豆浆厂二楼居住，并花费 15 万元将自己家改造成特色民宿，取名“豆趣”，内部装修均以黄豆文化为主题，院子里设置了黄豆磨盘、捣器、滤网等体验器具。凡是入住民宿的游客均可以亲自体验黄豆采摘、手工磨制豆浆的过程，并供应特色豆浆早餐。民宿精准定位，为周边 1～2 小时车程内喜爱亲子户外体验和有儿童劳动教育需求的“80 后”父母服务，推广手段和成本控制得当，因此生意兴隆，周末四个房间周周爆满。

2016 年，创业团队再次发力，盘下周边 200 亩土地和民舍，投资 200 多万元，打造成集豆类农产品种植、农产品加工、农业旅游观光、少儿农业教育体验、特色民宿、农家风情表演、网红基地等功能于一体的现代化田园综合园区——豆趣雅园。

该案例涉及种植业、制造业、旅游业、教育业、商贸业、健康产业、文化娱乐业等，是一个典型的跨界成功案例。项目开发的基本思路就是通过产业链整合，将价值链从停留在低附加值的农业向高附加值的制造业和服务业延伸。案例之所以能够获得成功，产业链能够实现整合，其本质原因依然是以人为本：企业将关注点从产品本身转移到产品背后的消费者，洞悉消费者宁可长途驱车并亲自采摘价格贵过超市价格十倍的农产品的内在诉求——体验。家长和孩子体验到了采摘黄豆、洗涤加工、豆浆磨制的全过程，从中感受到了亲身劳作的趣味、亲子合作的欢乐、克服困难的满足，以及完成作品的成就感。从物质消费到体验消费的转变是互联网时代消费升级的重要体现，同时，从物质产品生产到消费场景构建也是企业适应这种消费升级的必然之路。

第 6 章　农村电子商务发展指数模型构建

我国农村电子商务的发展具有特定的规律和成长性特征，呈现出三个特殊性。一是国情特殊性。我国是农业大国，几千年农业发展和农村生产组织形态沿革，形成了特定的规律。二是形态特殊。农村电子商务是电子商务与农村经济社会深度融合、协调发展的产物，与商业领域的电子商务、工业品电子商务、服务电子商务等存在显著差异。三是影响特殊。三农问题，既是经济问题，更是社会问题、民生问题、政治问题。农村电子商务对三农事业发展的影响与对其他领域的影响问题具有共性，但更多是特殊性。对农村电子商务的评价需把握客观性、系统性、内生性和前瞻性原则，既要考虑农村电子商务发展的条件与现状，还要兼顾其成长性和影响力。因此，农村电子商务发展水平不能简单以网店数、农产品电子商务销售额等单维度指标衡量，传统的工信融合、数字经济计量等模型也不具有适用性。为科学客观、系统全面地测量、评价和指导农村电子商务工作发展，构建具有中国农村电子商务发展特色和独特辨识度的指数模型不可或缺。

农村电子商务发展指数的构建，需把握客观性、系统性、内生性和前瞻性原则，重点需要考虑现状、条件、影响和发展四大要素。对指标的遴选和权重设计要注重主观和客观兼顾、定性和定量结合。

6.1　电子商务发展评价相关研究

6.1.1　关于工信融合指数的研究

农村电子商务的发展是互联网经济与乡村经济的融合，工信融合评价模型的构建思路具有一定的借鉴价值。

工信融合指数又称“两化融合指数”，是衡量国家、地区和企业工业化与信息化融合程度，特别是以信息化带动工业化，以工业化促进信息化，实现可持续发展的相互作用程度的指数模型。党的十七大以来，工业和信息化部多年来坚持发布全国和各省级行政区的工信融合指数，其中2016年发布的《2015年度中国信息化与工业化融合发展水平评估报告》指出“2015年全国两化融合发展总指数为72.68，基础环境指数为75.38，工业应用指数为66.04，应用效益指数为83.25”。2015年全国及各省份两化融合指数如表6-1所示[`]。

表6-1 2015年全国及各省份两化融合指数

省份	基础环境指数	工业应用指数	应用效益指数	总指数
广东	94.94	82.40	135.62	98.84
浙江	91.64	94.04	112.88	98.15
江苏	91.67	80.94	135.94	97.37
上海	94.46	84.25	119.19	95.54
山东	85.77	85.78	114.65	93.00
北京	97.01	74.68	120.02	91.60
福建	91.03	76.91	101.88	86.68
安徽	70.06	88.22	92.04	84.64
湖北	74.01	81.59	92.44	82.41
湖南	76.91	81.41	89.12	82.22
天津	79.36	70.09	106.89	81.61
四川	76.70	66.09	104.37	78.31
重庆	81.08	65.15	97.63	77.25
黑龙江	80.15	80.81	64.2	76.49
辽宁	85.49	60.16	96.59	75.60
河北	84.73	70.24	71.27	74.12
广西	67.25	76.12	70.94	72.61
河南	76.54	63.9	83.13	71.87
江西	63.54	70.61	77.61	70.59
贵州	72.82	67.11	59.8	66.71
陕西	65.69	56.55	86.13	66.23
吉林	71.66	60.41	70.53	65.75
内蒙古	78.53	45.97	59.50	57.49
新疆	68.63	51.94	55.35	56.96
海南	68.12	45.27	58.04	54.18
宁夏	54.85	53.98	50.17	53.25
山西	64.04	47.44	53.83	53.19
甘肃	71.33	46.67	47.86	53.13
青海	72.80	40.00	45.29	49.52
云南	47.11	44.15	50.86	46.57
西藏	38.87	34.30	56.94	41.10
全国均值	75.38	66.04	83.25	72.68

2016年，工业和信息化部发布《信息化和工业化融合发展规划（2016—2020）》，提出

[`] 资料来源：工业和信息化部《2015年度中国信息化与工业化融合发展水平评估报告》。

“到 2020 年，信息化和工业化融合发展水平进一步提高，提升制造业创新发展能力的‘双创’体系更加健全，支撑融合发展的基础设施和产业生态日趋完善，制造业数字化、网络化、智能化取得明显进展，新产品、新技术、新模式、新业态不断催生新的增长点，全国两化融合发展指数达到 85，进入两化融合集成提升与创新突破阶段的企业比例达 30%”。2021 年，工业和信息化部印发《“十四五”信息化和工业化深度融合发展规划》，选取“全国两化融合发展指数”这一可以综合反映两化深度融合发展实际成效的定量指标，提出到 2025 年，全国两化融合发展指数达到 105，相比 2020 年提高 20。

当前，关于工信融合指数的评价模型有以下三种。

1. 《工业企业“信息化和工业化融合”评估规范（试行）》

《工业企业“信息化和工业化融合”评估规范（试行）》（以下简称《规范》）是工业和信息化部于 2011 年发布的规范性文件，由工业和信息化部电子科学技术情报研究所、清华大学、国家统计局统计科研所等 10 余家单位联合起草。《规范》基于评估规范的基本原则和框架，以及评估内容要求，进一步给出了工业企业两化融合评估指标体系构建、加权评分方法、综合评估分析方法和评估判定规则等，以便于评估规范在工业领域的应用和推广。

2. 企业两化融合评估的统一框架

中国两化融合咨询服务联盟依据《规范》，制定了企业两化融合评估的统一框架，并按照企业类型不同，制定企业两化融合评估指标体系，明确了评价方法。基于评估指标体系，可采集和分析企业两化融合评估数据，并由此计算得出全国企业两化融合指数。全国企业两化融合指数的样本数据来源于中国两化融合咨询服务平台上评估系统中的动态样本库。不同类型企业由于最终产品生产工艺过程、生产组织与管理方式、市场模式等不同，导致两化融合的要求、重点和难度各不相同，因此两化融合评估指标也需要进行差异化设计。典型的工业企业两化融合评估可按照生产类型进行组织，总体上可分为流程和离散制造业两大类，其中流程制造业又可以分为纯流程和流程与离散混合两小类，离散制造业又可分为大批量、多品种中小批量、复杂单件三小类。此外，采掘、发电、电网、服务业企业的两化融合评估指标也需要结合行业特点进行差异化设计。目前，以两化融合评估规范为统一框架，已制定流程、混合、离散（大批量、多品种中小批量、复杂单件）、采掘、电力（发电、电网）、服务业共九套企业两化融合评估指标体系。

3. 其他工信融合指标模型研究

两化融合研究专家龚炳铮经过多年研究，分析了信息化和工业化融合评价指标的制定依据、评价内容、评价原则、评价指标及指标评估方法。信息化和工业化融合评价指标体系及权重如表 6-2 所示[*]。

[*] 龚炳铮. 信息化与工业化融合程度（融合指数）评价指标和方法[J]. 中国信息界，2010（11）.

表 6-2 信息化和工业化融合评价指标体系及权重

一级评价指标	W_{1i}	二级评价指标	W_{2i}	三级评价指标	W_{3i}
融合环境	30	基础设施信息技术设备装备率	10	每百人计算机拥有量	1
				每年人均信息技术设备投资金额	1
				企业上网比例	1
				网络带宽及覆盖率	1
				数控、自动化设备数量占生产设备总数量的百分比	1
				年信息化投资占年产值的百分比	1
				信息化累计投资总额占固定资产总值的百分比	2
				数据中心建设及信息资源的覆盖率	2
		政策法律环境	8	政策法规文件数、贯彻落实情况	2
				网络犯罪率	2
				引进外资数量，GDP 比重	1
				两化融合领导力、执行力	3
		经济发展环境	6	工业产值占 GDP 百分比	2
				信息产业产值占工业产值百分比	1
				工业企业数	1.5
				IT 企业占企业总数比例	1.5
		人文环境	6	网民占职工总数比例	2
				工程技术人员占职工总数比例、IT 人员占工程技术人员比例	2
				职工接受 IT 培训比例	2
融合水平（广度）	20	信息技术在企业、行业、地区的应用普及率（%）和覆盖率（%）	16	信息技术在产品、服务应用中的普及率、覆盖率	3
				辅助设计（CAD）的普及率、覆盖率	2
				生产控制的普及率、覆盖率	2
				资源规划管理（ERP）系统的普及率、覆盖率	2
				供应链管理（SCM）系统的普及率、覆盖率	2
				客户关系管理（CRM）系统的普及率、覆盖率	2
				商业智能应用的普及率	3
		电子商务的普及率（%）和覆盖率（%）	4	电子商务的采购率	1.5
				电子商务的销售率	1.5
				电子商务的交易率	1
融合水平（深度）	20	业务（产品、服务）创新度	7	业务（产品、服务）内容；业务流程、实现方法创新程度（产品与服务的新任务、新思路、新方案）	7
		信息技术应用创新度	7	应用系统解决方案创新	2
				软件、硬件设备与系统集成创新	2
				智能化应用（智能控制、管理、决策）的覆盖率	4
		信息化与工业化融合覆盖率	6	融合要素的覆盖率	3
				融合企业在行业、地区企业中的覆盖率	3

续表

一级评价指标	W_{1i}	二级评价指标	W_{2i}	三级评价指标	W_{3i}
融合绩效	30	社会效益	12	行业创新能力和影响力	3
				对上下游企业电子商务、信息化的带动作用	4
				区域贡献与服务影响	3
				地区吸引外资增长率	2
		经济效益	18	成本费用降低幅度	4
				经济收益增长率	6
				劳动生产率提高升率	4
				投资回报率	4

中国电子信息产业发展研究院对区域（省级行政区）两化融合水平进行了测量，其评估指标体系是从基础环境、工业应用和应用效益三个一级指标进行分类，如表 6-3 所示。

表 6-3　中国电子信息产业发展研究院的区域两化融合水平评估指标体系

类别	指标及权重	指标说明
基础环境（25.0）	城（省）域网出口带宽（1.0）	反映当地网络基础设施建设水平；这里统计省级国内和国际互联网出口带宽总和
	固定宽带普及率（4.0）	反映当地宽带网络基础设施覆盖率；互联网宽带接入用户数为工业和信息化部运行局统计数据，人口数据来自统计年鉴
	固定宽带端口平均速率（4.0）	反映当地居民宽带网络享有水平；这里统计宽带用户购买带宽的平均速率
	移动电话普及率（4.0）	反映当地居民移动信息化应用水平
	互联网普及率（4.0）	反映互联网在当地居民工作生活中的渗透率
	两化融合专项引导资金（2.0）	反映当地两化融合财政支持力度；这里以是否设立省级两化融合专项引导资金来计分
	中小企业信息化服务平台数（3.0）	反映当地面向中小企业信息化服务体系建设水平；这里统计省级以上中小企业信息化服务平台的个数
	重点行业典型企业信息化专项规划（3.0）	反映当地企业对信息化建设的重视程度
工业应用（50.0）	重点行业典型企业 ERP 普及率（6.0）	应用 ERP 指物料需求计划、采购计划、主生产计划、销售执行计划、财务预算、人力资源计划等功能基本实现
	重点行业典型企业 MES 普及率（6.0）	应用 MES 是指应用 MES 实现自动排产计划生成、生产过程监控、设备状态监控的车间比例均在 80%以上
	重点行业典型企业 PLM 普及率（6.0）	应用 PLM 是指应用 PLM 基本落实企业产品研发管理制度
	重点行业典型企业 SCM 普及率（6.0）	广泛应用 SCM 是指供应链信息和协作管理、供应链业务执行等功能基本实现
	重点行业典型企业采购环节电子商务应用（6.0）	反映当地工业企业电子商务应用水平
	重点行业典型企业销售环节电子商务应用（6.0）	
	重点行业典型企业装备数控化率（7.0）	反映当地工业企业生产装备信息技术应用水平

续表

类别	指标及权重	指标说明
工业应用（50.0）	国家新型工业化产业示范基地两化融合发展水平（7.0）	反映当地重点工业园区两化融合发展水平
应用效益（25.0）	工业增加值占 GDP 比重(4.0)	反映当地工业发展对 GDP 增长的贡献率
	第二产业全员劳动生产率（4.0）	反映当地第二产业从业人员的生产效率；第二产业增加值、第二产业从业人员年平均人数均为统计局数据，再根据计算公式获得
	工业成本费用利润率（4.0）	反映当地工业企业的盈利能力
	单位工业增加值工业专利量（4.0）（备）	反映当地工业企业创新能力；工业企业专利申请受理数
	单位地区生产总值能耗（3.0）	反映当地工业节能水平
	电子信息制造业主营业务收入（3.0）	反映当地两化融合带动信息产业发展的能力
	软件业务收入（3.0）	

6.1.2 关于电子商务发展指数的研究

1. 阿里巴巴城市电子商务发展指数

我国自 2013 年开始电子商务发展指数的权威发布。2014 年 6 月，阿里研究院发布《2013 年中国城市电子商务发展指数报告》。在报告中，根据“阿里巴巴电子商务发展指数”（aEDI）排名，阿里研究院形成“2013 年中国电子商务发展百佳城市”（简称“电子商务百佳城市”）榜单。其中，深圳名列榜首，广州和杭州分列第二位和第三位。排名第四位到第十位的城市依次为北京、上海、金华、珠海、厦门、苏州、南京。其中，城市电子商务发展指数模型如表 6-4 所示。

表 6-4 阿里巴巴城市电子商务发展指数模型

一级指标（权重）	二级指标（权重）	计算方法
网商指数（0.5）	网商密度指数（0.5）	网商密度=网商数量/人口数量
	店均网络交易指数（0.5）	店均交易额 =零售网商交易额/零售网商数量
网购指数（0.5）	网购消费者密度指数（0.5）	网购消费者密度 =网购消费者数量/人口数量
	人均网络消费指数（0.5）	人均消费额 =网购消费额/网购消费者数量

2. 中国电子商务发展指数

自 2014 年起，在发改委高技术产业司指导下，由清华大学电子商务交易技术国家工程实验室、中央财经大学中国互联网经济研究院、中国社会科学院中国社会科学评价中心、中国国际电子商务研究中心研究院、亿邦动力研究院联合编制并发布年度中国电子商务发展指数报告。从报告上看，广东、浙江、江苏、北京、上海总体排名靠前，入选“先导省份”次数较多；新疆、宁夏、青海、甘肃、西藏、吉林等省份总体排名靠后，被列入“潜力省份”。

电子商务发展指数包括规模指数、成长指数、渗透指数及支撑指数四个方面。其中，规模指数和成长指数反映电子商务发展的自身水平，规模指数重点在于衡量电子商务发展当前状况，成长指数衡量电子商务发展的未来预期；渗透指数与支撑指数反映电子商务发展的外部环境，渗透指数衡量电子商务发展对经济环境的影响，支撑指数衡量环境对电子商务的支持作用。四个指数从自身发展与外部环境，全面考量电子商务发展水平。

（1）规模指数反映电子商务发展的市场规模，该值越高，表明该地区电子商务的市场规模越大。该指数可以反映当前电子商务市场自身发展水平。

（2）成长指数反映电子商务发展的成长水平，该值越高，表明该地区电子商务成长潜力越大。该指数可以反映电子商务发展的未来预期。

（3）渗透指数反映各省电子商务对经济活动的影响程度，该值越高，表明该地区的经济活动中电子商务渗透程度越高，电子商务对传统产业的影响越大。

（4）支撑指数反映各省与电子商务发展相关的保障能力，该值越高，表明该地区电子商务的发展环境越好。

该报告的数据主要来自统计局的统计年鉴、各省商务厅公开数据等稳定数据源；采用主观与客观相结合的方法确定权重，客观采用变异系数法确定权重，设有 n 个指标，s_i 为第 i 个指标的标准差，$\bar{x}$ 为样本的均值，则变异系数为：

$$V_i = \frac{s_i}{\bar{x}} \tag{6-1}$$

指标权重为：

$$\omega_i = \frac{V_i}{\sum_{i=1}^{n} V_i} \tag{6-2}$$

6.1.3 关于电子商务促进经济增长的实证研究

1. 杨坚争团队相关研究

早在 2006 年，杨坚争团队就开展了关于电子商务测度的定量研究，在《电子商务统计标准研究》（2006）中，通过建立电子商务结构方程模型，结合实际统计数据，提出了电子商务统计涉及的基本变量，如表 6-5 所示[1]。

[1] 杨坚争，徐进，杨立钒. 电子商务关键性统计指标筛选研究[J]. 郑州大学学报，2009，42（2）：74-76.

表 6-5 电子商务统计涉及的基本变量

一级指标	二级指标	编号	具体指标
准备状态变量	硬件基础设施	X11	上网计算机数量
		X12	国际出口宽带总量
		X13	网络域名数量
	用户基础支持	X21	上网人数
		X22	使用互联网的企业比例
		X23	拥有自己网站的企业比例
		X24	信用卡的普及率
		X25	移动电话的普及率
	外部环境	X31	电子商务从业人员数量/占社会劳动力的比重
		X32	电子商务从业人员中接受信息化培训的比重
		X33	企业信息化投入占固定资产投资额的比例
		X34	企业“影响电子商务发展的推动因素”的总体比例
		X35	“影响电子商务发展的阻碍因素”的总体比例
使用状态变量	电子商务使用密度	X41	通过网络接收订单的企业比例
		X42	通过网络下发订单的企业比例
	电子商务交易情况	X51	电子商务交易额
		X52	电子商务销售额及其占总销售额的比重
		X53	电子商务采购额及其占总采购额的比重
		X54	B2B 交易额
		X55	B2C 交易额
		X56	C2C 交易额
	搜索引擎	X61	搜索引擎日搜索量

从现在的角度分析，这个指标体系显然无法反映电子商务对经济的影响，但这并非由于指标体系的前瞻性不够，而是由于电子商务发展的快速迭代和不可预测性所致。就当时而言，该指标体系已经对我国不到 10 年的电子商务发展内涵特征有了全面深刻的认知。

2009 年，在《电子商务关键性统计指标筛选研究》中，杨坚争团队再次运用结构方程分析法分析了电子商务成熟度预测的 6 个变量：硬件设施、用户使用情况、外部环境、使用频度、交易额情况，以及搜索量指标，并对指标确定方法进行了描述。

2011 年，杨坚争团队在总结高盛、思科等国外机构电子商务统计研究思路，以及国内范玉贞的《我国电子商务发展对经济增长作用的实证研究》、黄睿君的《电子商务对经济增长贡献的实证研究》等研究的基础上，运用道格拉斯函数变形对电子商务与经济增长进行了实证研究`。

2. 陈小红相关研究

陈小红在博士论文《电子商务对经济增长贡献的评价与控制研究》①中，分析了电子商

` 杨坚争，周涛，李庆子. 电子商务对经济增长作用的实证研究[J]. 世界经济研究，2011（10）：40-43.

① 陈小红. 电子商务对经济增长贡献的评价与控制研究[D]. 上海：东华大学，2011：1-6.

务对经济增长的影响因素和电子商务交易成本效益的识别方法，将新古典经济学、新兴古典经济学糅合到一起，研究电子商务对经济增长贡献的评价理论和方法。对电子商务与经济增长之间的互动关系和变动趋势研究及系统控制模式也是该论文的重要部分，最后提出电子商务与经济增长之间协调发展评价模型和控制的基本模式方法。

该论文有以下几个主要观点。

（1）根据电子商务对经济增长的影响的分析，提出在电子商务不同发展阶段适用不同的评价指标。根据“生产率悖论”和网络外部性理论，电子商务起步阶段，应当重点研究电子商务交易额占总交易额的比重。当电子商务进入飞速发展阶段以后，就应当重点研究电子商务对经济的影响，确定电子商务的发展战略。在一个国民经济体系中，电子商务对经济增长的贡献由于网络外部性和边际效用递增规律的作用，不同阶段、不同经济层次下具有较大差异。

（2）论证电子商务与经济增长二者之间的互动发展关系，提出电子商务投资应根据经济增长实际达到的水平进行的观点。当经济增长水平较低时，电子商务经济效益也很低；当经济增长水平较高时，电子商务经济效益开始提高。

（3）通过资本、技术和人力的积累，发展中国家电子商务对经济增长产生贡献，可以实现后发优势。根据新兴古典经济增长理论的超边际分析方法，利用技术经济理论和评价方法，将技术经济项目投资评价方法应用到新兴古典经济增长理论中，提出新的电子商务对经济增长贡献的经济评价方法。超边际分析方法不同于传统的收益成本对比方法，突破了边际分析在给定模式下的最优约束解的范式。该论文用新兴古典经济学的超边际分析理论解释了网络外部性下电子商务对经济增长的贡献，论证了超边际分析理论的假设条件和评价方法，应用技术经济学方法对超边际分析模型进行了优化。

（4）论证电子商务与经济增长之间的相关性，提出在电子商务对经济增长贡献控制总目标下电子商务系统控制的多层递阶结构和协调发展控制模型方法，提出企业高层的思路和企业信息资源的目标决定了评价内容、评价指标和评价标准的理论。通过转变企业管理者的思维方式，树立先进的企业信息化目标，可以实现信息资源优化配置目标。电子商务是网络经济发展的重要体现，电子商务系统控制的目标是技术投资和经济效益的匹配。最后，提出电子商务复杂大系统的特征和双向控制的多层递阶控制模型和评价方法。应用经济学、模糊数学和系统控制理论，探讨了电子商务对经济增长贡献的评价理论和方法，论证了电子商务与经济增长之间的互动作用和有效控制模式。

3. 桂学文相关研究

桂学文在博士论文《电子商务促进经济发展的效果测度研究》[1]中系统研究了电子商务促进经济发展效果的测度理论、模型和方法。

在理论研究部分，作者以建立电子商务促进经济发展效果测度的理论体系为目标，借鉴波拉特信息经济测度的研究思路，界定了电子商务促进经济发展效果测度中的一些概念

[1] 桂学文. 电子商务促进经济发展的效果测度研究[D]. 武汉：华中师范大学，2011：80-173.

及这些概念涉及的相关理论问题。这些概念包括电子商务、电子商务经济、电子商务活动、电子商务交易、电子商务职业、电子商务投入、电子商务产业、电子商务产值等。其中电子商务产业分为电子商务服务业和电子商务应用两大部分，类似波拉特信息经济测度理论中的第一信息部门和第二信息部门。随着电子商务的发展，电子商务服务业已经形成了完整的产业链体系，它是电子商务发展的核心，也是电子商务产业的核心，电子商务应用的深度与广度受到电子商务服务业发展水平的制约。而电子商务应用包括企业应用、政府应用和个人应用，应用范围越广、应用程度越深，电子商务对经济发展的促进作用越大。

在电子商务促进经济发展效果测度的方法部分，作者探讨了测度方法的确定原则、测度的主要方法、测度的流程等问题，认为建立测度方法需要遵循合理性、适用性、可操作性、可扩展性、可组合性、可比较性等原则。测度方法包括指标体系建立中需要采用的绩效测度常规方法，如层次分析法、模糊综合评价法等，以及指标测算中需要采用的国民经济统计法等。测度指标体系的确立是测度流程中的重要内容，也是测度实施的基本依据，据此建立的指标体系包括以下内容。

（1）电子商务交易规模及其占全社会市场规模的比例；

（2）电子商务从业人员数量及其占全社会就业人员总数的比例；

（3）电子商务从业人员的收入占 GDP 和全社会从业人员收入的比例；

（4）电子商务固定资产投入及其占全社会固定资产投入规模的比例；

（5）电子商务产值及其占 GDP 的比例。

上述五大指标既相对独立，又相互关联，有反映流通效果的指标，也有反映产业结构的指标，还有反映收入、投入产出关系、产值的指标，其中产值指标是核心指标。

在电子商务促进经济发展效果测度的实证分析部分，对电子商务促进经济发展效果测度的首次尝试，作者以既有统计性数据为基础，进行相关指标值的测算。测算采用的数据分为三部分，一是来自中国统计年鉴、统计公报的权威性统计数据，二是来自各类电子商务研究报告的研究性统计数据，三是根据前两项数据通过估算方法获得的数据。通过测算，作者得出了初步结论。

6.2 指数模型设计

6.2.1 指数模型构建的价值取向

1. 服务农村电子商务高质量发展

农村电子商务既是农村经济社会发展中的重要组成部分，也是电子商务产业体系中的关键部分。进入新时代，面临诸多新形势，如何保持高质量发展，需要对农村电子商务发展情况进行客观、科学的诊断评价，这也就是农村电子商务评价最为直接朴素的价值取向。从内容维度来看，诊断评价工作既要考虑到农村这个特殊的地域空间及社会生产组织，又要考虑电子商务作为一种基于互联网、数字技术的新型经济形式的典型特征，以及数字化技术不断迭代更新对产业形态潜移默化的影响。从时间维度来看，诊断评价工作既要考虑到农村电子商务发展的现状，洞悉其目前发展的阶段、条件、效果，也要关注其成长性，特别是未来的可持续发展力。从指标维度来看，诊断评价工作既要考量农村电子商务产业发展本身，也要关注其发展条件、发展要素、发展环境和发展政策情况。

2. 服务农村电子商务从业主体决策

农村电子商务评价自然能够服务农村电子商务从业主体。由于电子商务产业形态多元、发展形势多变，许多电子商务从业者往往只能依据主观感受和自身经验做出决策判断，其客观性、精准性无法保证。农村电子商务发展评价体系，能够服务于农村电子商务从业主体的各项决策工作。

（1）农村电商运营企业战略调整、业务方向变更、供应链体系架构需考虑区域农村电子商务发展水平；

（2）农村电商服务企业需了解区域农村电子商务发展的现状，了解其优势、短板和面临的困境，才能更好地制定服务策略，契合市场需求；

（3）广大农户需了解区域农村电子商务发展情况以更好地制定种植、养殖计划，寻求合作伙伴，遴选产品流通渠道，实现低成本、高效率的产品流通；

（4）其他服务主体也有必要通过区域农村电子商务发展总体情况、各分指标情况，以及通过横向对比和纵向循迹为各项战略决策提供依据。

3. 服务农村电子商务政策制定

历年来，我国农村电子商务行业受到各级政府的高度重视和国家产业政策的重点支持。国家陆续出台了多项政策，鼓励农村电子商务行业发展与创新。近几年，我国农村电子商务政策保持了较好的连续性和稳定性，总体导向是以实施乡村振兴战略为抓手，抓重点、补短板、强基础，围绕“巩固、增强、提升、畅通”，深化农业供给侧结构性改革，坚决打赢脱贫攻坚战。此外，“电子商务进农村综合示范工作”通知系列政策目的在于推动农村电子商务深入发展，进一步完善农村市场体系，促进农村流通现代化，助力脱贫攻坚和乡村振兴。2022 年上半年，《农业农村部 财政部 国家发展改革委关于开展 2022 年农业现代化示范区创建工作的通知》《2022 年数字乡村发展工作要点》《关于加强县域商业体系建设促进农村消费的意见》等产业政策，为农村电子商务行业的发展提供了明确的、广阔的市场前景，为企业提供了良好的生产经营环境。除了国家层面，各省、市、县关于农村电子商务发展的政策更是层见迭出。这些政策的实施效果如何，起到了哪些重要作用，还有哪些不足，地方性政策对于其他区域而言是否具有可借鉴性等，都需要去客观评价。

4. 服务农村电子商务试点项目推进

我国幅员辽阔，各地区发展不平衡，各省市经济社会发展的要素禀赋差异巨大。农村电子商务又是关乎民生的关键性产业，相关政策或项目的实施，不可能在一开始或尚未经过实践检验，尚未被证实切实有效的情况下就全面铺开。因此，农村电子商务项目试点是“摸着石头过河”，探索农村电子商务改革发展的重要举措。近年来，国家实施了许多关乎农村电子商务发展的重要试点项目。例如，2016 年 3 月，农业部印发《农业电子商务试点方案》，在北京、河北、吉林、黑龙江、江苏、湖南、广东、海南、重庆、宁夏 10 省（区、市）开展农业电子商务试点工作；试点工作包含鲜活农产品电子商务试点、农业生产资料电子商务试点和休闲农业电子商务试点。2020 年 7 月，根据《中共中央 国务院关于抓好“三农”领域重点工作确保如期实现全面小康的意见》《数字乡村发展战略纲要》和《2020 年数字乡村发展工作要点》的要求，中央网信办、农业农村部、发改委、工业和信息化部、科技部、市场监管总局、国务院扶贫办印发《关于开展国家数字乡村试点工作的通知》，部署开展国家数字乡村试点工作，并在 2020 年 11 月公布试点名单。这些试点项目如何验收、评价，是否达成预期，路径是否有效，模式是否可取等均需要一套评价体系进行衡量。

5. 服务三农事业发展

评价农村电子商务发展，不仅针对农村电子商务本身，还要以其影响服务三农事业。首先，农村电子商务评价要立足农业，服务农业，重点考量对农业健康发展、生产资料下乡、农业生产力提升、农业价值链升级等方面的作用；不能因为农村电子商务侧重于地域性概念，就过度泛化其内涵，将服务重心转到城乡接合部、开发区的制造业发展上来。其次，农村电子商务评价要面向农民，服务农民，重点把握四个阶次：一是农民是否实现增收；二是农民是否能轻松获得与城镇同品质的生活物资；三是农民的技能、文化程度是否提升，是否具有更强的就业创业竞争力；四是农民的生活品位、价值追求是否提升，一些陈规陋习、落后思想是否被摒弃。最后，农村电子商务评价要扎根农村，服务农村，关注新农村建设的方方面面，如农村的基础设施建设是否提升，道路是否宽敞清洁，环境污染是否减少，农村的图书馆、活动室、养老院、卫生院等公共服务机构是否建设齐全等。这些项目看似与农村电子商务没有直接的联系，实际上农村电子商务的发展对其均会产生潜移默化的影响。

6. 服务乡村高质量就业、创业

在共同富裕大背景下，更多高校毕业生、高层次人才选择到乡村就业、创业，特别是面向电子商务领域的就业、创业。此时，就业前景、就业质量、就业满意度等指标的衡量就需要以掌握农村电子商务发展水平为依据，重点考量区域传统产业优势，以及农村电子商务发展的条件、水平、产业规模、企业集聚度、发展环境等；考量区域市场空间和竞争优势、竞争者规模与实力，以研判如何创业及选址；考量区域人才政策、创业就业扶持政策、创业就业配套便利优惠条件等，以其作为决策依据。此外，广大“农二代”、青年农民选择外出务工还是在家乡就业创业，农村电子商务发展指数也可以提供很好的参考。

6.2.2 指数模型设计的基本原则

农村电子商务发展指数的构建，需把握系统性、客观性、内生性和前瞻性的原则，重点考虑现状、条件、影响和发展四大要素。对指标的遴选和权重的设计要注重主客观兼顾、定性定量结合。

1. 全面和重点相结合

在构建评价指标体系的过程中，要充分把握农村电子商务的内涵和外延。一方面要立足农村地区电子商务发展整体水平，指标应该能够覆盖反映农村电子商务发展水平的各方面，而不是仅仅着重某一方面，做到指标不遗漏、不重复。除体现信息化内涵的相关内容外，还应该考虑到农村电子商务交易、农村电子商务准备情况、农业数字化改造、互联网文化渗透等。另一方面，农村电子商务内涵丰富，影响力大，指数模型无法做到一应俱全，故要明确并重点把握农村电子商务发展的核心要素、重要节点、关键方向。农村电子商务的影响是潜移默化的，有些是直接影响，更多的是间接影响，例如，农村电子商务发展带动了农村物流设施的发展，带动了农村道路建设的推进，带动了农村与外界的交流沟通，带动了农村婚姻习俗的变革……这里农村电子商务发展与农村婚姻习俗变革尽管可能存在一定关联，但这种关联是间接的、不显著的弱关联，不能面面俱到地将其考虑到农村电子商务发展的影响中。

2. 客观和主观相结合

从学术研究的视角，农村电子商务发展隶属自然科学、社会科学相互交叉的综合学科；从国民经济行业分类的视角，农村电子商务以服务业为中心，涉及农业、制造业等交叉产业。对农村电子商务发展水平的评价，一方面要注重客观性评价，特别是针对条件性指标和规模性指标，主要采用定量数据，采集 Wi-Fi 覆盖面、计算机普及率、网络零售额、快递包裹数等各类指标；另一方面要以主观性评价为补充，特别是反映电子商务对农民、农村的影响，如生活质量提升、文化有机更新等不仅要采集每百人图书数、接受高等教育群体占比等定量指标，也需要用满意度、适应度等五级制评价定性指标作为补充。

3. 现状与成长相结合

评价农村电子商务发展水平，不仅为了了解现状，也是为了精准预测未来，为此在指标设计上要做到两方面兼顾。对现状的把握主要以当前发展的规模、条件、满意度等面板数据为依据，部分采集不到当年数据的，可以统一以上一年度数据为基点。对成长的判断主要通过两种方式：一是反映发展前景的问卷，如对农村居民未来展望的判断调查、对企业投资意愿的调查、对企业是否扩大生产规模决策的调查，以及对人才招聘、土地承包、办公场所装修等产业发展必要条件建设所反映的预期等；二是通过数据趋势判断，通过拟合曲线，纵向反映数据指标发展走向。

4. 宏观与微观相结合

指标体系构建要从宏观上整体把握区域农村电子商务发展的规模、现状、方向和态势，探讨电子商务与农村经济社会文化的协调发展程度，洞悉电子商务促进三农事业发展的内在机理和有效路径，探寻我国农村电子商务发展的一般范式；又要深入细致地考量每个区域农村电子商务发展的要素禀赋、历史渊源、目标定位、发展模式、功能布局和支撑体系，基于区域、产业、人才、政策等方面的异质性实施分类评价，结合对具体产业、企业情况的微观考察进行具体评价。

5. 必要性与可行性相结合

关于农村电子商务发展，哪些方面要纳入指标体系，需要考虑必要性和可行性两个方面。必要性主要体现的是指标反映农村电子商务发展水平的贡献度水平；可行性主要体现的是指标采集的容易程度和精准程度。对于必要性高、可行性高的指标，自然要重点纳入采集范围；对于必要性高、可行性低的指标，要考虑变通采集方式，化繁为简，化难为易，用更加直观且内涵相似的指标；对于必要性低、可行性高的指标，可以考虑适量采集，赋权较低；对于必要性和可行性均低的指标，自然要在专家论证的基础上，重点考虑纳入或摒弃的范围。

6.2.3 指数模型构建的主线思路

构建农村电子商务发展指数模型（development index of rural e-commerce，DIRE）是本书研究的重点。模型既要全面系统反映我国农村电子商务发展现状水平和影响特征，又要反映农村电子商务的成长性趋势；既要横向为各地、各村镇农村电子商务发展提供横向比较性测度，又要纵向为某地农村电子商务发展水平进行动态可持续检测。为充分辨识和反映一定区域农村电子商务发展自身及生态环境的动态演进和完善更新过程，借鉴生物学的生态进化理论和软件学的能力成熟度理论，将农村电子商务发展生态水平划分为五个成熟度等级，分别为初始级、基本级、标准级、优化级、自治级，如图 6-1 所示。

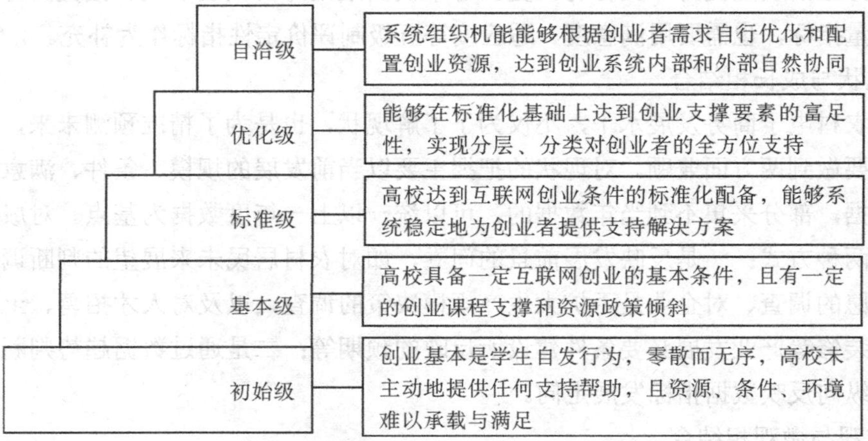

图 6-1 农村电子商务发展生态水平

在实证分析中，为便于统计测度，将 DIRE 成熟度指数定义为一个介于（0，1）之间的连续数值。对其进行五个成熟度等级划分，作为衡量农村电子商务发展水平的层级标准。初始级为（0，0.2）、基本级为（0，0.4）、标准级为（0.4，0.6）、优化级为（0.6，0.8），自洽级为（0.8，1）。

第一，在充分进行文献研究和专家咨询的基础上，在确定指数模型构建思路、原则、方法等基础上构建 DIRE 模型。第二，对 DIRE 模型进行框架搭建、层级划分、指标层次模型设计、指标体系构建及指标释义。第三，设计指标的测度方式，根据指标内涵和取向差异，分类设计数据采集、问卷调查、分类统计、五级评价等测度方式。第四，以电子商务淘宝村、淘宝镇为研究对象，运用 DIRE 模型分别对 50 个淘宝村、10 个淘宝镇进行单因子分项评价及模糊综合评价。第五，结合 Kano-IPA 整合分析法分析并确定重点改善区域，将其作为对策聚焦点，提出相应对策、建议。指数构建工作的总体路线如图 6-2 所示。

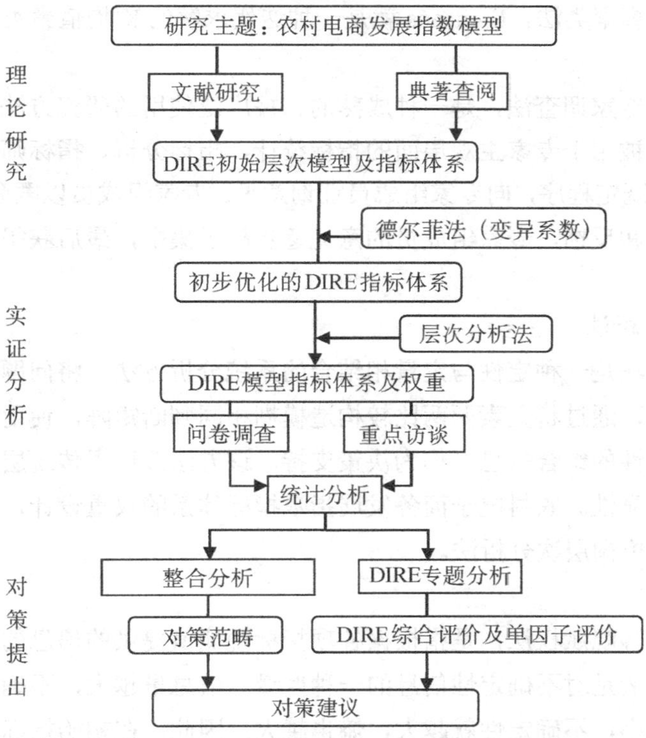

图 6-2　指数构建工作的总体路线

6.2.4　指数模型构建的研究方法

指数模型构建涉及多种研究方法，不同方法之间具有特定的适用性和互补性。根据农村电子商务发展的规律和特征，结合数据特征及采集方案，本研究涉及的研究方法主要有以下八种。

1. 文献法

文献法即通过阅读、分析、整理有关文献材料，全面、科学地研究某一问题的方法。本研究指标体系中的初始指标资料主要来源于历史文献，通过查询网络资源、高校图书馆网络数据库资源、学校图书馆馆藏图书等方式，获得与研究课题相关的文献资料。通过对大量文献的阅读和学习，吸取了国内外专家学者的研究精华。本研究涉及信息化测度、两化融合、电子商务评价等方面的国内外文献 126 篇，它们为本研究奠定了重要的基础。

2. 聚类分析法

聚类分析法是一种根据事物的内在特点和规律，根据一定的相似性原则对事物进行分组的数据挖掘方法。农村电子商务指标体系初始指标的确定，早期通过文献检索、资料归集与遴选，确定大量的指标相关关键词。对这些关键词，需要按照一定的规律和原则进行聚类与筛选，形成初始指标体系。聚类分析实现方法很多，常用的有直接聚类法、最短距离聚类法和最远距离聚类法。K-means 就是一种迭代求解的 K 均值聚类算法。

3. 德尔菲法

德尔菲法就是专家调查法，是一种成熟的、被广泛使用的研究方法，在农村电子商务指标体系设计时，被用于专家主观层面的指标统计、指标分析、指标筛选及赋权。调查者拟定调查表，按照既定程序，向专家组成员征询意见；专家组成员以匿名的方式提交意见。经过几次反复征询和反馈，专家组成员的意见逐步趋于集中，最后获得具有很高准确率的集体判断结果。

4. 模糊层次分析法

模糊层次分析法是一种定性与定量相结合的系统分析方法，将问题逐层分解，变为多个单准则评价问题，通过将元素两两比较构造模糊相同判断矩阵，使用线性代数方法挖掘出深层次的、实质性的综合信息，作为决策支持。该方法改进了传统层次分析法存在的问题，提高了决策可靠性。农村电子商务发展指数指标体系的权重设计，在缺乏足够事实数据的前提下，首选模糊层次分析法。

5. 熵值法

熵值法是一种客观赋权法，是指根据各项指标观测值提供的信息的大小来确定指标权重。在信息论中，熵是对不确定性信息的一种度量。信息量越大，不确定性就越小，熵也就越小；信息量越小，不确定性就越大，熵也越大。因此，在初始指标体系建构及权重设置时，由于数据的采集与分析机制尚不健全，采用模糊层次分析法确定权重较为合理，随着采集的数据不断积累，数据的覆盖面与典型性逐步提升，有必要以熵值法作为补充，对权重进行有效修正。

6. 调查法

调查法是指通过书面或口头问答的方式，了解被测试者的心理活动的方法。本研究使用的调查法主要有三种。一是现场问卷，以书面提出问题的方式搜集资料，即调查者将调查项目编制成表格，分发（或通过网络）给有关人员，请求填写答案，然后回收整理、统计和研究。二是网络问卷，应用问卷星等平台，通过互联网定向发放调查问卷，作为现场问卷的补充。三是访谈观察，研究者按照既定目标和计划，对研究对象进行系统的、连续的访谈和观察，并做出准确、具体、详尽的记录，以便全面掌握材料，正确理解研究对象。

7. 交叉表分析法

交叉表（交叉列联表）分析法是一种以表格的形式同时描述两个或多个变量的联合分布及其结果的统计分析方法，此表格反映只有有限分类或取值的离散变量的联合分布。采用交叉表分析法能够对不同分类情况的农村电子商务表现进行分析，以得出有价值的结论。例如，基于不同要素禀赋的农村电子商务业务特征，以特色农产品为主的、以规模性农业为主的及以工业品为主的农村电子商务发展模式、从业主体、业务范围等必然存在重要差异。东部、中部、西部地区，南方和北方农村电子商务发展模式均存在显著差异。

8. IPA 分析法

IPA（importance-performance analysis）即重要性-绩效分析模型，是被广泛用于评价产品及服务优劣的一种工具。由顾客对产品或服务各要素的重要性与实际表现绩效打分，将各自的平均得分绘制于一个二维矩阵中。二维矩阵中的横坐标代表重要程度，纵坐标代表实际绩效表现。在矩阵中，以所有要素的总平均得分为标准画出两条相交的线，由此形成四个象限，如 6-3 所示。

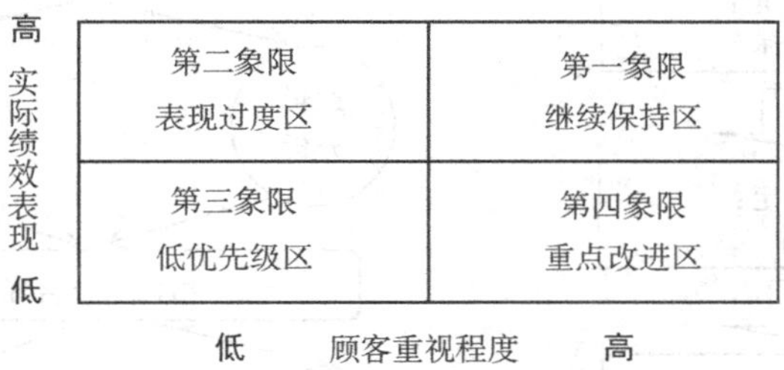

图 6-3　IPA 分析二维矩阵模型

6.3　指标体系设计

6.3.1　指标设计思路

1. 指标分类

根据指标内涵、特性与取向，可以将指标分成以下四类。

（1）条件性指标，反映农村电子商务发展的基础性、保障性条件，如 Wi-Fi 覆盖面、物流网络覆盖率等。

(2) 规模性指标，反映农村电子商务当前发展水平，如产值、从业群体人数、企业数等。

(3) 渗透性指标，反映农村电子商务对三农事业的影响水平，如农产品附加值提升度、农民受教育水平等。

(4) 发展性指标，反映农村电子商务发展的区域特色、独到经验、趋势动向等，如治理创新、文化创新等。

2. 指标甄选流程

利用社会科学实证研究的基本方法和一般流程设计农村电子商务发展指数指标甄选流程，如图 6-4 所示。

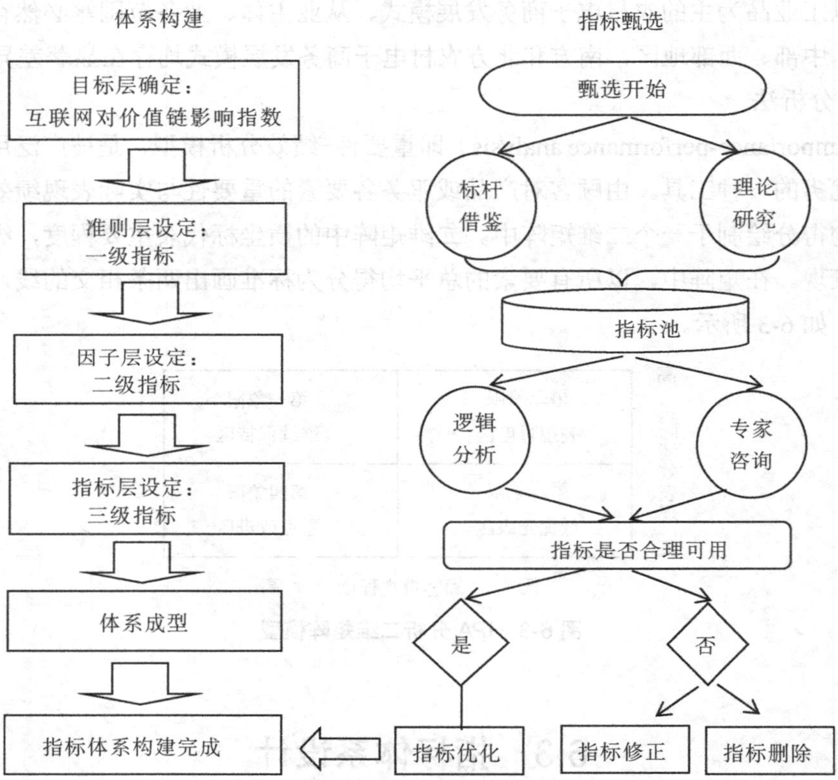

图 6-4 农村电子商务发展指数指标甄选流程

6.3.2 初始指标体系建构

在文献研究、专家咨询等基础上构建农村电子商务发展指数初始指标体系，设置目标层、准则层、因子层和指标层四个层次。其中目标层为农村电子商务发展指数；准则层设置条件指数、规模指数、渗透指数、发展指数四个类别。

查阅知网关于我国农村电子商务发展的相关文献，以农村电商、涉农电商、农产品电商等为关键词进行知网全网检索，共收集文献 6682 篇，其中绝大多数文献集中在 2015—2022 年；从中提取“互联网+农业”“农村电商扶贫”“农村电商平台”“生鲜电商”等关键词 172 个。查询“信息化测度”“电子商务评价”“数字融合评测”等主题词，共收集相关文献 1267 篇，选题时间跨度为 2015—2022 年 959 篇，共提取“网络覆盖率”“从业主体数”“网络交易额”等关键词 118 个。

采用基于 k-means 聚类与粗糙集相对约简原理的指标筛选方法：第一，对指标数据进行无量纲化处理；第二，基于 k-means 算法进行离散化处理，计算最优聚类中心数目，确定聚类中心数为 3；第三，以各准则层指标作为条件属性，以系统聚类结果作为决策属性，将 290 个关键词按照 4 个准则层分别形成 4 个决策表；第四，按照相对约简原理删除准则层内显著性不高的指标，最终形成涵盖 57 个指标的初始指标体系。

使用德尔菲法对评价指标体系进行检验。为充分体现参与评分专家的典型性和代表性，在本研究邀请的 18 位专家中，5 位为高校该领域的专家学者、4 位为典型产业农村电子商务运营企业代表、3 位为从事农村电子商务物流等配套服务企业代表、3 位为当地农户代表，另外 3 位来自县政府经信（经济和信息化）商务部门、镇政府及村两委。按照 Liket 5 级量表测度每个指标最终的得分情况，根据重要度从低到高依次赋分（1～5），最后计算 16 名专家对每个指标打分的协调程度。协调程度用变异系数 V 表示，设共有 n 个指标，m 位专家，第 i 项指标第 j 位专家打分为 E_{ij}，该指标的平均数为 $\bar{E}_i$、标准差为 S_i 、变异系数为 V_i，则有公式：

$$V_i = \frac{S_i}{\bar{E}_i} = \frac{\sqrt{\frac{1}{m-1}\sum_{j=1}^{m-1}\left(E_{ij} - \bar{E}_i\right)^2}}{\frac{1}{m}\sum_{j=1}^{m}E_{ij}} \tag{6-3}$$

根据式（6-3）计算后，剔除平均数小于 3 且变异系数大于 0.3 的指标 6 项，形成由 4 个准则、15 个因子、48 个指标组成的指标体系，如表 6-6 所示。运用 K-W 方法对指标做显著性分析，取显著性水平为 0.05，计算得到 K-W 检验概率为 $P= 0.0167 < 0.05$，结果表明该指标体系具备合理性。

表 6-6　农村电子商务发展指数指标体系

准则层	因子层	指标层	评价得分	变异系数
条件指数（S1）	信息与通信基础设施（F11）	网络带宽（E111）	4.62	0.082
		Wi-Fi 覆盖面（E112）	4.12	0.127
		计算机普及率（E113）	3.37	0.191
		智能终端普及率（E114）	4.81	0.132
	物流条件（F12）	物流中转中心（E121）	4.83	0.167
		快递点分布（E122）	3.07	0.272
		道路密度（E123）	4.48	0.202

续表

准则层	因子层	指标层	评价得分	变异系数
条件指数（S1）	信息系统（F13）	ERP 系统（E131）	3.58	0.213
		云应用（E132）	3.30	0.145
		管理信息平台（E133）	4.05	0.204
	经济社会水平（F14）	人均 GDP（E141）	3.04	0.282
		人均消费水平（E142）	3.35	0.154
		产业结构（二产、三产占比）（E143）	3.46	0.112
		人口结构（E144）	4.89	0.067
规模指数（S2）	交易规模（F21）	网络贸易交易额（E211）	4.52	0.144
		网络零售额（E212）	5.00	0.092
		快递包裹数（E213）	4.10	0.249
		网店数（E214）	4.74	0.089
	从业群体（F22）	从业人数（E221）	3.69	0.264
		平均从业年限（E222）	3.17	0.270
		专业结构（E223）	4.76	0.316
		继续教育（E224）	3.44	0.301
	流通水平（F23）	物流效率（E231）	3.53	0.085
		分销渠道建设（E232）	4.46	0.090
		库存控制能力（E233）	3.92	0.241
	推广能力（F24）	广告投入（E241）	4.48	0.172
		广告 ROI（E242）	4.63	0.299
		新媒体营销（E243）	4.73	0.305
	经营质量（F25）	产品标准化程度（E251）	3.55	0.347
		投诉/纠纷率（E252）	4.36	0.255
		好评率（DSR）（E253）	4.34	0.236
渗透指数（S3）	农业应用（F31）	农业生产控制能力（E311）	4.58	0.242
		市场运营能力（E312）	4.44	0.231
		农产品附加值提升能力（E313）	3.23	0.267
	农民发展（F32）	物质生活条件（E321）	3.39	0.254
		文化娱乐事业（E322）	4.94	0.225
		群体素质（E323）	3.48	0.379
	新农村建设应用（F33）	土地流转率（E331）	4.77	0.381
		基础设施完善（E332）	4.01	0.225
		生态环境卫生条件（E333）	3.04	0.265
发展指数（S4）	生产创新（F41）	产品创新（E411）	4.08	0.395
		生产方式创新（E412）	4.57	0.380
		商业模式创新（E413）	4.70	0.201
		供应链创新（E414）	4.30	0.339
	社会创新（F42）	治理创新（E421）	4.85	0.345
		文化创新（E422）	3.26	0.222
	品牌价值（F43）	商业品牌培育（E431）	3.94	0.318
		模式应用推广（E432）	4.08	0.296

6.3.3 部分指标释义

农村电子商务发展指数通常用于衡量一个区域内农村电子商务的发展水平，区域范围一般为行政村或镇（乡），不扩及县域层面，不适用于社区、街道等城镇。

在条件指数的 4 个因子中，信息与通信基础设施、物流条件和信息系统都是反映电子商务本身的发展基础性指标。其中信息与通信基础设施主要指区域信息通信技术基础设施配置现状，包含网络带宽、Wi-Fi 覆盖面、计算机普及率、智能终端普及率 4 个指标，指标内涵与其他信息化评价标准规定的基本一致；物流条件和信息系统两个因子也紧紧围绕电子商务的基础物流条件和信息系统设置指标。但经济社会水平是反映电子商务之外的区域经济社会发展的基础性、一般性指标。其中人口结构指标对高层次人才的界定为三个方面：一是 18～55 岁劳动力群体占常住人口的比例；二是非户籍人口占常住人口的比例；三是具有高级专业技术职务、全日制大学专科及以上学历群体占常住人口的比例。

规模指数的 5 个因子均反映农村电子商务本身的发展水平。交易规模中的网络贸易交易额反映的是使用互联网在贸易流通中任何一个或多个环节形成的交易额度，包含 B2B、B2C、C2C、O2O 等模式，是相对宽泛的电子商务范围界定；网络零售额仅限于“to C”领域，一般通过互联网能够完成下单和支付环节，仅商品或服务的达成涉及线下环节；快递包裹数以当地邮政管理部门统计的数据为主，包含非电子商务快递；网店数仅统计淘宝、天猫、拼多多、京东、苏宁易购、速卖通、亚马逊、eBay 等国内外主流电商平台网店数量。流通水平指的是狭义的流通概念，侧重对于渠道、物流、周转的评价。其中物流效率主要由城乡配送物流、区域物流、省内物流三个部分组成；分销渠道建设主要考察农产品销售渠道的建设水平，包含直销率、渠道完整度、渠道可靠性等部分；库存控制能力主要由库存周转率、库存动销率、库存呆滞率及发货及时准确率四个部分组成。

渗透指数与规模指数不同，其内涵已超出农村电子商务本身，主要反映电子商务对三农事业的影响程度。其中农业应用因子中的农业生产控制能力主要反映电子商务促进农业生产适应市场需求的企业化、规模化、精准化水平；市场运营能力反映农业生产主体是否能够拥有稳定的市场运营及快速市场反应机制；农产品附加值提升能力即农业从事主体在相同成本投入情况下创造附加价值的递增能力，反映的是电子商务促进农业价值链升级的效度。农民发展因子中的物质生活条件包含家庭年收入、人均收入、人均储蓄、电子信息类产品配给度等；文化娱乐事业抽样了解农民文化娱乐生活情况。

发展指数主要是对未来发展能力的评估与预期，评价对象是广义的农村电子商务及农村电子商务带来的可持续影响。其中生产创新因子中的产品创新反映农产品及其衍生的深加工副食品的研发创新，以及农旅融合等跨产业的产品、服务、解决方案等的供给能力；生产方式创新主要涉及智慧农业发展水平，如农业生产管理方式的机械化、数字化、智能化等。社会创新因子主要涉及社会治理方式的变革及乡土文化建设水平。

6.4 指标权重设计

6.4.1 基于模糊层次分析法的层次结构模型建立

初始指标权重采用模糊层次分析法加以实现。

1. 构建判断矩阵

根据对各因素层次的划分，设计出专家评价表，由来自产业界、学术界和政界的专家代表进行重要度比较判定，构造出判断矩阵，采用数字 1~9 标度法比较指标的相对重要性关系。表 6-7 为因素比较量化表。

表 6-7 因素比较量化表

定性说明	量化数值
R_i 与 R_j 同样重要	1
R_i 比 R_j 稍为重要	3
R_i 比 R_j 明显重要	5
R_i 比 R_j 非常重要	7
R_i 比 R_j 极端重要	9

具体计算过程如下：

计算判断矩阵

$$A=\begin{bmatrix} a_{11} & a_{12} & \cdots & a_{1n} \\ a_{21} & a_{22} & \cdots & a_{2n} \\ \vdots & \vdots & & \vdots \\ a_{n1} & a_{n2} & \cdots & a_{nn} \end{bmatrix} \tag{6-4}$$

每行元素的乘积：

$$M_i=\prod_{i=1}^{n} a_{ij} \quad (i=1,\ 2,\ \cdots,\ n) \tag{6-5}$$

计算 M_i 的 n 次方根：

$$\overline{W_i}=\sqrt[n]{M_i} \quad (i=1,\ 2,\ \cdots,\ n) \tag{6-6}$$

对向量

$$\overline{W}=\begin{bmatrix} \overline{W_1} \\ \overline{W_2} \\ \vdots \\ \overline{W_n} \end{bmatrix}$$

正规化如下：

$$W_i = \frac{\overline{W_i}}{\sum_{j=i}^{n}\overline{W_j}} \quad (j=1, 2, \cdots, n) \tag{6-7}$$

则 $\boldsymbol{W} = \begin{bmatrix} W_1 \\ W_2 \\ \vdots \\ W_N \end{bmatrix}$ 即为所求 $\boldsymbol{A}$ 的最大矩阵特征值的特征向量。

计算判断矩阵的最大特征根为

$$\lambda_{\max} = \sum_{i=1}^{n} \frac{(\boldsymbol{AW})_i}{nW_i} \quad (i=1, 2, \cdots, n) \tag{6-8}$$

其中，$(AW)_i$ 是 AW 的第 i 个分量。

之后将最大特征根对应的特征向量作为子层的权重值。

2. 层次单排序及一致性检验

通过判断矩阵 $\bar{A}$ 的特征根的求解（$\bar{\boldsymbol{A}}\boldsymbol{W} = \lambda_{\max}\boldsymbol{W}$）得到特征向量值，经过归一化后即为同一层次相应元素对于上一层次某因素相对重要性的排序权值。这一过程称为层次单排序。为进行层次单排序或判断矩阵的一致性检验，需要计算的一致性指标为

$$\mathrm{CI} = \frac{\lambda_{\max} - n}{n-1}，n \text{ 为判断矩阵的阶数。} \tag{6-9}$$

对于 1～8 阶判断矩阵，平均随机一致性指标的值如表 6-8 所示。

表 6-8　1～8 阶判断矩阵的平均随机一致性指标

阶数	1	2	3	4	5	6	7	8
RI	0	0	0.52	0.89	1.12	1.26	1.36	1.41

当随机一致性比率

$$\mathrm{CR} = \frac{\mathrm{CI}}{\mathrm{RI}} < 0.10 \tag{6-10}$$

时，可以认为层次单排序的结果具有满意的一致性，否则需要调整判断矩阵元素的取值。

3. 层次总排序及一致性检验

计算同一层次所有因素对于较高层相对重要性的排序，称为层次总排序。这一过程是从高层次到低层次逐层进行的。若上一层次 A 包含 m 个因素 A_1，A_2，…，A_m，其层次总排序权值分别为 a_1，a_2，…，a_m，下一层次 B 包含 n 个因素 B_1，B_2，…，B_n。它们对于因素 A_j 的层次单排序权值分别为 b_{1j}，b_{2j}，…，b_{nj}（当 B_k 与 A_j 无联系时，$b_{kj}=0$）。此时，B 层次总排序权值由表 6-9 给出。

表 6-9 B 层次总排序权值表

层次 A		A_1，A_2，$\cdots$，A_m a_1，a_2，$\cdots$，a_m	B 层次总排序权值
层次 B	B_1	b_{11}，b_{12}，$\cdots$，b_{1m}	$\sum_{j=1}^{m} a_j b_{1j}$
	B_2	b_{21}，b_{22}，$\cdots$，b_{2m}	$\sum_{j=1}^{m} a_j b_{2j}$
	$\vdots$	$\vdots$	$\vdots$
	B_n	b_{n1}，b_{n2}，$\cdots$，b_{nm}	$\sum_{j=1}^{m} a_j b_{nj}$

从高到低逐层进行层次总排序的一致性检验。如果 B 层次的某些因素对于 A_j 单排序的一致性指标为 CI_j，相应的平均随机一致性指标为 RI_j，则 B 层次总排序随机一致性比率为

$$\mathrm{CR} = \frac{\sum_{j=1}^{m} a_j \mathrm{CI}_j}{\sum_{j=1}^{m} a_j \mathrm{RI}_j} \tag{6-11}$$

类似地，当 CR<0.10 时，可以认为层次总排序的结果具有满意的一致性序。

6.4.2 指标赋权

1. 构建判断矩阵

根据专家评价表构造出 A-S 层判断矩阵，如表 6-10 所示。

表 6-10 A-S 层判断矩阵

	S1	S2	S3	S4
S1	1	3	5	7
S2	1/3	1	5/3	7/3
S3	1/5	3/5	1	7/5
S4	1/7	3/7	5/7	1`

具体计算步骤如下：

根据式（6-5）计算判断矩阵每一行元素的乘积：

$$M_1 = 105 \qquad M_2 = 37/35 \qquad M_3 = 21/125 \qquad M_4 = 14/443$$

根据式（6-6）计算

$$\overline{W_1} = \sqrt[3]{15} = 2.466 \qquad \overline{W_2} = 1 \qquad \overline{W_3} = 0.405$$

根据式（6-7）对向量

$$\overline{\boldsymbol{W}}=\begin{bmatrix}\overline{W_1}\\\overline{W_2}\\\overline{W_3}\end{bmatrix}=\begin{bmatrix}2.466\\1\\0.405\end{bmatrix}$$

进行正规化运算：

$$\sum_{j=1}^{3}\overline{W_j}=3.872$$

$$W_1=\frac{\overline{W_1}}{\sum\limits_{j=1}^{3}\overline{W_1}}=0.637$$

$$W_2=\frac{\overline{W_2}}{\sum\limits_{j=1}^{3}\overline{W_2}}=0.258$$

$$W_3=\frac{\overline{W_3}}{\sum\limits_{j=1}^{3}\overline{W_3}}=0.105$$

所求特征向量为

$$\boldsymbol{W}=\begin{bmatrix}0.637\\0.258\\0.105\end{bmatrix}$$

按式（6-10）计算判断矩阵的最大特征根 $\lambda_{\max}$：

因为

$$\begin{bmatrix}a_{11} & a_{12} & \cdots & a_{1n}\\a_{21} & a_{22} & \cdots & a_{2n}\\\vdots & \vdots & \vdots & \vdots\\a_{n1} & a_{n2} & \cdots & a_{nn}\end{bmatrix}\times\begin{bmatrix}W_1\\W_2\\\vdots\\W_n\end{bmatrix}$$

$$(\boldsymbol{AW})_1=1.935$$

$$(\boldsymbol{AW})_2=0.785$$

$$(\boldsymbol{AW})_3=0.318$$

所以判断矩阵的最大特征根为

$$\lambda_{\max}=\sum_{i=1}^{n}\frac{(\boldsymbol{AW})_i}{nW_i}=3.039$$

为进行判断矩阵的一致性检验，需要计算一致性指标。根据式（6-9）

$$\mathrm{CI}=\frac{\lambda_{\max}-n}{n-1}，（n\ 为判断矩阵的阶数）$$

可得

$$CI = 0.019$$

根据表 6-7 可知 3 阶判断矩阵的 RI 值为 0.52，故 RI=0.52。

根据式（6-10）

$$CR = \frac{CI}{RI} = 0.037 < 0.10$$

说明判断矩阵通过一致性检验。

2. A-S 层和 S-F 层相关参数计算

同理，可以得知 A-S 层和 S-F 层各相关参数，如表 6-11 所示。

表 6-11　A-S 层和 S-F 层各相关参数

判断矩阵	λ_{max}	CI	RI	CR
A-S	3.039	0.019	0.52	0.037
S-F1	3.065	0.032	0.52	0.062
S-F2	4.236	0.079	0.89	0.088
S-F3	4.115	0.038	0.89	0.043
S-F4	4.194	0.051	0.52	0.049

3. 权重计算

计算同一层次所有因素对于较高层相对重要性的排序，称为总层次排序。这一过程是从高层次到低层次逐层进行的，先对 A-S 进行排序，再对层次总排序的一致性进行检验：

$$CR = \frac{\sum_{j=1}^{m} a_j CI_j}{\sum_{j=1}^{m} a_j RI_j}$$

同理，对指标层其他各项指标也进行同样的分析，根据层次总排序权值表（表 6-9），进行 F-E 层总排序，得到排序结果，总计为总权重，如表 6-12 所示。

表 6-12　农村电子商务发展指数模型各指标权重

准则层	因子层	指标层	权重
条件指数（0.2015）	信息与通信基础设施（0.0317）	网络带宽（E111）	0.0074
		Wi-Fi 覆盖面（E112）	0.0081
		计算机普及率（E113）	0.0067
		智能终端普及率（E114）	0.0095
	物流条件（0.0732）	物流中转中心（E121）	0.0218
		快递点分布（E122）	0.0271
		道路密度（E123）	0.0243
	信息系统（0.0501）	ERP 系统（E131）	0.0199
		云应用（E132）	0.0167
		管理信息平台（E133）	0.0135

续表

准则层	因子层	指标层	权重
条件指数（0.2015）	经济社会水平（0.0465）	人均 GDP（E141）	0.0126
		人均消费水平（E142）	0.0114
		产业结构（二产、三产占比）（E143）	0.0102
		人口结构（E144）	0.0123
规模指数（0.3106）	交易规模（0.1258）	网络贸易交易额（E211）	0.0307
		网络零售额（E212）	0.0468
		快递包裹数（E213）	0.0251
		网店数（E214）	0.0232
	从业群体（0.0389）	从业人数（E221）	0.0169
		平均从业年限（E222）	0.0105
		专业结构（E223）	0.0077
		继续教育（E224）	0.0038
	流通水平（0.0421）	物流效率（E231）	0.0174
		分销渠道建设（E232）	0.0128
		库存控制能力（E233）	0.0119
	推广能力（0.0447）	广告投入（E241）	0.0117
		广告 ROI（E242）	0.0155
		新媒体营销（E243）	0.0175
	经营质量（0.0591）	产品标准化程度（E251）	0.0173
		投诉/纠纷率（E252）	0.0145
		好评率（DSR）（E253）	0.0273
渗透指数（0.2997）	农业应用（0.1491）	农业生产控制能力（E311）	0.0468
		市场运营能力（E312）	0.0754
		农产品附加值提升能力（E313）	0.0269
	农民发展（0.0874）	物质生活条件（E321）	0.0327
		文化娱乐事业（E322）	0.0275
		群体素质（E323）	0.0272
	新农村建设应用（0.0632）	土地流转率（E331）	0.0142
		基础设施完善（E332）	0.0289
		生态环境卫生条件（E333）	0.0201
发展指数（0.1882）	生产创新（0.0726）	产品创新（E411）	0.0339
		生产方式创新（E412）	0.0277
		商业模式创新（E413）	0.0472
		供应链创新（E414）	0.0116
	社会创新（0.0417）	治理创新（E421）	0.0379
		文化创新（E422）	0.0299
	品牌价值（0.0739）	商业品牌培育（E431）	0.0284
		模式应用推广（E432）	0.0455

6.4.3 模型完善

至此农村电子商务发展指数初始模型已经构建，但依靠模糊层次分析法的权重设置方式仍存在一些不足。

（1）定量数据较少，定性成分多，更多依靠专家主观判断，不易令人信服。在如今对科学的方法的评价中，一般专家学者认为一项研究需要比较严格的数学论证和完善的定量方法。但现实世界的问题和人脑考虑问题的过程在很多时候不能简单使用数字来量化。层次分析法是一种带有模拟人脑的决策方式的方法，因此必然带有较多的定性色彩。

（2）指标过多时数据统计量大，且权重难以确定。当我们希望能解决较普遍的问题时，指标的选取数量很可能随之增加。正如系统结构理论所述，在分析一般系统的结构时，首先搞清楚关系环，接着分析基层次，而要分析基层次上的相互关系时，要确定的关系就非常多了。指标的增加意味着要构造层次更深、数量更多、规模更庞大的判断矩阵。那么，我们就需要对许多的指标进行两两比较的工作。在一般情况下，我们对层次分析法的两两比较是用 1 ～ 9 来说明其相对重要性，如果有越来越多的指标，我们对每两个指标之间的重要程度的判断可能就会出现困难，甚至对层次单排序和总排序的一致性产生影响，使一致性检验不能通过。由于客观事物的复杂性或对事物认识的片面性，通过构造的判断矩阵求出的特征向量（权值）不一定是合理的。也就是说，层次分析法没有办法指出我们的判断矩阵里哪个元素出了问题。

（3）特征值和特征向量的精确求法比较复杂。在求判断矩阵的特征值和特征向量时，所用的方法和进行多元统计用的方法是一样的。在二阶、三阶的时候，比较容易处理，但随着指标的增加，阶数随之增加，在计算上变得越来越困难。

有鉴于此，在调研基础上，运用熵值法可以较好地优化和完善指标体系。在信息论中，熵是对不确定性的一种度量。熵值法是一种重要的评价方法，通过求得各个指标的信息熵来确定指标权重，其应用比较广泛。熵值法是指用来判断某个指标的离散程度的数学方法。离散程度越大，该指标对综合评价的影响越大。我们可以用熵值判断某个指标的离散程度`。但运用熵值法的前提是掌握大量的客观数据。因此，初始指数模型采用模糊层次分析法，在完成大量数据采集后，再使用熵值法进行权重修正，以进一步提升农村电子商务发展指数模型的可靠性。

` 张楠，彭珍瑞，殷红，等. 基于熵值法的目标模态最优数目确定新方法[J]. 铁道科学与工程学报，2018，15（2）：483-488.

第 7 章　农村电子商务发展调查设计与应用

运用农村电子商务发展指数模型，不仅可以测度和洞悉各区域农村电子商务发展水平，通过横向和纵向比较挖掘各地的优势、短板与潜力，还可以进一步优化和完善指数模型，提升指数模型的可持续生命力。采集对象可以为自然村、行政村、乡镇等。为进一步提升数据采集的可靠性，我们以乡镇为对象单元开展指数模型应用试行。

7.1　数据采集

7.1.1　数据采集方式

测度采用客观数据采集和问卷数据采集两种模式，总共有 48 个指标。

（1）客观数据指标有 16 个，分别为网络带宽（E111）、Wi-Fi 覆盖面（E112）、计算机普及率（E113）、智能终端普及率（E114）、道路密度（E123）、人均 GDP（E141）、人均消费水平（E142）、产业结构（二产、三产占比）（E143）、人口结构（E144）、网络贸易交易额（E211）、网络零售额（E212）、快递包裹数（E213）、网店数（E214）、从业人数（E221）、投诉/纠纷率（E252）、好评率（DSR）（E253）。上述指标（含指标集）主要通过政府公布的统计数据、公报、白皮书，当地其他文献资料、政府相关部门内部统计资料，以及权威的行业报告获取。

（2）通过问卷采集的指标有 10 个，分别为云应用（E132）、管理信息平台（E133）、平均从业年限（E222）、专业结构（E223）、产品创新（E411）、生产方式创新（E412）、商业模式创新（E413）、供应链创新（E414）、治理创新（E421）、文化创新（E422）。此类数据以主观数据为主，主要反映当地农村电商企业主、从业者，产业链上下游各节点、当地农民等群体对农村电子商务发展水平及影响情况的主观认知与感受，主要通过问卷调查和抽样访谈等方式获取。

（3）综合指标有 22 个，分别为物流中转中心（E121）、快递点分布（E122）、ERP 系统

（E131）、继续教育（E224）、物流效率（E231）、分销渠道建设（E232）、库存控制能力（E233）、广告投入（E241）、广告 ROI（E242）、新媒体营销（E243）、产品标准化程度（E251）、农业生产控制能力（E311）、市场运营能力（E312）、农产品附加值提升能力（E313）、物质生活条件（E321）、文化娱乐事业（E322）、群体素质（E323）、土地流转率（E331）、基础设施完善（E332）、生态环境卫生条件（E333）、商业品牌培育（E431）、模式应用推广（E432）。此类指标涉及面较广，既要关注客观发展水平，也要考虑相关群体的主观认知。

7.1.2 客观数据采集

网络带宽（E111）指标集包含三个子指标：乡镇总带宽，表明该乡镇网络频带的总宽度，单位为 Gb/s；百兆宽带覆盖率；4G/5G 无线网络覆盖率。三个指标权重分别为 50%、20%、30%。

Wi-Fi 覆盖面（E112）指标集包含两个子指标，分别为 Wi-Fi 覆盖率和 Wi-Fi 带宽，权重各占 50%。

计算机普及率（E113）指标即区域非国有资产计算机数除以常住人口数，区域学校、政府机关、国有企业拥有的计算机不纳入统计，不考虑计算机类型、年代、配置等因素。

智能终端普及率（E114）即智能手机和平板电脑的人均拥有率，不考虑智能手表、掌上电脑等其他移动终端设备。

道路密度（E123）指标集包含四项指标：公路总里程；县道、乡道、村道里程数/每百平方公里；等级公路比例；行政村通公路比例。四项指标占比分别为 20%、40%、20%、20%。其中县道、乡道、村道的密度分别按 3∶2∶1 统计。

人均 GDP（E141）即年报中的人均 GDP 数据。乡镇层级的 GDP 数据能够从政府部门获取。

人均消费水平（E142）指标通常采集人均消费支出数据，该数据一般统计到县级层面。若乡镇层级缺乏人均消费支出数据，则参照所在县级行政单位农村居民人均消费支出数据。

产业结构（E143）主要考虑二产、三产占 GDP 总值比重情况，其中二产占比和三产占比权重分别为 30%、70%。

人口结构（E144）主要采集五个指标：出生率、自然增长率、劳动力人口占比、老年人口占比（逆指标）、接受高等教育人数占比，权重分别为 15%、15%、25%、15%、30%。

网络贸易交易额（E211）和网络零售额（E212）均采集属地商务局相关指标。

快递包裹数（E213）以当地邮政管理局数据为准。

网店数（E214）、从业人数（E221）由各乡镇采集，团队抽样复核。

投诉/纠纷率（逆指标）（E252）、好评率（DSR）（E253）两个指标随机采集当地 10 家天猫、京东 B2C 店铺后台数据和 10 家淘宝、拼多多 C2C 平台数据。

7.1.3 问卷数据采集

10 个指标通过问卷采集。问卷主要面向三类人群：农村电子商务（含服务站）从业者、从事农业生产的农民，以及普通农村居民。数据采集问卷方式如表 7-1 所示。

表 7-1　问卷数据采集方式设计

指　标	采集要点		
	农村电子商务从业者	农业生产者	普通农村居民
云应用（E132）	是否使用电商平台第三方插件； 电子商务业务通过云应用完成比例； 近两年云应用年投入金额	使用了哪些与生产有关的云应用； 对生产的实际促进作用如何	个体使用云存储、云平台比例
管理信息平台（E133）	企业/店铺管理是否应用信息管理平台； 是否使用 ERP 系统； 是否使用 SCM 系统； 是否使用 CRM 系统	—	—
平均从业年限（E222）	被调查者累计从事电子商务等相关工作年限； 被调查者在本村（镇）从事电子商务等相关工作年限 （两者去量纲化处理后求算术平均值）	被调查者从事农业涉及使用的信息化工具	—
专业结构（E223）	按被调查者所学专业对应学科门类分类归纳	按被调查者所学专业对应学科门类分类归纳	—
产品创新（E411）	电子商务产品来源（是否来源于本村镇？农产品、深加工副产品或工业产品）； 电子商务产品创新力（网络市场竞争力、同类产品迭代更新频率、产品好频率）； 农村电子商务第三方服务类产品的创新力	农产品品种创新性； 种类丰富度	—
生产方式创新（E412）	基于电子商务的 C2B、C2M、C2F、C2B2S 等产品研发生产模式创新水平，如个性化定制率，小批量、多批次按需生产方式占比等	基于数字化的农业生产方式创新； 农产品加工方式及工艺创新性	—
商业模式创新（E413）	电子商务渠道、平台、营销模式创新度及创新率	农产品供应方式，对接超市、供销社、社区，还是个人	
供应链创新（E414）	产品供应链及库存管理水平	农产品销路拓展情况及滞销率	
治理创新（E421）	运行管理机制建设情况； 参与了哪些村集体决策活动； 村集体决策事项在村务信息平台公示情况； 选举等活动参与情况		
文化创新（E422）	村集体开展了哪些文化娱乐活动； 日常文化娱乐活动有哪些； 互联网丰富了哪些文化生活； 生产知识通过互联网获取情况； 生活知识通过互联网获取情况		

7.2 调研设计与实施

7.2.1 调研范围

在全国1756个淘宝镇中选取100个，每个镇选取2个淘宝村，每个村选取农村电子商务从业者1～2名、农业生产者1～2名、普通农村居民1～6人（根据常住人口样本量确定）。另外，对地方政府主管部门、村党支部书记（村主任、大学生村官等）开展访谈。调研的淘宝镇、淘宝村分布情况如表7-2所示。

表7-2 调研的淘宝镇、淘宝村分布情况

地区（省份）	淘宝镇	淘宝村
浙江省	丽水市 缙云县 壶镇镇	北山村、高潮村
	台州市 玉环市 楚门镇	中山村、吴家村
	台州市 天台县 坦头镇	长崔村、牌门陈村
	金华市 永康市 芝英镇	桥里村、雅庄村
	金华市 义乌市 苏溪镇	徐丰村、邢宅村
	金华市 义乌市 佛堂镇	起鸣村、大田村
	衢州市 柯城区 万田乡	弈园村、顺家路边村
	绍兴市 嵊州市 黄泽镇	三王村、许宅村
	绍兴市 诸暨市 店口镇	金家站、斗门村
	湖州市 安吉县 孝丰镇	狮古桥村、下汤村
	嘉兴市 桐乡市 洲泉镇	坝桥村、青石村
	嘉兴市 平湖市 新埭镇	旧埭村、鱼圻塘村
	温州市 乐清市 北白象镇	车岙村、前岸村
	温州市 平阳县 万全镇	黄垟村、章桥村
	温州市 瑞安市 塘下镇	西河村、陈岙村
	宁波市 慈溪市 龙山镇	王家路村、新西村
	宁波市 宁海县 西店镇	樟树村、滨海村
	杭州市 临安区 於潜镇	自由村、杨洪村
	杭州市 余杭区 塘栖镇	莫家桥村、李家桥村
广东省	揭阳市 普宁市 梅塘镇	远光村、田丰村
	潮州市 饶平县 黄冈镇	霞中村、大澳村
	潮州市 潮安区 庵埠镇	官路村、厦吴村
	中山市 三乡镇	大布村、白石村
	中山市 横栏镇	贴边村、宝裕村
	东莞市 望牛墩镇	聚龙江村、洲湾村
	东莞市 石碣镇	石碣村、刘屋村
	惠州市 博罗县 石湾镇	中岗村、铁场村
	惠州市 惠阳区 新圩镇	约场村、南坑村
	江门市 开平市 水口镇	金山村、新风村
	江门市 蓬江区 荷塘镇	霞 村、三丫村
	佛山市 顺德区 乐从镇	罗沙村、沙边村
	佛山市 南海区 里水镇	得胜村、宏岗村
	汕头市 澄海区 东里镇	月窟村、明德村

续表

地区（省份）	淘宝镇	淘宝村
广东省	汕头市 潮南区 陈店镇 广州市 增城区 新塘镇 广州市 花都区 狮岭镇	内新村、流溪村 坭紫村、白江村 瑞边村、新庄村
江苏省	宿迁市 泗阳县 众兴镇 宿迁市 沭阳县 新河镇 泰州市 兴化市 张郭镇 镇江市 丹阳市 丹北镇 扬州市 江都区 小纪镇 连云港市 东海县 桃林镇 连云港市 赣榆区 海头镇 南通市 通州区 川姜镇 南通市 海门市 海门工业园区 苏州市 太仓市 沙溪镇 苏州市 张家港市 金港镇 常州市 武进区 横林镇 徐州市 睢宁县 庆安镇 徐州市 睢宁县 沙集镇 徐州市 铜山区 马坡镇 无锡市 江阴市 长泾镇 无锡市 锡山区 东港镇	周庄居委会、西康居委会 维新村、解桥村 唐刘村、欧家村 飞达村、新弄村 高徐村、富民村 桃东村、南芹村 海前村、李巷村 望海台村、姜川村 召良村、永富村 洪泾村、胜利村 长山村、张家港村 庆丰村、双蓉村 胡巷村、前营村 兴国村、蔡吴村 九段村、前八段村 南国村、河塘村 港东村、山联村
福建省	厦门市 集美区 后溪镇 宁德市 福安市 城阳镇 龙岩市 漳平市 永福镇 南平市 武夷山市 武夷街道 漳州市 漳州高新区 九湖镇 泉州市 南安市 霞美镇 泉州市 晋江市 永和镇 泉州市 石狮市 灵秀镇 莆田市 仙游县 榜头镇 莆田市 荔城区 新度镇 厦门市 集美区 灌口镇 福州市 闽侯县 荆溪镇 福州市 晋安区 新店镇	仓上村、东宅村 留洋村、溪东村 石洪村、李庄村 角亭村、天心村 长福村、衍后村 邱钟村、四黄村 英墩村、古厝村 茂厦村、彭田村 南溪村、仙水村 扬美村、白埕村 双岭村、顶许村 光明村、港头村 西园村、斗顶村
华北地区	北京市 房山区 长阳镇 北京市 昌平区 小汤山镇 天津市 武清区 汊沽港镇 天津市 武清区 王庆坨镇 菏泽市 东明县 武胜桥镇 滨州市 博兴县 湖滨镇 临沂市 临沭县 青云镇 临沂市 平邑县 保太镇 枣庄市 滕州市 洪绪镇 潍坊市 临朐县 寺头镇 淄博市 博山区 域城镇 衡水市 滨湖新区 魏家屯镇 廊坊市 霸州市 王庄子镇 沧州市 任丘市 长丰镇 保定市 定州市 庞村镇 邢台市 南宫市 紫冢镇	朱岗子村、阎仙垡村 尚信村、常兴庄村 苑家堡村、一街村 小范口村、六街村 玉皇庙村、陈屯村 姜韩村、柳白村 王庄村、云白常村 李家白壤村、保太村 龙庄村、东赵沟村 吕匣村、王庄村 东域城村、伊家楼村 陆　村、赵祥屯村 三庄子村、靳家堡村 胡家村、袁庄村 南陶邱村、西只东村 北七里口村、后高庄村

续表

地区（省份）	淘宝镇	淘宝村
华北地区	唐山市 玉田县 鸦鸿桥镇 石家庄市 深泽县 桥头乡	西轩湖甸村、河西村 耿庄村、大桥头村
中部地区	滁州市 天长市 秦栏镇 宣城市 泾县 丁家桥镇 长沙市 长沙县 黄兴镇 黄冈市 麻城市 铁门岗乡 宜昌市 枝江市 仙女镇 南阳市 镇平县 石佛寺镇 许昌市 长葛市 佛耳湖镇 新乡市 卫辉市 孙杏村镇 洛阳市 洛龙区 庞村镇 郑州市 新郑市 龙湖镇	联盟村、庆祝村 小岭村、李园村 鹿芝岭村、黄兴新村 玉皇阁村、走马岗村 向巷村、五通庙村 老毕庄村、榆树庄村 尚庄村、申庄村 堡上村、张武店村 窑沟村、大庄村 东徐村、王许村
西部地区	成都市 郫都区 安靖镇 遵义市 仁怀市 茅台镇	方桥村、赛驰村 岩滩村、椿树村
其他地区	鞍山市 海城市 中小镇 赣州市 南康区 龙岭镇 九江市 庐山市 横塘镇	朱家洼村、岳家村 向阳村、秀峰村 西平村、红星村

7.2.2 调研设计

1. 问卷设计

问卷分为三个部分，一是被调查者基本信息，含被调查者姓名、年龄、性别、从事职业、年收入等11项。以从事职业单选题为标准设置跳转，农村电子商务从业者、从事农业生产的农民及普通农村居民三类人群分别填写第二部分差异化题目。第二部分共21项，主要反映农村电子商务发展及对农村经济社会发展影响的基本情况。第三部分是满意度专项题集，采用李克特五级量表，一共34个子题目，如表7-3所示。

表7-3 满意度专项调查表

题项	满意度				
	非常同意	同意	一般	不太同意	很不同意
1. 网络使用流畅便捷					
2. Wi-Fi 覆盖面广阔					
3. 应用软件满足生产、生活需要					
4. 感觉数字时代真正来到了身边					
5. 智能手机的功能令人满意					
6. 智能手机的性能令人满意					
7. 智能手机的续航令人满意					
8. 使用手机可以明显让生活更便捷					
9. 使用手机可以明显让工作更简单					

续表

题项	满意度				
	非常同意	同意	一般	不太同意	很不同意
10. 家里大量使用智能家居产品					
11. 电子商务提升了产品销量					
12. 电子商务提升了产品利润					
13. 电子商务提升了市场竞争力					
14. 电子商务优化了产品供应链					
15. 产品库存水平有效控制					
16. 物流服务能够满足电子商务需求					
17. 物流服务能够满足生活需求					
18. 产品更新迭代速度更快					
19. 推广方式更新速度更快					
20. 客服工作更为智能方便					
21. 售后服务提供更为便利合理					
22. 第三方电子商务服务水平不断提升					
23. 电子商务促使农村居民脱贫致富					
24. 电子商务使农村居民更快融入互联网时代					
25. 电子商务使农村居民思想观念更为进步					
26. 使用手机可以随时随地学习					
27. 使用手机可以随时随地开展工作					
28. 电子商务加速农村基础设施建设					
29. 互联网增强人们的环保意识					
30. 互联网增强文化卫生等公共服务供给					
31. 村务信息通过信息化平台及时公布					
32. 使用手机轻松参与村务管理投票					
33. 智能监控设备保障农村居民安全和权益					
34. 电子商务对农村经济社会发展总体促进作用显著					

2. 访谈设计

重点访谈的对象分为以下三类。

（1）农村电子商务从业者。重点了解当地电子商务发展条件和产业生态，了解其发展电子商务前后的生活变化、目前的生活现状、未来的生活计划，剖析其生活质量发生改变的更深层次的原因，以及政府部门对其发展电子商务的支持力度和成效，特别是在电子商务发展阶段遇到资金、团队、市场、交通等各方面困难的时候，政府提供的帮助以及指导。

（2）典型淘宝村（镇）居民，通过对当地电子商务发展的经历及发展农村电子商务前后，农村基础设施建设、环境建设、经济发展、文化卫生事业发展、思想观点变化等方面情况的了解和对比分析，洞悉电子商务对农村经济社会发展的影响。

（3）当地从事相关工作的乡镇政府负责人，县政府商务局、招商局等部门，以及村党支部书记（村主任、大学生村官等），了解当地在农村招商引资、推动电子商务发展方面的规划、政策与经验做法，以及通过对政策实施前后变化的比较反映政策实施效果。

7.2.3 调查实施

1. 预调查

选取温州瑞安塘下镇和平阳万全镇两个镇开展预调查。在两个地区随机抽取调查对象并发放调查问卷 80 份，共回收有效问卷 73 份，有效回收率为 91.1%。73 名有效被调查对象分别涵盖农村电子商务从业者 24 名、农业生产者 19 名、普通农村居民 30 人。通过预调查验证了问卷的合理性，并针对被调查者反映的问题进行修改，以进一步提高题设的明确性、可读性和易理解性，以及选项的覆盖性和分布性，减少可能造成的理解偏差、歧义等问题；同时根据预调查的有效问卷率调整、确定样本容量。

2. 样本确定

被调查的 200 个淘宝村常住人口数量差异较大，人口最多的达 6500 多人，最小仅 400 余人。同时，每个村的人口结构差异较大：其中一个村外来人口占常住人口的 70%，从事电子商务及配套服务人口占劳动力人口的 85%以上，而农业生产从事者几乎为零；另一个村的农村居民则以从事农业生产为主，仅有一家电商企业，以 35 名年轻人、24 家网店的规模及约 5000 万元的年均销售额支撑起了该村“淘宝村”的称号。因此，我们一改等比例抽样方式，将人口量级分别三级，根据不同级别设置抽样人数。每村总抽样数为 3～9 人。按照每村平均 800 人计算，置信度为 95%（t=1.96）、最大允许绝对误差为 5%（Δp=0.05）、p 为 0.5 的条件，且考虑问卷回收率情况，抽样数基本满足样本要求。

7.2.4 误差控制

在抽样调查中，必然会出现系统误差和非系统误差。我们旨在通过精密分析、科学控制抽样调查中的误差项，从而使调查数据更加真实、有效，得出的结果更加客观、准确。

1. 可能出现的误差

（1）抽样误差。

在抽样设计过程中，抽样的方法选择不当或者样本容量计算错误，都可能造成抽样的误差。抽样框选择不当，从各阶段抽选出的样本单位数不能获得最佳有效估计。而增加样本容量可能使非抽样误差增加。

（2）问卷设计。

在对问卷的理解上，被调查者可能不会真正理解某问题的特别意图。问卷中某些问题的用词可能诱导受访者，从而使调查出来的数据不科学。另外，如果问卷太长，可能使被调查者失去兴趣，致使调查不能圆满完成。有时候，被调查者宁愿强迫自己回答问题，也不愿承认自己无知。

（3）数据收集。

在访问调查或问卷填写过程中，被调查者存在涂改、字迹潦草、填写不完整等情况，或在数据录入的时候出现录入错误，都可能导致最后的结果产生偏差。

（4）数据分析处理。

在数据处理过程中，若采用过于单一的数据统计方法，可能无法发现数据中隐藏的信息，从而导致得出的结论不够全面。

2. 误差控制方法

（1）提前做好调查对接。

通过所在县商务局或电子商务协会提前向各村发函，表达调研诉求，与各村两委、农村电子商务从业者预约适宜时间。充分考虑两类被调查者工作性质及时间节点，尽量在合适时间前去调查，发放问卷，以增强被调查者的重视程度和配合度，提高问卷填写的有效性和回收的便利性。

（2）降低问卷的理解误差。

为降低被调查者对于问卷问题的理解误差，要注意以下两个方面：一方面，在设置问题的时候，我们根据不同群体的认知水平，特别是受教育水平不高的农村中老年群体，尽量使用通俗易懂的词汇，并进行适当的注释，帮助被调查者理解问卷中的问题；另一方面，我们通过网络和所在高校进行预调查，从而发现问卷中的表述或选项设置的问题，进一步完善问卷。

（3）强化对问卷调查全过程的把控。

在发放问卷前，调查人员简要介绍调查目的，明确保证此次调查采取匿名的形式，不会泄露任何个人信息，以此消除被调查者的顾虑，进而提高答案的真实性。同时，调查人员一直陪在身边，帮助被调查者及时答疑。

（4）多维度数据统计分析。

为进一步提高数据的可靠性及对结论的支撑性，本调查采用多维度的数据统计分析方法，特别是在重要度确定和优先指标确定的时候，使用 KANO、IPA 两种方法分别检验，再使用 KANO-IPA 整合分析法进行验证性调整。

7.3　测度结果

7.3.1　调查基本情况

1. 基本情况分析

调查受新冠疫情影响，前后持续约 16 个月，实际有效投入时间约 90 天。调查组由 5 名团队成员和 16 名电子商务专业学生组成，分成 5 个小队，其中 4 个小队分别由 1 名教师和 3 名学生组成，作为区域调查组，另一个小队由 1 名教师和 4 名学生组成，负责浙江省内事务、业务联系、数据管理、后勤保障等工作。四个区域调查组分别为粤闽组、江苏组、华北组和中西部组。

调研区域集中在各区域淘宝镇的两个典型淘宝村。由于受新冠疫情等影响，计划调查 100 个淘宝镇、200 个淘宝村，实际完成调查 69 个淘宝镇、137 个淘宝村。实际发放问卷 527 份，回收有效问卷 514 份，其中电子问卷 418 份、纸质问卷 96 份，调查对象实际覆盖农村电子商务从业者、农业生产者、普通农村居民、各村支部书记等预期人群。

我们主要使用 SPSS 26.0 软件对问卷数据进行整理和分析。首先，对问卷进行信度和效度的分析，评价问卷的可靠程度和准确程度；其次对样本进行描述性统计分析，以及典型交叉表分析；接着对问卷中的涉及的 DIRE 指数模型数据进行采集计算，对 KANO 结果进行逐项分析及满意度典型性分析；再次根据采集的客观数据运用熵值法对指标权重进行适度修正；最后再结合 KANO-IPA 整合模型，分析重点改善指标并提出提升高校互联网创业生态环境质量的对策建议。

2. 信度分析

采用 α 系数值来检验问卷及服务要素的信度。运用 SPSS 26.0 软件计算内部一致性系数，问卷整体的信度分析结果如表 7-4 所示，其克龙巴赫 α 系数为 0.972。这表明，对于整个问卷而言，获得数据的一致性是可接受的。

表 7-4 问卷整体信度分析结果

克龙巴赫 α 系数	基于标准化项的克龙巴赫 α 系数	项数
0.972	0.973	102

3. 效度分析

采用 Kaiser 提出的 KMO（Kaiser-Meyer-Olkin）统计量进行效度检验，KMO 值为 0～1，越接近 1 表示效度越好。运用 SPSS 26.0 软件的因子分析功能，基于主成分和方差最大正交旋转分析，保留特征值超过 1、因子载荷超过 0.6 的因子，得到 10 个主要因子，其累计方差解释为 85.465。KMO 检验值为 0.898，Bartlett 球形度检验近似卡方为 129030.424，p=0，表明问卷的结构效度较好。KMO 和 Bartlett 球形检验结果如表 7-5 所示。

表 7-5 KMO 和 Bartlett 球形检验结果

KMO 效度检验	Bartlett 球形度检验		
	近似卡方	df	Sig.
0.898	129030.424	5151	0.000

7.3.2　主要问卷调查结果

1. 被调查者基本情况

在 514 份有效问卷中，被调查者中有农村电子商务从业者 152 人、农业生产者 93 人、普通农村居民 222 人、各村两委代表（支部书记、村主任、大学生村官）47 人，其占比如图 7-1 所示。被调查者中男性 295 人，占比 57.40%，女性 219 人，占比 42.60%。

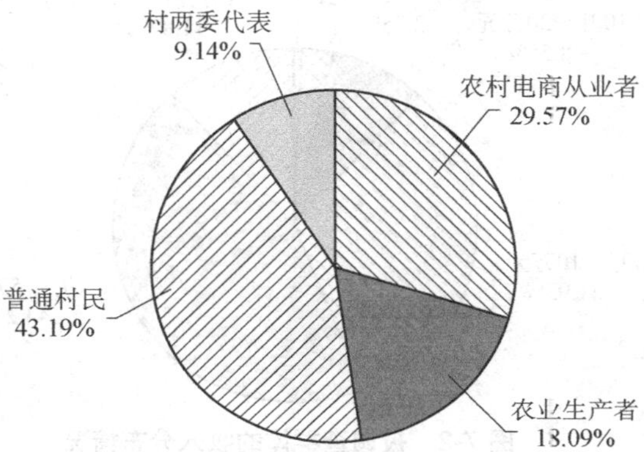

图 7-1　被调查者身份比例

被调查者性别分布情况：男性 57.40%、女性 42.60%，男性稍多于女性。

年龄分布情况：18 周岁以下 3.50%；18～30 周岁 31.13%；31～45 周岁 25.10%；46～60 周岁 21.98%；60 周岁以上 18.29%。一方面，被调查群体必须涵盖电子商务从业者，此类人群年纪总体较小；另一方面，这些淘宝村对年轻群体具有一定的就业吸引力。因此，与农村人口普查情况相比较，中青年群体比例较高。

学历分布情况：小学及以下 21.79%、初中 35.21%、高中 26.46%、专科 13.42%、本科及以上 3.11%。根据国家统计局相关数据，截至 2019 年，全国高中学历 6.01 亿人，占 42.92%；全国专科学历 1.89 亿人，占 13.5%；全国本科学历 5572 万人，占 3.98%；全国硕士研究生学历 878 万人，占 0.6%；全国博士研究生学历 80 万人，占 0.057%。可见，被调查者中初中及以下学历占比远高于全国平均数。淘宝村尽管属于农村地区发展较好的地区，但相对城市而言，对高学历人才的吸引力还是远远不足的。

年收入分布情况：1 万元以下 11.82%；1 万～5 万元 44.24%、5 万～10 万元 31.93%、10 万～20 万元 8.55%、20 万～50 万元 2.75%、50 万元以上 0.71%。2020 年我国农村居民人均可支配收入为 1.71 万元，由此可见，被调查群体的收入水平远高于全国人均水平。被调查群体的收入分布情况如图 7-2 所示。

就从业经历情况看，从事电子商务运营和农业生产的人数居多，从事工业品生产和销售的也占据较大的比重，从侧面验证了工业生产在全国淘宝镇、淘宝村生产范畴中占据半壁江山。农村电子商务不等于农产品电子商务，制造业的高附加值是淘宝镇、淘宝村电子商务销售额居高的重要原因。被调查群体从业经历情况如图 7-3 所示。

2. 典型交叉分析

年龄、学历交叉分析如表 7-6 所示。从表中可知，总体上青年人学历层次较高，老年人学历层次较低。其中 18～30 周岁的青年群体全部接受了九年制义务教育，并大多数完成了普通高中或职业高中学业，具备较强的就业能力。

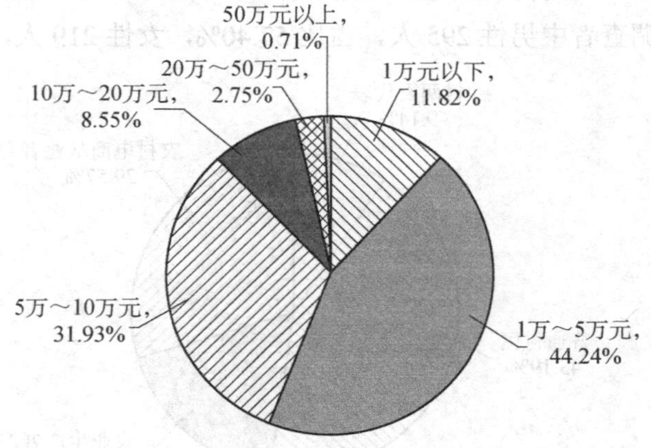

图 7-2 被调查群体的收入分布情况

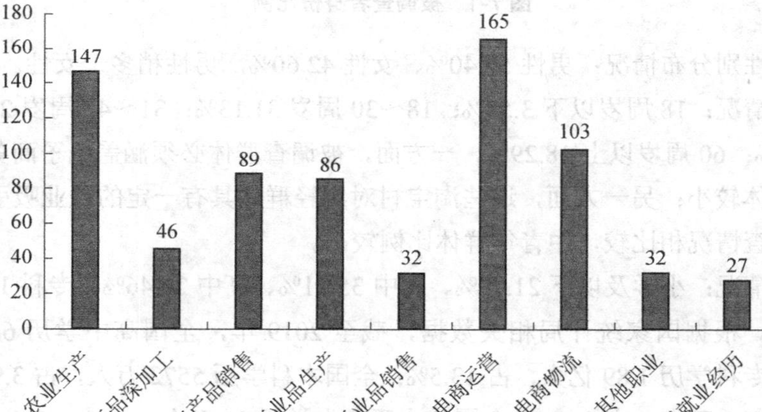

图 7-3 被调查群体从业经历情况

表 7-6 年龄、学历交叉分析

学 历	年 龄					合 计
	18 周岁以下	18～30 周岁	31～45 周岁	46～60 周岁	60 周岁以上	
小学及以下	5	0	41	40	26	112
初中	11	15	41	53	61	181
高中	2	92	23	12	7	136
专科	0	47	16	6	0	69
本科及以上	0	6	8	2	0	16
合 计	18	160	129	113	94	514

在针对电子商务从业者专项问题集中，在 152 名从业者中，从事电子商务运营、客服、推广、物流、美工、其他岗位及个体运营淘宝、拼多多、跨境网店的占比情况如图 7-4 所示。各类人数总和为 406 人，为总人数 152 人的约 2.67 倍，表明一人从事多岗情况普遍存在。淘宝和拼多多网店运营者达 143 人，表明农村居民独立开设网店是主要电子商务业态。两种现象可以说明，尽管淘宝镇、淘宝村是农村电子商务发展的主要业态和代表性集群，其电子商务运营的企业化、市场化、规模化水平仍然较低，大多数处于电子商务发展的初级、中级业态。

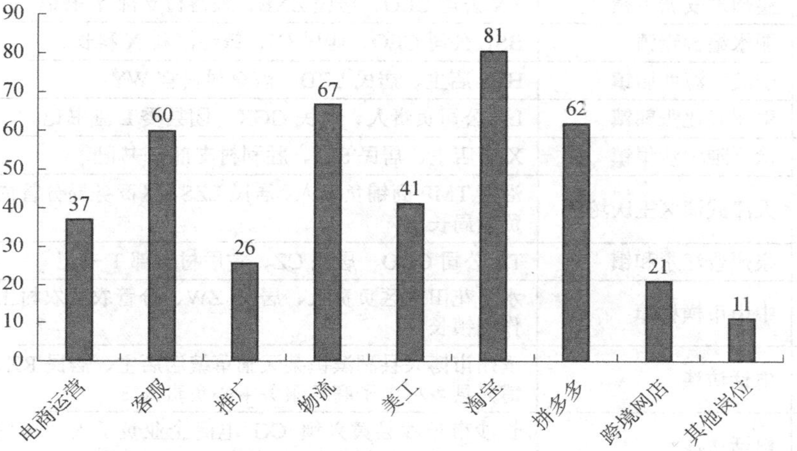

图 7-4　电子商务从业者具体业务情况

从电商平台的情况看，电子商务从业者有 76.31%涉足淘宝 C2C 业务、31.58%涉足拼多多业务、36.18%涉足天猫业务、10.52%涉足京东业务、9.87%涉足跨境业务、22.37%涉足其他平台业务。总体上看，农村电商平台的产品仍以中低端产品为主，产品附加值有待进一步提升。

在针对农业生产者 93 人的专项问卷调查中，从事农业、渔业、牧业的分别为 55 人、13 人、25 人；企业化经营占比不足 20%；采用传统农业生产方式的 47 人，占比 44.09%；采用机械设备开展机械化生产的 31 人，占比 33.33%；应用信息化软件于生产的 67 人，占比 72.04%；采用全自动化生产方式的 2 人，占比 2.15%。调查结果反映了三个基本特征：一是我国受制于地形地貌、传统农耕文化等因素影响，大规模机械化农业生产范围有限，家庭、散户仍是主要生产单位；二是随着多年来农业信息化政策支持、技术发展和应用推广，信息化技术、手段和软件应用于农业生产的情景已经较为普遍；三是农业信息化应用较广，但应用深度仍然不够，结合关于信息化应用场景题目可知，农户运用智能手机主要用于查看天气、学习知识、采购生产资料等，真正运用大数据、人工智能、物联网技术实现智能化生产经营管理的还十分罕见。

7.3.3 访谈基本情况

访谈人员主要包含电子商务从业者代表、农村居民代表、村两委/政府部门负责人等三类，采用实地访谈和电话访谈两种形式，受访对象共计 30 人（部分企业名称、人名等信息用首字母代替）。访谈情况统计如表 7-7 所示。

表 7-7 访谈情况统计

访谈时间	地点/电话	访谈对象	访谈时长
2020-05-09	温州瑞安塘下镇	TX 公司 CEO、居民 ZXE、朱岙村支部 Y 书记	65 分钟
2020-05-17	丽水缙云壶镇	BSL 公司 CEO、居民 CJ、镇经济科 X 科长	72 分钟
2020-07-06	宁波宁海西店镇	HES 店主、居民 LZD、滨海村村官 WY	70 分钟
2020-07-09	泰州兴化张郭镇	LX 公司负责人、居民 GGK、团县委 L 副书记	75 分钟
2020-07-10	徐州睢宁沙集镇	X 店店主、居民 SLJ、胜利村支部 P 书记	69 分钟
2022-07-12	天津武清区王庆坨镇	沿街 TMP 商铺负责人、居民 LZS、区商务局分管内贸副局长	70 分钟
2020-08-02	泉州晋江永和镇	TB 公司 COO、居民 CZ、古厝村支部 T 书记	73 分钟
2020-08-04	中山市横栏镇	水乡花田景区负责人、居民 ZW、分管农业农村工作副镇长	68 分钟
2020-08-10	电话访谈	滨州市博兴县湖滨镇某天猫草编店店主、居民 RZ、博兴县乡村电子商务服务中心负责人	22 分钟
2020-08-10	电话访谈	长沙市长沙县黄兴镇 CG 电商企业负责人、居民 HBX、黄兴新村支部 W 书记	25 分钟

1. 面向电子商务从业者代表

通过对农村电子商务从业者的访谈，重点了解当地电子商务发展条件和产业生态、发展电子商务前后的生活变化、目前的生产生活现状及未来规划，剖析生产方式及生活质量发生改变的深层次原因，以及政府部门在发展电子商务中的支持力度和成效。

10 名电子商务从业者形成以下一致观点。

（1）农村电子商务带来了物质条件上的变化，提高了从业者收入，优化了便民设施，提升了农村居民购买电子产品、生活用品等的便利程度，加大了贫富差距。

（2）电子商务带来生活方式或精神观念的变化，人们的生活节奏有所加快，接受新事物能力提升，邻里相互串门更少，更加追求有实质意义的东西胜过传统的“面子排场”，规则、制度意识有所增强等。

（3）农村电子商务在技术、物流、人才等方面均处于劣势，而成本优势并不显著，唯一优势在于产品，若产品的独特性或竞争力消失，农村电子商务发展将举步维艰。

（4）农村电子商务发展更多是市场机制起决定性作用，政策引导有一定作用，但非主导型因素。例如，有企业因政府场地供给、物流补贴等条件优惠入驻农村电商产业园区，但不久就因为“招人难”等因素退出。政府打造产业园区，意在促进产业集聚发展，发挥带动、支撑、辅助等作用，形成良性产业生态，但实际上企业之间的竞争大于合作，效果并不显著。

10 名电商从业者有以下差异性特征。

（1）3 名电子商务从业者为本地农村居民，原本从事家禽养殖、家庭手工作坊等业务，因周边企业和亲戚朋友带动，较早以低门槛开设淘宝店，如今尽管利润减少，因店铺信誉积累和产品优势实现了可持续发展。2 名电子商务从业者为“农二代”，大学毕业或在城市工作几年后返乡创业，以新媒体、直播等推广方式创新，以及基于互联网需求的产品迭代开发形成竞争力。4 名电子商务从业者为引进的电商企业负责人或高管，其中 A 企业打造了惠农电商平台，以整合供需两端，为促进农产品正向流通和农业生产资料逆向流通建立双向服务通道，B 企业、C 企业、D 企业均为本地制造业企业的子公司，拥有稳定的产品货源。另有一家企业为“前店后厂”的传统商贸集聚区企业。

（2）关于当前电子商务发展的总体环境，6 名从业者认为整体较好，并逐渐剥离资本的钳制，回归商业本质。追求产品本身品质、控制成本和提升市场竞争力仍是稳定发展的重要法宝。另外 4 名从业者认为电子商务发展进入了失去人口红利的瓶颈期，只有在资本驱动下模式或技术实现颠覆性变革，才能产生下一轮大发展机遇，目前直播和短视频电商发展已经饱和，下一轮元宇宙或“云物大智”能带来怎么样的商业变革仍是未知数。

（3）关于电子商务对农村经济社会发展的影响，6 名从业者认为影响巨大、全面且深远，本村及周边近几年经济社会的快速发展主要归因于电子商务的强大驱动力；3 名从业者认为有一定影响，更多集中在部分领域（经济、生产、收入、消费等）和部分人群（电子商务及上下游产业链从业者），但不应将这种影响大幅泛化；1 名从业者认为互联网带给人们经济社会的影响是时代必然趋势，与该区域电子商务是否繁荣没有必然联系，电子商务的发展反而加大了贫富差距，导致一些人心怀不切实际的梦想，期待成为网红，带来一些消极影响。

2. 面向农村居民代表

通过对典型淘宝镇、淘宝村居民的访谈，了解当地电子商务发展的经历及发展农村电子商务前后，农村基础设施建设、环境建设、经济发展、文化卫生事业发展、思想观点变化等方面的变化。

10 位居民整体观点较为一致，均认同电子商务发展对农村经济社会发展的积极影响，即使自身未参与电子商务，未享受到其带来收入上的显著改观，但明显感受到电子商务带来了消费方式的改变，带来了物流的便捷性，“无条件退货”更让其感受到消费者的“中心地位”和权益被保护。

在经济和消费方面，居民基本形成一致意见，差异更多体现在影响面和影响程度上，特别是电子商务对新农村建设的影响。三位居民认为所在村就是因为电子商务才全国知名，电子商务带来更多外地商人、游客的关注和到访，政府自然通过加强道路、公园等公共设施建设改善乡村面貌，吸引投资者投资；饭店、宾馆等商业配套设施也因为商客、游客而健全。三位居民认为电子商务加速了智能手机等设备的普及，“绿水青山就是金山银山”的理念、环境保护的重要性、美丽乡村建设的理念就是通过智能手机传播给每一位农村居民。两位居民认为电子商务改变了邻里关系，邻居间的人情味有所减淡。一位居民认为电子商务对自身及所在乡村没有什么大的影响。另一位居民认为电子商务导致部分居民消费观的畸变，其亲人因为追求品牌产品、网红产品而不切实际地过度消费，受到网络诈骗。总而言之，居民对电子商务影响力及影响利弊的认知总体向好，但在一定程度上呈现多元化趋势。

3. 面向村两委、相关政府部门负责人

通过对村两委、相关政府部门负责人的访谈，了解当地在农村招商引资、推动电子商务发展方面的规划、政策与经验做法，以及通过对政策实施前后变化的比较反映政策实施效果。总体而言，政策对农村电子商务发展起到了一定的促进作用，但并不显著。

（1）政策的主要作用在于土地性质的支持。政府支持第二产业用地在用途上转为第三产业用地，支持农村宅基地用于办公、民宿、物流、农旅融合等项目开展，这就从政策层面打通了农产品电子商务发展的通道。村集体的主要作用在于农村基础设施建设和宣传号召，支持乡村道路、公园、游乐设施、Wi-Fi 等建设，宣传电子商务致富理念和案例并鼓励农村居民从事电子商务。

（2）地方政府、村集体在发展电子商务方面的统筹规划上缺乏足够的前瞻性，体现为规划滞后于行业形势、政策滞后于产业变化、项目推进欠缺事实依据。例如，某县在城乡接合部原专业市场大楼规划农村电商产业园区，最后沦为周边制造企业仓库，主要原因有三个：一是供应链跟不上，农村电商企业在当前健全的点对点物流体系和高效物流效率要求下，不可能将距离农产品供应点几十公里外的园区作为物流转储基地；二是城乡接合部以中低端制造业为主，是普通工人和技术工人的集聚地，周边消费水平和服务业配套不高，难以吸引以“95 后”“00 后”为代表的新生代电子商务人集聚，自然企业也不愿意入驻；三是电商产业园区建设模式陈旧，以政府提供场地、装修为主，企业负责运作，该模式使政府陷入“重资产”境遇，引进的企业发现市场导向不对就及时止损离场，而政府投入 800 多万元的外装修费用几乎不产生任何价值。

（3）政策难以精准切中电子商务发展的要害，往往治标不治本。例如，政策对房租进行适度补贴并不影响电商企业发展的根本；电商企业对人才需求很高，但电子商务人才并非传统意义上的高学历、高职称人才，而是具备独特思维、创新能力、学习能力、实战经验和团队建设能力的青年人才，他们往往无法在学历、职称上达到当地人才标准而享受人才待遇；电商企业对融资需求具有一定的特殊性，如虚拟资产是否能够成为质押物，需要在金融政策上有所突破，而政府往往难以起到决定性作用。

7.4　评价结论

7.4.1　满意度调查结论

1. 整体满意度

在调查中，大多数人感受到了电子商务发展带来的生活便利、乡村面貌改善和农村居民综合素质提升，整体满意度水平均值高达 4.350。满意度情况统计如表 7-8 所示。

表 7-8　满意度情况统计

题　项	满意度均值	排名
5. 智能手机的功能令人满意	4.923	1
18. 产品更新迭代速度更快	4.877	2
23. 电子商务促使农村居民脱贫致富	4.863	3
25. 电子商务使农村居民思想观念更为进步	4.815	4
31. 村务信息通过信息化平台及时公布	4.774	5
6. 智能手机的性能令人满意	4.718	6
11. 电子商务提升产品销量	4.669	7
1. 网络使用流畅便捷	4.648	8
28. 电子商务加速农村基础设施建设	4.643	9
32. 使用手机轻松参与村务管理投票	4.634	10
22. 第三方电子商务服务水平不断提升	4.586	11
24. 电子商务使农村居民更快融入互联网时代	4.579	12
34. 电子商务对农村经济社会发展总体促进作用显著	4.504	13
16. 物流服务能够满足电子商务需求	4.497	14
19. 推广方式更新速度更快	4.485	15
33. 智能监控设备保障农村居民安全和权益	4.411	16
8. 使用手机可以明显让生活更便捷	4.405	17
26. 使用手机可以随时随地进行学习	4.381	18
21. 售后服务提供更为便利合理	4.333	19
2. Wi-Fi 覆盖面广阔	4.231	20
30. 互联网增强文化卫生等公共服务供给	4.173	21
27. 使用手机可以随时随地开展工作	4.149	22
20. 客服工作更为智能方便	4.146	23
12. 电子商务提升产品利润	4.140	24
17. 物流服务能够满足生活需求	4.080	25
9. 使用手机可以明显让工作更简单	4.072	26
3. 应用软件满足生产、生活需要	4.069	27
4. 感觉数字时代真正来到身边	4.026	28
13. 电子商务提升市场竞争力	4.009	29

续表

题　项	满意度均值	排名
29. 互联网增强人们的环保意识	4.008	30
15. 产品库存水平有效控制	3.928	31
14. 电子商务优化产品供应链	3.857	32
10. 家里大量使用智能家居产品	3.808	33
7. 智能手机的续航令人满意	3.471	34

满意度排名前三位的是“5. 智能手机的功能令人满意”“18. 产品更新迭代速度更快”“23. 电子商务促使农村居民脱贫致富”，与当前客观事实及我们的基本认知较为一致。排名后三位的是“14. 电子商务优化产品供应链”“10. 家里大量使用智能家居产品”“7. 智能手机的续航令人满意”。由此可见，电子商务对产品供应链优化的作用此类深层次影响的机理还很难被广大农村居民认知；农村地区智能家居产品普及率仍然较低；当前智能手机发展的重要瓶颈为电池续航不足，这点在业界和普通消费者认知中意见相对统一。

2. 引申重要性分析

我们采用邓维兆修正 IPA 法[`]，计算单项满意度与总体满意度之间的偏相关系数来作为引申重要性得分。偏相关系数排除了其他满意度变量对指定变量与总体满意度之间相关性的影响，只反映该变量与总体满意度之间的净相关，因此，偏相关系数能更加准确地反映真实的重要性评价。

邓维兆 IPA 转换法分为以下两步。

（1）对各要素满意度评价取自然对数，使之呈线性分布，计为 $\ln(S_i)$。

（2）将 $\ln(S_i)$ 作为自变量，将总体满意度 S 作为因变量，进行多元回归分析，计算出两者之间的偏相关系数 ρ_i，即为要素的引申重要性。满意度均值和引申重要性如表 7-9 所示。

表 7-9　满意度均值和引申重要性

题项	满意度均值	引申重要性	题项	满意度均值	引申重要性
1	4.648	0.556	11	4.669	0.537
2	4.231	0.131	12	4.14	0.377
3	4.069	0.394	13	4.009	0.353
4	4.026	0.472	14	3.857	0.136
5	4.923	0.341	15	3.928	0.496
6	4.718	0.465	16	4.497	0.115
7	3.471	0.444	17	4.08	0.255
8	4.405	0.402	18	4.877	0.464
9	4.072	0.327	19	4.485	0.216
10	3.808	0.284	20	4.146	0.331

` DENG W. Using a revised importance - performance analysis approach: The case of Taiwanese hot springs tourism[J]. Tourism Management, 2007, 28 (5): 1274-1284.

续表

题项	满意度均值	引申重要性	题项	满意度均值	引申重要性
21	4.333	0.497	28	4.643	0.208
22	4.586	0.375	29	4.008	0.319
23	4.863	0.487	30	4.173	0.183
24	4.579	0.282	31	4.774	0.444
25	4.815	0.138	32	4.634	0.473
26	4.381	0.339	33	4.411	0.214
27	4.149	0.121	34	4.504	0.148

3. IPA 评价结论

以整体满意度均值 3.748、引申重要性均值 0.207 为 P 轴和 I 轴的相交点坐标，绘制四象限的满意度与引申重要性 IPA 分析图，并将 34 个指标的满意度（P）与引申重要性（I）分别描述到图中，如图 7-5 所示。

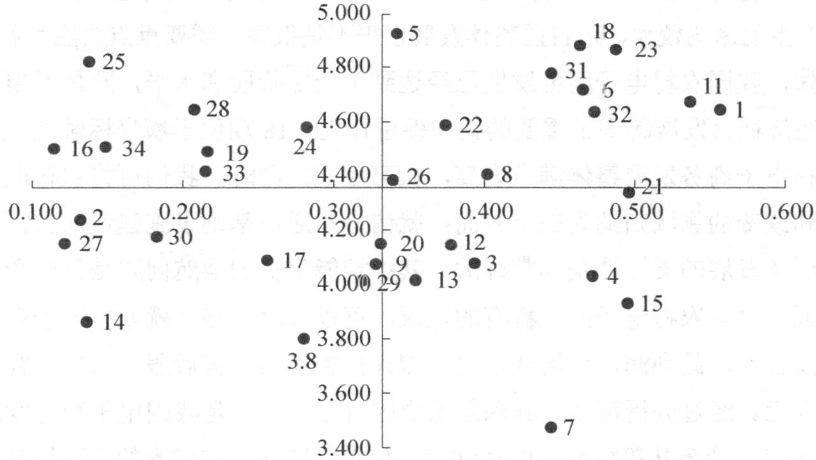

图 7-5　IPA 满意度分布图

由图 7-5 可见，“网络使用流畅便捷性”“智能手机功能”“智能手机性能”“手机提升生活便捷性”“电子商务提升产品销量”“电子商务提升产品迭代更新速度”“第三方电子商务服务水平不断提升”“电子商务促进农村居民脱贫致富”“使用手机可以随时随地进行学习”“信息化平台助力村务信息公开”“使用手机轻松参与村务管理投票”11 项指标位于第一象限，说明这些指标重要程度高，当前发展水平也较高，继续维持发展即可，而非当前需要重点关注和突破的要点。

“物流服务能够满足电子商务需求”“推广方式更新速度更快”“电子商务使农村居民更快融入互联网时代”“电子商务使农村居民思想观念更为进步”“电子商务加速农村基础设施建设”“智能监控设备保障农村居民安全和权益”“电子商务对农村经济社会发展总体促

进作用显著”7 项指标位于第二象限，表明受访者认为上述指标整体表现较好，但重要度不是非常高，没必要在这些领域投入过大，适当维持即可。

“Wi-Fi 覆盖面广阔”“使用手机可以明显让工作更简单”“家里大量使用智能家居产品”“电子商务优化产品供应链”“物流服务能够满足生活需求”“客服工作更为智能方便”“使用手机可以随时随地开展工作”“互联网增强人们的环保意识”“互联网增强文化卫生等公共服务供给”9 项指标位于第三象限，表明这些指标尽管目前发展程度不是特别高，但也并非农村电子商务现阶段发展的重点，不必急于去突破，可以在有一定余力的情况下针对部分相对重要、容易改进的指标做一些改进，使之向第二象限转化。其中“使用手机可以明显让工作更简单”“客服工作更为智能方便”是该象限中优先需要改进和突破的点。

“应用软件满足生产、生活需要”“感觉数字时代真正来到身边”“智能手机的续航令人满意”“电子商务提升产品利润”“电子商务提升市场竞争力”“产品库存水平有效控制”“电子商务售后服务便利合理”7 项指标位于第四象限，表明受访者认为这些指标比较重要，对其生产生活产生的影响较大，但目前整体发展水平不是很高，需要重点关注并着力改进。

综上可知，我国农村电子商务发展已经达到了一定阶段和水平，整体发展呈现良好趋势，对农村经济社会发展起到了重要的正向促进作用。18 项位于横坐标轴之上的指标意味着人们对农村电子商务发展整体满意度高，认可性强。同时，我们可将农村电子商务亟须进一步发展和改变的领域归纳为三个方面：就信息与通信基础设施建设而言，整体软硬件对农村电子商务发展的支持性是非常好的。其中智能手机的续航问题是目前全世界科技发展的普遍问题，并非农村电子商务特有的短板，可以暂时忽略。就农村电子商务自身发展规模和现状而言，产品利润、市场竞争力、库存控制能力、售后服务水平、客服智能化水平等不尽如人意。经过分析可知，其深层次原因有三个：一是我国电子商务发展人口红利逐渐消退，“to C”业务从粗放型走向精细型，随着制造业生产成本的逐渐提高及外部竞争力的增强，产品利润空间受到了挤压，如果缺乏基于市场需求的产品动态研发迭代能力，传统产品的利润和市场竞争力势必降低。二是农村电子商务在商业运营水平上不占优势，从业者受教育水平不够高，对于供应链管理、库存优化、客服服务改进等业务，不仅达不到利用大数据、人工智能技术开发相应应用程序、提升运营管理水平的能力，甚至对于市场上推出的最新管理应用 CRM、SCM、ERP 软件，使用的意识和水平都达不到当前主流电子商务发展的要求。三是从影响层面，农村居民尚未感受到数字时代、智能化时代带来生产、生活的颠覆性变革，对于电子商务发展对农村基础设施建设、农民增收等显性影响具有一定认知，但相对隐性的影响（如对农民环保意识的培育，对农民群体中学习文化、创新文化、分享文化）的形成感受并不深刻。实际上，这种影响正无时无刻不在进行，只是因为文化对人“潜移默化”的特性，农民感受不深是无可厚非的。当然，相关政府部门和村两委也可以在宣传引导、农村居民社会团队发展等方面加大力度，促进农村居民内在认知水平的提升。

7.4.2　农村电子商务发展指数测度结论

1. 测度结果

通过对客观数据、问卷数据、综合数据等多种数据的采集，对 100 个淘宝镇进行农村电子商务发展指数评价，因部分乡镇数据采集困难或可靠性不足，实际取得相对完整可靠的数据且具有一定代表性的淘宝镇有 46 个，评价如表 7-10 所示。

2. 分析与结论

研究遴选的 46 个淘宝镇属于农村电子商务发展的领头羊，整体农村电子商务发展指数评价水平和等级均很高。其中杭州余杭区塘栖镇、佛山顺德区乐从镇两个镇属于自洽级，且没有一项单项因子低于 0.6，表明已经形成了良好的农村电子商务发展生态，不仅具有了强大的电子商务规模、坚实的供应链基础，还形成了完善的配套服务及良好的发展环境，在全国具有重要的示范辐射作用。

39 个淘宝镇位于优化级水平，总体发展形势良好，但在个别指标上存在短板，主要分为两类。一类是经济社会发展不平衡中出现的阶段性短板。例如，乐清市北白象镇尽管位于沿海地区，但交通配套建设相对落后，物流成本较高。该镇较多电商企业将物流仓储中心建到义乌，仓储和快递费用可节省三分之一左右。中山市横栏镇尽管地处经济高度发达的珠三角地区，但在经济社会发展水平上仍存在显著短板，特别是在产业结构方面，尽管制造业比例较高，但第三产业比例较低，对制造业发展具有重要配套作用的现代服务业是短板，长此以往将在一定程度上影响制造业发展后劲。这类问题可以通过当地政府制定相关政策引导加以改进。例如，北白象镇可以加强枢纽区域第三方物流企业的部署或电子商务物流服务企业的引进，横栏镇可以进一步加快现代服务业发展的规划、布局和招商引资。另一类是区位或产业本质特性形成的自然特征。例如，在农业应用方面，横栏镇以花木种植、水产养殖为主导产业，农产品本身附加值较高，电子商务对于提升农产品附加值而言并不会起到关键性作用，为此农业应用因子得分也不高。此类现象无法体现电子商务的重要促进作用，但由于该镇农业本身发展基础和现状良好，无须过于关注如何发挥其影响力。

五个淘宝镇位于标准级水平。这五个淘宝镇均为近两年新入选，农村电子商务发展水平达到准入标准，但在总体上仍需要大力提升。主要短板相对集中的因子：信息与通信基础设施存在 Wi-Fi 覆盖率不高、5G 网络稳定性不足等情况；电子商务对三农事业的影响更多侧重在经济方面，对促进社会创新的作用不够明显；电子商务在发展规模上没有劣势，但在发展后劲方面，特别是互联网品牌的培育上还不足，产品的附加值和可持续发展能力有所欠缺。

表 7-10 46 个典型淘宝镇农村电子商务发展指数评价

淘宝镇	条件指数				规模指数					渗透指数			发展指数			总分	等级
	信息与通信基础设施	物流条件	信息系统	经济社会水平	交易规模	从业群体	流通水平	推广能力	经营质量	农业应用	农民发展	新农村建设	生产创新	社会创新	品牌价值		
杭州市余杭区塘栖镇	0.869	0.875	0.686	0.809	0.814	0.821	0.863	0.664	0.853	0.864	0.936	0.740	0.858	0.709	0.746	0.8188	自洽级
佛山市顺德区乐从镇	0.829	0.806	0.705	0.820	0.848	0.821	0.864	0.763	0.811	0.722	0.824	0.753	0.875	0.928	0.783	0.8032	自洽级
义乌市佛堂镇	0.835	0.832	0.660	0.766	0.717	0.739	0.651	0.764	0.732	0.806	0.823	0.784	0.883	0.835	0.812	0.7804	优化级
桐乡市洲泉镇	0.850	0.806	0.807	0.693	0.571	0.811	0.579	0.593	0.838	0.716	0.894	0.808	0.826	0.848	0.883	0.7590	优化级
无锡锡山区东港镇	0.795	0.864	0.619	0.705	0.636	0.714	0.530	0.754	0.615	0.815	0.827	0.789	0.830	0.885	0.675	0.7431	优化级
义乌市苏溪镇	0.892	0.787	0.647	0.888	0.824	0.688	0.887	0.523	0.646	0.553	0.839	0.692	0.863	0.701	0.789	0.7385	优化级
玉环市楚门镇	0.743	0.746	0.822	0.818	0.504	0.720	0.821	0.612	0.738	0.829	0.805	0.528	0.759	0.880	0.757	0.7294	优化级
缙云县壶镇镇	0.565	0.712	0.650	0.668	0.713	0.639	0.502	0.684	0.874	0.731	0.795	0.843	0.784	0.810	0.668	0.7233	优化级
睢宁县沙集镇	0.669	0.651	0.735	0.804	0.823	0.787	0.632	0.610	0.659	0.605	0.842	0.717	0.835	0.606	0.695	0.7164	优化级
晋江市永和镇	0.818	0.554	0.646	0.805	0.585	0.879	0.735	0.822	0.501	0.805	0.875	0.737	0.652	0.872	0.581	0.7111	优化级
长沙县黄兴镇	0.570	0.805	0.787	0.755	0.704	0.596	0.707	0.715	0.556	0.803	0.778	0.653	0.681	0.743	0.589	0.7109	优化级
中山市横栏镇	0.801	0.828	0.608	0.551	0.822	0.747	0.847	0.738	0.612	0.536	0.880	0.554	0.847	0.594	0.675	0.7074	优化级
江阴市长泾镇	0.756	0.783	0.796	0.504	0.785	0.667	0.553	0.509	0.860	0.754	0.666	0.557	0.614	0.604	0.830	0.7031	优化级
慈溪市龙山镇	0.569	0.799	0.734	0.732	0.782	0.802	0.526	0.873	0.559	0.531	0.840	0.752	0.710	0.587	0.750	0.7026	优化级
永康市芝英镇	0.833	0.664	0.659	0.637	0.683	0.764	0.833	0.561	0.532	0.692	0.772	0.834	0.766	0.614	0.709	0.7020	优化级
瑞安市塘下镇	0.573	0.805	0.747	0.817	0.827	0.569	0.560	0.747	0.655	0.663	0.582	0.717	0.629	0.617	0.786	0.6988	优化级
广州市花都区狮岭镇	0.550	0.859	0.606	0.511	0.821	0.629	0.703	0.766	0.900	0.533	0.683	0.794	0.750	0.700	0.630	0.6987	优化级
佛山市南海区里水镇	0.545	0.688	0.536	0.554	0.746	0.507	0.843	0.864	0.539	0.759	0.850	0.774	0.743	0.544	0.588	0.6962	优化级
宁海县西店镇	0.600	0.738	0.680	0.769	0.849	0.645	0.714	0.583	0.541	0.696	0.684	0.782	0.594	0.540	0.740	0.6960	优化级
平湖市新埭镇	0.647	0.898	0.565	0.639	0.633	0.872	0.621	0.735	0.621	0.575	0.815	0.812	0.569	0.651	0.845	0.6926	优化级
张家港市金港镇	0.622	0.533	0.651	0.726	0.521	0.886	0.847	0.740	0.693	0.756	0.806	0.774	0.833	0.581	0.543	0.6917	优化级
常州市武进区横林镇	0.797	0.711	0.609	0.643	0.689	0.615	0.575	0.615	0.784	0.698	0.769	0.726	0.780	0.719	0.544	0.6905	优化级
成都市郫都区安靖镇	0.895	0.793	0.562	0.630	0.592	0.789	0.787	0.828	0.759	0.757	0.684	0.561	0.720	0.594	0.553	0.6902	优化级

续表

淘宝镇	条件指数				规模指数					渗透指数			发展指数			总分	等级
	信息与通信基础设施	物流条件	信息系统	经济社会水平	交易规模	从业群体	流通水平	推广能力	经营质量	农业应用	农民发展	新农村建设	生产创新	社会创新	品牌价值		
中山市三乡镇	0.602	0.678	0.751	0.649	0.699	0.609	0.557	0.810	0.583	0.667	0.716	0.751	0.891	0.655	0.622	0.6898	优化级
平阳县万全镇	0.765	0.638	0.687	0.618	0.532	0.547	0.699	0.878	0.837	0.687	0.710	0.659	0.826	0.765	0.673	0.6881	优化级
佛山市南海区西樵镇	0.823	0.741	0.553	0.749	0.594	0.520	0.707	0.657	0.604	0.534	0.884	0.816	0.797	0.767	0.691	0.6820	优化级
广州增城区新塘镇	0.822	0.761	0.847	0.801	0.501	0.660	0.713	0.559	0.768	0.730	0.746	0.538	0.669	0.785	0.548	0.6804	优化级
博兴县湖滨镇	0.533	0.793	0.650	0.760	0.550	0.586	0.659	0.768	0.861	0.677	0.599	0.831	0.593	0.595	0.795	0.6802	优化级
扬州市江都区小纪镇	0.747	0.670	0.765	0.611	0.767	0.887	0.706	0.758	0.778	0.532	0.541	0.862	0.579	0.711	0.546	0.6731	优化级
诸暨市店口镇	0.835	0.552	0.654	0.763	0.565	0.711	0.522	0.802	0.529	0.666	0.842	0.798	0.883	0.580	0.518	0.6728	优化级
厦门市集美区灌口镇	0.826	0.776	0.879	0.632	0.587	0.744	0.560	0.868	0.854	0.550	0.520	0.593	0.813	0.848	0.555	0.6724	优化级
石狮市灵秀镇	0.710	0.629	0.506	0.853	0.801	0.775	0.872	0.724	0.894	0.556	0.541	0.599	0.555	0.512	0.755	0.6719	优化级
乐清市北白象镇	0.656	0.524	0.792	0.667	0.593	0.559	0.630	0.817	0.842	0.719	0.613	0.602	0.731	0.615	0.729	0.6704	优化级
博罗县石湾镇	0.566	0.696	0.623	0.562	0.845	0.684	0.510	0.754	0.793	0.546	0.673	0.619	0.857	0.520	0.596	0.6686	优化级
泗阳县众兴镇	0.503	0.564	0.678	0.852	0.710	0.557	0.642	0.713	0.720	0.518	0.584	0.594	0.855	0.729	0.898	0.6680	优化级
天台县坦头镇	0.575	0.739	0.512	0.887	0.636	0.615	0.652	0.648	0.592	0.807	0.542	0.729	0.550	0.696	0.679	0.6674	优化级
杭州市临安区於潜镇	0.568	0.626	0.563	0.706	0.565	0.881	0.582	0.549	0.547	0.885	0.663	0.654	0.722	0.521	0.647	0.6647	优化级
连云港市赣榆区海头镇	0.749	0.675	0.595	0.599	0.677	0.877	0.822	0.823	0.551	0.814	0.502	0.617	0.537	0.628	0.522	0.6621	优化级
江门市蓬江区荷塘镇	0.718	0.663	0.531	0.646	0.722	0.642	0.550	0.608	0.725	0.680	0.677	0.553	0.579	0.612	0.833	0.6615	优化级
平邑县保太镇	0.695	0.695	0.616	0.775	0.566	0.567	0.853	0.587	0.590	0.672	0.537	0.684	0.563	0.578	0.636	0.6325	优化级
仙游县榜头镇	0.593	0.529	0.675	0.534	0.519	0.699	0.565	0.619	0.552	0.796	0.621	0.584	0.760	0.586	0.580	0.6251	优化级
开平市水口镇	0.689	0.583	0.569	0.558	0.528	0.700	0.594	0.452	0.664	0.617	0.426	0.502	0.526	0.630	0.591	0.5663	标准级
东海县桃林镇	0.522	0.552	0.668	0.599	0.687	0.673	0.531	0.434	0.629	0.644	0.591	0.558	0.515	0.559	0.525	0.5922	标准级
新郑市龙湖镇	0.566	0.594	0.696	0.532	0.725	0.502	0.531	0.506	0.588	0.546	0.642	0.644	0.641	0.428	0.513	0.5920	标准级
东明县武胜桥镇	0.409	0.568	0.546	0.514	0.486	0.400	0.526	0.553	0.659	0.619	0.627	0.649	0.728	0.446	0.602	0.5723	标准级
普宁市梅塘镇	0.491	0.534	0.581	0.516	0.438	0.589	0.698	0.535	0.525	0.623	0.644	0.543	0.429	0.590	0.534	0.5488	标准级

综上所述，全国典型淘宝镇整体农村电子商务发展水平较高，为我国农业发展、脱贫致富、新农村建设产生了积极的影响，形成不少典型范例，是共同富裕道路的先行者和示范者，具有重要的推广价值。一方面，广大淘宝镇要持续重视农村电子商务发展，进一步加强商业模式创新探索和实践，将农村电子商务发展的规模红利转化为品质红利，充分发挥农村电子商务的强大影响作用，带动农村经济社会文化生态全面发展，补齐共富之路上的短板，使农村社会发展更加平衡与充分。另一方面，广大淘宝镇要发挥示范和辐射作用，通过中低端产业转移、产业链上下游联动等形式带动周边村镇协同发展，进一步提炼、归纳发展模式和经验，为中国特色社会主义建设贡献“淘宝镇”范式。

第 8 章　农村电子商务生态协同发展机制

生态协同是协同理论的基础。推进农村电子商务生态协同发展不仅是农村电子商务自身的需要，也是新时代农村经济社会文化生态协同发展的共同诉求。

8.1　农村电子商务生态发展模型

8.1.1　农村电子商务生态系统内涵

1996 年，James Moore 在其《竞争的衰亡：商业生态系统时代的领导与战略》一书中首次提出商业生态系统的概念和商业生态系统的演化，指出商业生态系统是通过利益共享、自组织等方式聚集在一起的经济联合体，其成员包括产业领导群、供应商群、客户群、投资商、工会、政府等。电子商务生态系统的概念是基于商业生态系统概念和电子商务系统的理论提出来的。2009 年，胡岚岚在国内最早提出电子商务生态系统的概念，她指出电子商务生态系统是以消费者需求为核心，以产品为载体，关系密切的企业与组织机构通过互联网实现资源共享、优势互补，形成具备一定自我调节能力并与环境相适应的有机整体，将电子商务生态系统的理论和研究应用于三农问题，就产生了农村电子商务生态系统。2015 年，王胜最早将农产品电子商务生态系统的概念用于解释农产品买卖难的问题，他提出农产品电子商务生态系统具有一定的协同效应和环境适应能力，其成员主要由农产品生产者、农产品加工者、农产品流通者、电商企业、政府等构成，基于互联网实现沟通交流、竞争合作、信息及价值传递，与外部经济、政治、社会环境融为一个动态的有机整体。

农村电子商务生态系统是基于商业生态系统衍生而来的。基于以上研究基础，我们进一步分析农村电子商务生态系统的系统结构，将农村电子商务生态系统定义为在农村特定环境中协同发展，以互联网为政策、信息流、资金流、价值流传递平台，以涉农供应商、涉农生产商、消费者、电商平台、服务商、物流企业、金融机构、电子商务研究及培训机构、政府及其他利益相关者为系统成员的有机整体。农村电子商务发展必须构建在电子商务生态系统中，系统成员通过协同合作，实现资源共享和优势互补，各成员的发展依赖和谐共生的生态系统。

目前，在国家政策和资金大力支持的背景下，农村电子商务生态系统呈现蓬勃发展的态势。截至2016年底，阿里巴巴已在全国29个省超过500个县营造农村电子商务生态系统，其中40余个县网络零售额超过1亿元，充分展示了农村电子商务生态在农村地区的发展潜力，农村电子商务生态的发展可简化电子商务供应链中间环节，降低交易成本。然而，由于历史和自然因素的影响，农村经济发展程度普遍较低，并存在供应链结构不合理、种群发展不协同等问题，严重影响农村电子商务生态系统的未来发展。

8.1.2 农村电子商务生态系统中的种群

农村电子商务生态系统主要由领导种群、关键种群、支持种群及寄生种群等构成，每个成员之间相互影响、相互竞争，通过有效整合可以实现农村电子商务生态系统稳定运行。种群结构合理、协同机制完善的生态系统是农村电子商务快速、可持续发展的重要基础。目前形成的农村电子商务集群中涉及多方利益相关者，利益相关群体间从单纯的价值链条关系开始向复杂的相互依存、相互竞争的协同进化方向发展。

目前存在的农村电子商务集群生态系统涉及以下四类主要利益相关种群。

1. 领导种群

领导种群为涉农电商企业或平台，是农村电子商务生态系统的领导者，为参与主体提供交易平台、信息、监管等服务，是农村电子商务生态系统的资源整合者。阿里巴巴、京东、拼多多等行业领导型企业提供了农村淘宝、京东生鲜、多多买菜等电子商务交易平台，为小微企业的市场进入和开展交易提供了潜在的可能性。农村是电商企业最大的潜力市场，电商企业在扩展农村市场中可以获得多方面的收益。首先，提升企业知名度，可以使更多的人了解电子商务。其次，增加企业收益，主要体现在经济利益和社会效益两个方面。电子商务通过开发农村市场，扩大消费购买人群，使电商企业获得收益成为可能。

2. 关键种群

关键种群即电子商务交易主体，网商群体、农村电子商务小微企业，包括消费者、生产商、零售商、供应商、投资商、电子商务协会、电子商务合作社等，是农村电子商务生态系统中其他种群的服务者。消费者是创造电子、商务利益的主体，用户的需求改变决定了整个电子商务生态系统的服务内容和策略的转变，整个电子商务生态系统是以消费者需求为主要导向的，关注和挖掘用户需求将引导生态系统的发展。在关键种群中，农户不论作为农产品生产者，还是网商或消费者，受组织化程度和信息渠道等因素的限制，处于相对弱势地位。农户以生产者和消费者双重身份参与农村电子商务。作为生产者，农民为社会提供农产品和地区特产，完成农产品的初加工和第一次产权转移。虽然越来越多的农户通过网络购买日用品或农资产品，但将网络作为农产品渠道销售的农户或合作社仍然较少。关键种群中的生产商、零售商、供应商暂未充分融入农村电子商务生态系统并参与系统循环。

3. 支持种群

支持种群为核心种群、关键种群开展商务活动必需的组织及机构，包括物流企业、金融支付机构、信用担保机构、通信服务商及政府机构、行业协会、质量标准鉴定机构等，是农村电子商务生态系统有效运行的保障提供者。这些种群虽不依赖电子商务系统生存，但和电子商务生态系统密切相关。在一个良性循环的电子商务生态系统中，各种群之间是一种多赢模式，各自都可获取利益。支持种群发展可以更多依靠市场自组织，也可以借助政府的政策引导。支持种群能否顺应网商发展，能否引入新资源、新物种，能否提供高质量专业化服务，在很大程度上将影响整个电子商务生态系统的发展。政府大力支持农村电子商务的发展，很多电子商务创业园区、科研机构、培训中心、金融机构、物流公司、电信服务商都将眼光投向了农村电子商务，支持的力度、匹配的程度都将影响农村电子商务的发展。在支持种群中，物流企业、金融企业与电商平台、农产品生产基地整合不够紧密，物流成本高、融资难等问题限制了整体系统的快速发展。农产品预冷、产品加工、产品包装、烘干储藏、冷链物流等市场化和专业化服务尚未健全，农产品收购、包装、物流、销售全供应链暂未打通并形成优势。

4. 寄生种群

寄生种群是为网络交易提供增值服务的提供商等，包括网络营销服务商、电子商务咨询服务商、电子商务中介机构、技术外包服务商、供应链优化服务商等，是农村电子商务生态系统的依附者。这些物种寄生于电子商务生态系统，与整个电子商务系统共存亡。共生种群之间相互改造，相互适应，相互依赖，互利共生。随着农村电子商务集群的出现和发展，农村电子商务策划、咨询公司，网络营销服务商等 “种群” 也随之出现，如 “乡土公社”（农产品电子商务运营服务商），这些物种能否与其他物种互利共生也将影响到其自身和农村电子商务生态系统的发展。

8.1.3　农村电子商务生态系统中的环境

1. 政治生态环境因子

政府是最大的支持系统。政治生态因子包括国家的政治制度、政策和法律法规等。政府在保证市场在资源配置中起基础性作用外，应充分发挥其宏观调控的作用：一是加快农村互联网基础设施建设，特别是与电子商务相关的网络、物流设施； 二是加大农村电子商务的宣传力度，推动电子商务创业； 三是探索建立信息交换、联合执法、案件协作等制度，着力构建信息共享、协同监管、无缝衔接、综合治理的工作格局。

2. 经济生态环境因子

经济生态因子包括市场、物质、资金、劳动力、基础设施等因子。农村的网络覆盖率在逐步扩大，但电子商务的成本普遍偏高，而电子商务的伙伴——快递网点——覆盖不够，导致上网成本和快递费用等都较高，这些都是阻碍农村电子商务发展的因素。乡镇级电子商务示范点要在实体店基础上，增加电子商务和金融服务功能，做到统一制作“门头”，配置电脑设备，开通上网功能；网点人员具备一定的网络购物和信息收集技能，在提供便民超市等传统服务的基础上，开展网络代购服务，为农民代买农耕用具、家电和日用品等；可以在网上为农民代售农特产品、民俗工艺品、旅游产品等，实现代缴话费、电费、有线电视费，以及快递收发、就诊预约、火车票预订、小额现金存取等新型服务功能。政府加强组织领导，引导农村电子商务创新发展，引导电子商务龙头企业与本地企业合作，利用县、乡、村三级资源，提供商品交易、人才培养、创业孵化等各类电子商务服务，加大电子商务金融支持力度，制定电子商务发展补助政策实施细则。

3. 社会文化生态环境因子

影响品牌培育的社会文化因子包括文化、教育、传媒等生态因子。悠久的古村落文明、丰富的自然资源、独特的农产品，形成了独特的地域农业文化。对农民开展农村电子商务培训，鼓励大学生返乡开展农村电子商务创业。培育无公害农产品、绿色食品、有机农产品和农产品地理标志，打响农产品特色文化品牌。

4. 其他生态环境影子

影响品牌发展的其他生态因子包括自然资源因子和科技因子等。农村电子商务良好发展需要依托高品质的农产品资源。农产品的品质与当地的气候、土壤、地形等因素相关。一方水土培育一方农产品。目前农产品品牌优势尚未凸显，涉农企业必须掌握相关技术的发展趋势，及时开发和利用新技术，开发新产品，创建新品牌，不断提高品牌的技术含量，提升品牌价值，增强品牌竞争力。

8.1.4 农村电子商务生态系统的特征

农村电子商务生态系统最为典型的特征是系统性、开放性、动态性及自我组织性。

1. 系统性

农村电子商务生态系统由众多种群的不同主体构成，它们在系统中扮演着不同角色。各个种群之间虽有竞争，但更需要合作。它们相互影响，相互依赖，分工合作，资源共享，构成一个有机联系的整体，共同应对市场各种风险与挑战，产生多赢效果。而其中一个主体的效能缺失，可能导致整体系统运行效率的下降。

2. 开放性

面对外部市场变化，各种群、主体需要与外界进行物质、信息等交换，促进种群不断优化，从而使整个系统保持旺盛的活力，实现良性循环。农村电子商务生态系统开放性是其显著特征之一，这种开放性决定了任何一个种群、任何一个参与主体都不能完全控制整个生态系统。

3. 动态性

为了应对外部市场环境的发展变化，农村电子商务生态系统必须具有较强的应变能力。各个种群、各参与主体间的竞争使系统趋于非平衡态。它们通过技术、服务上的创新及系统内部的优胜劣汰，实现整个生态系统的平衡与动态发展。

4. 自我组织性

与他组织性相对应，农村电子商务生态系统内的各个种群及参与主体依靠内部成员间的竞争，使系统趋于非平衡态。它们相互影响和协调，通过不断学习、优化，实现生态系统的完善与平衡，即自我组织性。在必要时候，农村电子商务生态系统可以借助他组织的介入。

8.1.5　农村电子商务生态系统的影响因素

农村电子商务生态系统的影响因素主要包括内部因素和外部因素两个方面。

1. 内部因素

内部因素是指要保持农村电子商务生态系统内成员结构的稳定性、丰富性和合理性。保持生态系统内成员的丰富性为生态系统的运行提供基础保障，有利于系统成员之间的分工协作，并且形成适度竞争的环境，有利于提升生态系统的活力和运行效率。丰富而合理的种群结构不仅有利于系统内的分工协作，而且有利于形成适度竞争的内部环境，增强系统活力。但是，各种群、参与主体之间因为各自利益和目标，可能产生冲突，进而影响系统的运行效率与效益。

2. 外部因素

外部因素主要是指农村电子商务生态系统的外部环境，外部环境是影响农村电子商务生态系统运行的重要影响因素。外部环境因素主要包括基础设施建设环境、经济社会环境及信息资源等，这些因素均会对农村电子商务生态系统的发展带来非常显著的影响。

8.1.6　农村电子商务生态体系的组织形态

农村电子商务生态体系内部结构主体复杂，在现阶段形成科学的组织形态是关键。根据农村经济社会发展碎片化的现状，我们可以采取园区、虚拟网络、战略联盟等组织形态。

1. 建设农村电商产业园区

园区是一种新型组织形式，是集物流、商贸、流通加工、金融、培训等于一体的产业集群。通过建立电商产业园区，可以实现传统产业转型升级和集聚发展。园区可以成为区域性的物流运营中心、信息交易中心、智能仓储中心、分拨配送中心、电子商务服务中心，促进企业快速发展，引导传统商贸与物流转型升级，形成流通引导生产的农村经济新模式。

2. 建立农村电子商务虚拟供应链网络

通过契约、合作等方式围绕电子商务供应链建立虚拟组织体系，吸收传统的商业要素进入电子商务生态体系。战略合作是出于长期共赢考虑，建立在共同利益基础上，实现深度合作，考虑相互之间的利益，使整体的利益最大化。

3. 连锁经营

农村电子商务短期内之所以亏损，一个重要的原因是碎片化经营，销售量太小。而连锁经营是农村电子商务生态体系的一个重要组织方式，一方面可以实现经营的规模化发展，另一方面可以充分整合现有的农村超市。

4. 战略联盟

合作各方订立合约，以资金、实物或无形资产等出资，组建新经济实体，以贴牌生产、特许经营等方式，利益共享，风险共担。合作各方也可以组建协会或商会，合作组织为各成员提供信息、技术、培训等服务。

8.2 农村电子商务与物流协同发展

电子商务在各行各业各地区呈现蓬勃发展的态势，农村电子商务已经成为电子商务创新的蓝海，电商平台纷纷制定针对农村电子商务的促进规划，这让农村电子商务呈现从无到有、快速发展的新景象。在 2018 年的中国网络销售数据中，农村网络电子商务销售额达到了 1.4 万亿元，全国电商平台农产品零售额达到 2300 亿元，同比增长均超过 30%。我们由此可以看出，农村电子商务发展正处于快速上升期，前景广阔。与农村电子商务异军突起相对应的是农村物流的发展滞后问题。农村交通条件远远落后于城市及郊区，这给农村物流发展戴上了天然的枷锁。农村的电子商务产品往往都是农产品，而农产品的储存、运输与保鲜都是物流行业中比较难以解决的实际问题。另外，物流需求分散、物流成本高、收益不稳定等都是制约农村物流发展的显著问题。根据统计数据，2018 年中国农产品物流总额将近 4 万亿元，农村物流份额不断增加，但农村物流服务网络还很落后。

8.2.1 农村电子商务物流生态体系组织形态

针对当前城乡电子商务物流（以下简称“电商物流”）存在的实际问题，结合当前发展状况，我们提出城乡电商物流协同发展机制。

1. 城乡物流需求不平衡问题的处理

城乡物流一体化的难点在于农村，因此，农村的物流问题得以有效解决就标志着城乡物流一体化建设实现了突破。对于农村物流，需要逆向思维，形成循环机制，实现可持续发展。借鉴当前城市电子商务发展的思路，抓住当前各大电商平台大力发展农村电子商务的契机，各地区根据当地特色，大力开发和当地农产品相适应的农村电子商务发展策略，有效发掘当地农村电子商务资源，鼓励新型农民通过农村电子商务发家致富。农村电子商务的发展能够带来物流快递方面的需求，而以需求量作为主要标志的物流效益指标分析更加有利于农村物流的发展。农村物流有了大量的发货需求，自然就能够吸引众多的物流快递企业来农村开展物流业务，也就解决了农产品向外输出的实际问题。

2. 城乡物流逆向循环机制

当前物流快递无法进农村的核心问题就是物流成本高、收益少，能够有效地解决该问题，城乡物流系统发展就有了新的发展方向。在增加农村物流需求的基础上，以集中方式进行快递网点建设，让物流快递集中进农村，在返程时将农村电商物流需求发出，以平衡成本和收益，吸引相关物流快递企业参与农村电商物流业务。基于此，打造城乡物流的逆向循环机制，城市的现代化产品通过网络电商平台销往农村，由物流快递企业承担物流快递的运输业务，待物流快递到达农村目的地后，再将农村的物流需求进行整合，形成物流正向、逆向的循环机制，使成本和效益取得平衡。

3. 实现农村电商物流可持续发展

农村电商物流需求不稳定是目前比较突出的问题之一，有效地处理该问题将为电商物流的协同发展奠定基础。根据地区实际情况，结合国家相关部门的政策文件精神，开展农村工坊、家庭农场、特色旅游等业务，突破农村以季节作为界限的生产作业方式，形成可持续的发展方案，形成持续的电商物流需求，从而实现区域经济的可持续发展。另外，农村人力资源丰富，但专业技术人员缺乏，需要地区根据需要，通过多种渠道吸引各方面人才参与当地的电商物流建设，积极争取有利条件，为当地发展奠定基础。

4. 协调多产业、多渠道、多群体协同发展

根据当地特色和生产经营情况，以合作社、自然村等为单位与城市商超进行对接，实现农产品与城市销售渠道的无缝连接，去除中间环节，通过与物流企业紧密合作，制定规范、合理的储存运输方案，使产、运、销顺畅进行。另外，农村资源丰富，除了传统的农业、种植业等，还有相当多的资源有待进一步开发。根据地方特色，开发生态旅游产品，带动当地产品销售、农家乐发展，从传统的单一产业向农业、旅游业等多元发展转化，实现多产业协同发展。农产品滞销、价格低等情况屡屡出现，其原因在于没有有效的渠道来消化农产品。因此，根据地方产品特性，拓展销售渠道，打破传统的购销模式，开发基于线上电商平台与线下实体销售多渠道结合的发展模式，实现多种渠道的统一。同时，农村的发展也有赖相关方的通力合作和有效配合。质量优、产量高的农产品需要农民辛苦付出，农产品的电子商务销售又依赖新型电子商务人才和电商平台的配合，农产品的外运过程又

有赖物流企业有效配合，多群体、多部门通力合作，农村电商物流发展才能更进一步。

8.2.2 农村电子商务与物流协同发展模式

1. 基于供应链的协同发展模式

借助先进的信息化技术，对农产品生产加工等过程进行一体化连接，建立统一的农产品供给产业链，让农产品能够实现生产、供应、销售一条龙发展。在这个过程中，供应商向农民采购农产品，在电商平台上销售，在物流企业的支持下顺利配送，而消费者通过物流企业提供的物流信息能了解产品的位置和配送情况，还可以在到货后利用二维码等查询农产品生产地和质量检验信息，真正实现农产品产销结合目标。这种通过建设供应链推动电商物流协同发展的模式，优势在于能够将电商平台和农产品配送结合起来，整体效率比较高，缺点在于比较松散，在农产品分布不集中的情况下，物流成本将成倍增长。

2. 基于平台的协同发展模式

以电商平台和物流平台为基础，建立农村电子商务与物流协同发展新模式，是现阶段比较成熟的一种尝试。其能够围绕电商平台实现信息传播，无论是供应商还是农户自己，都可以把农产品销售信息发布出去，而消费者在有需要的情况下，通过电商平台选择符合需求的产品，即可完成交易过程。在此基础上，物流企业可根据订单信息进行配送，这样就节约了一部分物流资源，让消费者或经销商能够以更低的价格买到高质量的农产品。以平台为基础的电商物流协同发展模式具有一定的合理性，它的优势在于能够降低物流成本，提升配送效率，避免不必要的产品损耗，缺点在于只关注产品销售、配送等问题，忽略了供给量和需求量之间的差异，很可能导致农产品供需关系不平衡的局面，最终造成农产品滞销等一系列问题。

3. 基于生态系统的协同发展模式

以生态系统为基础的电商物流协同发展模式具有一定的实效性。根据实际经验，在这个过程中，电商平台往往占据主导地位，通过大数据和云计算技术等，建立集采购、生产、供应、配送等于一体的生态系统，同时还可以人工智能技术为基础建立农村电子商务与物流相结合的发展模式。在生产时，可借助大数据分析技术和智能运算技术等，判断市场和消费者对农产品的需求和偏好，在此基础上调整农产品生产种植方案，确保农产品生产的针对性；在销售过程中，应根据人工智能技术得出的营销方案进行推广，选择正确的消费群体，让城市地区居民对农产品的需求得到满足，让消费者的消费潜力被挖掘出来；在物流配送过程中，要妥善分配物流设施和车辆等，让每个设备都能得到最大化的利用，解决传统农产品运输中设备不足、效率低的问题。

4. 基于共同配送的农村电商物流协同发展模式

通过搭建共同物流信息平台，各个物流服务商将仓储、运输、配送等资料上传到信息平台，通过信息平台的整体规划，为电商企业提供物流服务。这样，仓储、配送由信息平台整合后由物流平台完成，电子商务交易由电商平台完成。这种模式适应农村地理位置偏、人口分散的地域特征。共享物流模式可以降低当地物流成本，降低电子商务成本，提高产品竞争力，节约社会资源。具体来看，我们可以通过以下方法实现该模式。

（1）共享仓储资源。

一般可以由第三方企业自建或联合社会资本共同投资，建设共享式仓储物流中心，这种模式将仓储物流的管理由专业的仓储物流方来负责，这样可以充分发挥他们的专业技术优势。值得借鉴的是京东云仓。京东云仓通过建立云系统和仓库网络系统互通互联，生产企业和电商企业将产品存储于云仓库，同时将仓储信息上传到信息平台，企业保持对仓储中心货物的直接控制，仓储中心在对仓库中的货物处理的同时同步信息到客户（生产企业和电商企业）手中。这种线上共享云资源、线下同步仓储活动的运营模式，对企业来讲较自营仓储大大节约了成本，同时对库存品的处理更为快捷。

（2）共享运力资源。

通过社会化运营体系，实现专业分工，充分利用面向社会的各种运输系统。目前公路运输通过外部采购实现了对运力信息的整合和共享，但是，随着共享模式向纵深发展及智慧物流的发展，各个运力资源可以通过建立专线联盟的方式，借鉴国际航空巨头的联盟模式，在信息平台构建、互认里程、服务优化方面创立品牌优势，提升客户认知度。对于运力资源主体来讲，这样做可以扩大市场占有率，降低运营成本；对于电商企业来讲，会得到更质优的运力服务，是双赢的良好循环。

（3）共享末端物流基础设施。

由于农村人口分布、村村相隔的特殊性，各个电商企业、快递企业会在末端网点设立收发点等基础设施，这些成本投入将会由电商企业承担。如果不提供上门的送件服务，那么对于消费群体来讲，客户满意度将大打折扣；如果农民要将自家产品发出去，农产品的易霉腐特性对于速度的要求更为苛刻，发件的方式和渠道也将影响产品的质量和成本。例如，减少电商企业、快递企业末端网点的重复建设，通过契约的形式来连接，各个末端横向联合，由一家物流企业或利用社会闲置人力资源提供到村到户的精准服务。

5. 基于区块链的农村电商物流协同发展模式

区块链是一种点对点的分布式数据库系统，是一种网络共享式的分布账簿，它通过数据加密签名的方式将信息存放在区块中，并加盖相对应的时间戳，以保证交易记录数据的真实可靠。它是一种去中心化的、分散的数据系统，将各个部分的数据存储在各个区块中，并将相应的信息在分散的节点中储存。区块链技术为解决农村电子商务和物流企业面临的信息共享和安全、资源的高效流动等问题，提供了有效的手段。电子商务和物流的信息化运营是其发展的基本形态，但在信息兼容、产品防伪、产地溯源等方面暴露出的问题日益严峻。而且，信息不对称导致的网络诈骗连年攀升。区块链技术的引进可以有效地解决这一问题。将区块链技术引入农村电商物流之中，与电商物流有效地结合，对于精简产业价值链，提高效率、降低成本具有重要价值。

8.2.3 农村电商物流配送路径优化

1. 路径优化常见模型

2021年，中央“一号文件”提出，加快完善县乡村三级农村物流体系，加快实施农产品仓储保鲜冷链物流设施建设工程，推进田头小型仓储保鲜冷链设施、产地低温直销配送中心、国家骨干冷链物流基地建设。农产品冷链配送路径优化的研究具有重要的理论价值和现实意义。

农产品生鲜配送具有需求端分散、配送点分布广、产品不易保存而新鲜度要求高等特点，对配送成本控制和时效性都提出了很高要求。而影响上述因素的关键就在于冷链配送系统的路径规划。

冷链配送系统路径规划是指根据不同客户合理数量的货物配送需求，调度车辆配送货物，同时提供获取最少配送时间和成本的最小路由建议。为此，最小路由安排的合理性对配送效率、成本和效益有很大影响。

关于配送路径优化的算法有很多，比较具有代表性的有粒子群优化算法、鲨鱼优化算法、光学优化算法、布谷鸟搜索算法等。

（1）粒子群优化算法（particle swarm optimization，PSO）是肯尼迪于1995年首次提出的一种计算技术，作为一种基于优化的种群计算方法，目前广泛应用于图像处理和模式识别、电力系统和调度控制等领域。不少学者在标准粒子群优化算法的基础上提出了改进的粒子群优化算法。例如，有人提出一种可以通过参数设定与调整来加快整体解的收敛速度的改进粒子群优化算法，并通过研究参数的调整优化对粒子群优化算法性能的影响，最终得出了预期结果；有人提出一种离散粒子群优化方法，将离散搜索空间作为完整图的弧集来求解物流配送系统的离散组合优化问题。

以改进粒子群优化算法为基础，Ho，Yang和Wong提出了一种改进的粒子群优化算法，以解决原始粒子群算法在探索和开发之间的平衡控制问题。其采用了一种典型的可视化规划算法来设计医学图像三维重建的求解模型。该算法已应用于医学CT三维重建图像的处理，以提高图像的精度和分辨率。

（2）近年来，Abedinia等提出了鲨鱼优化算法（shark smell optimization，SSO）。作为一种新的群体智能优化算法，因调整参数少、局部搜索能力强等特征，鲨鱼优化算法得到了业界广泛的关注；但传统鲨鱼优化算法存在容易陷入局部最优等缺陷。为此，尚猛、曹峻玮提出了一种基于正弦运动机制和高斯变异策略的改进鲨鱼优化算法，用于农产品物流配送路径的优化，实现了有效降低物流配送成本的效果。

（3）光学优化算法（optical inspired optimization，OIO）由Ali Husseinzadeh Kashan于

2015 年提出。光学优化算法在物理光学成像原理的基础上，通过模拟光的传播过程来寻求变量的最优解，其原理是将优化函数看成一个凸面镜或者凹面镜，对所求变量建立初始值，这些值可以看作即将投射到镜面上的初始光源点，利用镜面反射原理求出反射的像点，这个新求得的像点将作为下一次寻优的初始光源点，最终通过在镜面中的多次反射求出最优光源点。

（4）布谷鸟搜索算法（cuckoo search，CS）由 Xin-She Yang 和 Suash Deb 于 2009 年提出。作为一种全局搜索算法，由于参数较少、搜索能力更强、搜索路径更优，布谷鸟搜索算法在工程优化和函数优化中得到了广泛的应用。但布谷鸟搜索算法存在求解精度有限、收敛速度慢，易陷入局部最优等不足。为了进一步提高搜索效率，一些学者在标准布谷鸟搜索算法的基础上，从不同角度提出了一些新的高级布谷鸟搜索算法。例如，有人提出了一种改进的布谷鸟搜索算法，在基本的多目标布谷鸟搜索算法中引入一个非均匀变异算子来实现探索和开发的有机平衡，同时引入一个差分进化算子来促进群体间的合作和信息交换，以提高收敛质量。张燕提出了一种基于 Cubic 混沌模型的自适应布谷鸟搜索算法，将 Cubic 混沌映射模型嵌入布谷鸟搜索算法，产生混沌扰动信号，对鸟巢位置进行更新，扩大种群多样性，从而提高对全局最优值的搜索能力。

2. 路径优化模型的建构

对冷链配送系统的配送路径优化问题描述如下：

假设有 L 个待配送客户，每个客户的位置和需求都是已知的。为了满足每个客户的需求，我们要求可安排的最大路径数为 K，每辆配送车的最大负载能力为 Q_k。为满足所有已行驶车辆的总距离，路线安排受到以下条件的限制：配送中心只提供一种路径类型；每个客户的需求仅由一辆车来完成；配送中心的位置是已知且唯一的；每个客户的需求应该小于最大负载；所有路径的总长度之和不应大于单个分布的最大距离。

相关参数定义如下：

L 表示待配送的客户总数，每个客户点需要的货物数量为 $q_i(i=1,2,\cdots,L)$；K 表示用于配送的路径总数。定义客户 i 和客户 j 之间的距离为 d_{ij}。路径 k 所能服务的客户数量记作 n_k，n_k 需符合以下条件：如果 $n_k=0$，路径 k 不为任何客户服务；路径 k 的最大负载能力为 Q_k。路径 k 所服务的客户集为 R_k，且 R_k 满足以下条件：如果 $n_k=0$，则 $R_k=0$；否则 $R_k=\{r_k^1,r_k^2,\cdots,r_k^{n_k}\}(k=1,2,\cdots,L)$，其中 r_k^i 表示路径 k 的分配路由中第 i 个客户。可以将数学模型记为

$$F_{\min}=\sum_{k=1}^{K}\left(\sum_{i=1}^{n_k}d_{r_k^1,r_k^i}\right)\operatorname{sgn}(n_k) \tag{8-1}$$

在式（8-1）中，$\operatorname{sgn}(n_k)$ 定义为

$$\operatorname{sgn}(n_k)=\begin{cases}1, & n_k\geqslant 0\\ 0, & n_k=0\end{cases} \tag{8-2}$$

式（8-1）还需满足以下约束条件：

$$\begin{cases} \sum_{i=1}^{n_k} q_{r_k^i} \leqslant Q_k,\ n_k \neq 0 & (8\text{-}3) \\ \sum_{i=1}^{n_k} \left(d_{r_k^{i-1}, r_k^i} + d_{r_k^i, 0} \right) \leqslant D_k,\ n_k \neq 0 & (8\text{-}4) \\ R_{k_1} \cap R_{k_2} = \varnothing,\ k_1 \neq k_2 & (8\text{-}5) \\ \bigcup_{k=1}^{K} R_k,\ 0 \leqslant n_k \leqslant L,\ \sum_{k=1}^{K} n_k = L & (8\text{-}6) \end{cases}$$

3. 布谷鸟搜索算法建构

布谷鸟搜索算法是一种全局搜索算法，是科学家受布谷鸟在其他种类的鸟的窝中产卵的寄生育雏行为所启发而提出的一种求解最优化问题的算法，也是一种自然启发式搜索算法。布谷鸟搜索算法结合一些鸟类和果蝇具有幂律规律的莱维飞行行为，使算法更加理想化、功能更强，能应用于多约束优化问题。如果发现了巢中的外来卵，寄主鸟可能把卵扔掉，或弃巢而去，在别处筑巢。为此，布谷鸟通常选择那些寄主鸟刚产下自己的蛋不久的巢。在一般情况下，布谷鸟卵的孵化时间相对较短，新孵化出来的布谷鸟雏鸟往往把其他的卵从巢中推出，且通过模仿寄主鸟雏鸟的叫声，让寄主鸟将其误认为自己的后代，从而增加了布谷鸟雏鸟被喂食和存活下来的机会。

布谷鸟搜索模拟了布谷鸟寻找产卵巢的搜索过程，在这个过程中，它首先在可行解范围内初始化 N 个巢位，然后计算每个巢位的适应度值，再将具有最佳适应度值的巢位预留给下一代，此后开始巢位的迭代过程。此外，布谷鸟搜索算法遵循以下三个理想化规则。

（1）布谷鸟每次只繁殖一个卵，并随机选择一个巢孵化。

（2）在随机选择的一组巢中，最好的卵留在最好的巢中。

（3）由于可用巢的数量已经确定，每个巢被其他鸟发现的概率为

$$P_m \in [0,1] \tag{8-7}$$

Yang Xin-She 使用的 D 维向量为：

$$\text{RSSI}(d) = \text{RSSI}(d_0) - 10n\lg\frac{d}{d_0} + X_\sigma \tag{8-8}$$

4. 粒子群优化算法建构

粒子群优化算法是一种利用鸟类种群间的协作来达到优化目的的优化方法，是一种基于种群的搜索算法。在粒子群优化算法中，随机初始化的粒子同时搜索空间并收敛到问题的最优解。与其他优化方法不同，粒子群优化算法是受鸟群行为（觅食行为）启发而产生的。粒子表示种群中的个体，与速度有关，通过动态调整粒子群的最优位置信息来实现动态调整粒子群的全局最优解。同时，粒子群优化算法具有收敛速度快、可靠性强、全局搜索能力强等优点。改进的粒子群优化算法是本文提出的混合搜索算法的基础算法之一。

假设 M 个粒子通过 D 维空间搜索目标，每个粒子在 n 维空间中的位置定义为 $X_i = \{x_1, x_2, \cdots, x_n\}$，粒子 i 的速度也是一个 D 维向量，定义为 $V_i = \{v_1, v_2, \cdots, v_n\}$，且粒子 i 当

前的最佳位置（个体最优值 p_{best}）为种群最优位置 g_{best}。所有粒子根据各自的最优值和全局最优值更新其速度和位置，以在解的空间中搜索最优解。在粒子群优化算法中，每个粒子动态更新其速度和位置的表达式为：

$$V_j = \omega V_i + c_1 r_1 \left(p_{\text{best}}(i) - X_i\right) + c_2 r_2 \left(g_{\text{best}}(i) - X_i\right) \tag{8-9}$$

$$X_j = X_i + V_i \tag{8-10}$$

其中 ω 表示惯性权重，c_1,c_2 为学习因子，r_1,r_2 为［0,1］中均匀分布的随机参数。

5. 光学优化算法建构

光学优化算法是利用光传播过程中的自动优化原理，利用光的反射和折射原理进行算法优化。假设搜索空间被不同折射率的介质空间填充，优化过程中的搜索路径被视为光的传播路径。光学优化算法根据光的折射原理，使搜索方向近似目标函数的优化。但是，如果折射搜索过程停止，光学优化算法可以根据光的反射原理改变搜索方向，使搜索过程继续进行。

（1）通过对初始种群进行优化，将光学优化算法引入所提出的优化算法中，将光学概念与物流配送系统中的车辆路径问题联系起来。

① 折射：在剩余客户中选择距离当前客户路径最短的客户点。

② 反射：随机选择剩余客户点。

③ 前端客户点密度：当前客户点与剩余客户点之间的最短距离。

④ 当前客户点密度：剩余客户之间所有距离的平均值。

（2）对于物流配送系统的车辆路径优化问题，客户点的序列号为1, 2, …, M，基于面向对象原理的初始方法步骤如下：

① 确定配送中心的位置、最大车辆数量、最大车辆载重量等参数，然后计算每辆车的当前客户点密度和前端客户点密度值。

② 在分配算法满足所有客户需求的情况下，比较当前客户点密度和路径上客户 i 的前端客户点密度，这是分配给 k 车的客户点之一。如果当前客户点密度高于后者，则反映搜索方向，并随机选择一个剩余客户点作为 k 车的下一个客户；如果没有，则折射搜索方向，在剩余客户中选择距离当前客户最近的剩余客户点。

③ 重复步骤②，直到 k 车所有客户积分分配完毕。

④ 重复步骤②和步骤③，以获得所有车辆的配送路线。

6. 混合布谷鸟搜索算法的车辆路径优化编码、解码

鉴于布谷鸟搜索算法在收敛速度和解的精度方面的不足，科学家提出基于改进粒子群算法、布谷鸟搜索算法和光学优化算法的混合布谷鸟搜索算法。求解冷链物流配送系统路径优化问题的关键是找到与最优解相对应的粒子位置。为此，混合布谷鸟搜索算法首先构造对应 m 个客户点的 $2m$ 维空间，再根据要求完成分配任务的分布，且这些路径的执行顺序

与每个客户点对应。将 $2m$ 维空间中每个客户点的冷链路径优化问题定义为每个客户及其执行订单完成任务后的配送。对于粒子 i，$2m$ 向量可以看作两个 m 维向量—— Z_{ix} 和 Z_{iy}，其中 Z_{ix} 表示路径数，Z_{iy} 表示客户之间的路径顺序。

冷链物流配送路径优化算法的解码如下：

（1）解码车号：根据对任意粒子 i 的向量 Z_{ix} 进行截尾运算，得到为客户 i 提供服务的车辆 j。

（2）解码车辆路径顺序：首先查找 j 车服务的客户 i，再根据与客户 i 相关的向量 Z_{iy} 进行排序，排序原则是从小到大，确定车辆的路径顺序。

例如，在一个冷链物流配送系统案例中，路径数为 3，顾客数为 7。表 8-1 描述了解码前粒子 i 的位置向量，解码后粒子 i 的位置向量如表 8-2 所示。

表 8-1　解码前粒子 i 的位置向量

顾客号	1	2	3	4	5	6	7
Z_{ix}	1.5	2.1	2.4	3.0	3.7	1.3	3.8
Z_{iy}	0.7	2.3	2.9	1.6	2.1	4.2	1.9

表 8-2　解码后粒子 i 的位置向量

顾客号	1	2	3	4	5	6	7
$\mathrm{Int}(Z_{ix})$	1	2	2	3	3	1	3
Z_{iy}	0.7	2.5	3.6	1.8	2.8	4.5	2.3

设 0 为配送中心，则每辆车的路径如表 8-3 所示。

表 8-3　每辆车的路径

车辆编号	路　径
1	0 → 1 → 6 → 0
2	0 → 2 → 3 → 0
3	0 → 4 → 7 → 5 → 0

7. 应用实例

假设某大型农场设有集中冷链配送中心，其位置坐标为（0，0）；有 20 个客户点分布在 10 平方公里区域内；每辆配送车的最大载重量为 9 吨；每个客户点的具体位置及需求量均已知。

在 MATLAB 环境下进行算法实验，主要参数设置为：种群 N=200，最大迭代次数 M=1000，使用梯度自适应惯性权重，其中最大惯性系数 $W_{\max}$=0.92，最小惯性系数 $W_{\min}$=0.06，初始学习因子 c_1=2 和 c_2=1.611。实验车辆路由图如图 8-1 所示。

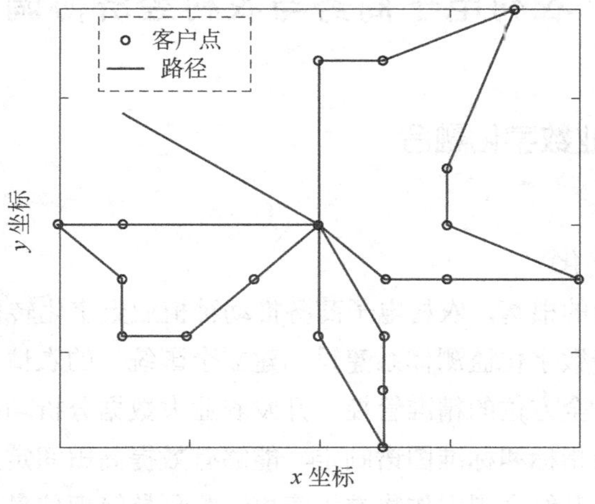

图 8-1　实验车辆路由图

分别使用粒子群优化算法、蚁群优化算法、布谷鸟搜索算法和混合布谷鸟搜索算法在同一台计算机上进行了 100 次模拟，不同算法的优化结果如图 8-2 所示。

实验结果表明，该算法能有效地保护粒子的多样性，提高收敛速度，并能有效地防止陷入局部最优解。混合布谷鸟搜索算法能够针对冷链物流配送中实效性要求高、农产品变质率低的严格要求，通过优化求解精度和提高收敛速度，有效解决冷链物流配送中车辆路径优化中的实际问题。

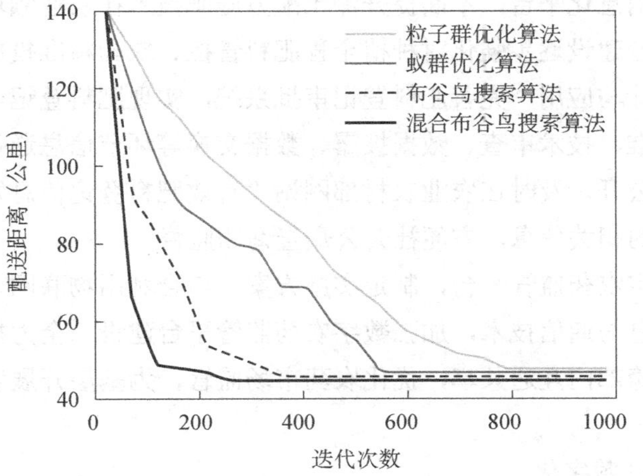

图 8-2　不同算法的优化结果

8.3 农村电子商务与农村经济协调发展

8.3.1 促进农业数字化融合

1. 推动种植业数字化

种植业是现代农业的根基，农村电子商务推动种植业数字化转型的作用十分显著。

（1）逐步完善农情数字化监测体系建设。建立全国统一的农情信息调度平台，能够有效支撑种植业全流程、全方位的精准管控。开发农业大数据分析功能模块，对小麦、水稻等农作物长势进行分级指标和标准图谱制定，能够有效提高田间定点数据的自动化、智能化比对分析水平。不断升级全国农作物重大病虫监测预警管理信息系统，开发重大病虫监测预警与指挥功能，实现相关监测数据一个页面填报、一张图管理和一体化展示。与气象局联合完成农业气象信息共享对接，实现农业基础监测数据实时传输共享。建立并完善花卉产业综合信息统计管理系统。实现各省、市、县三级农业农村部门对花卉保护地栽培情况、产销情况及生产经营实体情况等产业数据的网上填报与管理。打造省级、市级农情调度远程视频会商系统，从而不断提高农情信息传递的时效性。

（2）种植技术数字化指导成效显著。各地农业农村部门联合经济和信息化部门积极探索利用新一代信息与通信技术和手段，建立以县域为单位的科学施肥专家服务系统，为帮助农民科学施肥提供有效的信息服务。依托智能手机 GPS 自动定位功能、农产品溯源系统、电子商务系统等信息化平台，不断提升测土配方施肥技术在农业领域的普及应用。农业数字化应用管理平台建设逐步强化对种植全程肥料管控、农药精准投放监测、农业投入品安全追溯等功能设计与应用。完善肥料登记审批系统，实现肥料登记全程网上审批，确保资料受理、行政批准、技术审查、数据披露、数据交换等环节信息通畅，提高审批效率。加强肥料登记信息公开，及时在农业农村部网站“有效肥料登记信息发布”模块，公开肥料登记证审批通过的相关信息，方便社会公众查询和监督。

（3）完善数字农药监管平台，制定实施方案，综合利用物联网、大数据、云计算、区块链等新一代信息与通信技术，加强数字农药监管平台建设。全力推动农药登记数据、市场执法监管数据跨部门互通共享，优化农药市场监管，为基层开展农药执法监管提供数据支撑与服务。

2. 推动畜牧业数字化

（1）持续完善养殖场直联直报系统。系统推进畜牧兽医业务数字化，扩大全国各大养殖场养殖数据的采集范围，实现畜牧兽医监管精准动态监测，信息横向互通、省部互联。加快完善养殖场直联直报系统功能，扩大线上填报范围。“掌上牧云”App 是一个专为养殖企业提供的信息查询平台。2019 年，《农业农村部关于稳定生猪生产保障市场供给的意见》

提出，“加大规模养殖场直联直报平台‘掌上牧云’客户端推广力度，加快推进龙头企业、规模养殖场数据直联直报。加强生猪屠宰环节监测，扩大淘汰能繁母猪屠宰情况监测范围”。各地农业农村部门进一步督促养殖场户通过“掌上牧云”自行填报数据，实现畜牧业监测预警信息进村入户，在指导养殖场户恢复生猪生产过程中起到促进作用。截至 2020 年，“数字奶业信息服务云平台”试点省已达到 11 个，实现了对奶牛饲喂、产奶、配种、健康状况等信息的实时采集和同步传输，从而显著提高了饲养管理水平。

（2）广泛开展养殖技术的线上指导与服务。组织相关行业协会、科研机构、大专院校，充分发挥网络直播受众广、无接触的优势，系统开展网络直播培训，为广大农民提供线上答疑解惑服务，加快科学养殖技术的推广和普及。例如，国家奶牛产业技术体系、《荷斯坦》杂志、《中国乳业》杂志等单位举办多期线上论坛，国家肉鸡产业技术体系与北京博亚和讯公司合作通过网络平台免费播放“战役保供体系在行动”系列节目，国家蜂产业技术体系、中国养蜂学会利用各类网络平台直播讲授养蜂技术，并免费共享培训课件。

3. 推动渔业数字化

（1）加速渔船、渔港管理系统数字化进程。积极推进渔船、渔港动态监控管理系统异地容灾备份中心项目建设，妥善储存沿海各地渔船、渔港动态数据，为渔船作业、渔船管理、渔政执法、应急安全等渔业、渔政管理提供有效支撑。编制渔船、渔港综合管理改革信息系统优化整合方案，启动渔船、渔港信息系统互联互通工作，加强渔船、渔港信息化建设。将渔业捕捞许可证电子化，将渔业捕捞许可证纳入国务院办公厅推行电子证照试点范围，为渔民提供便捷行政许可服务。升级改造渔业安全事故直报系统，为推进渔业安全与应急管理规范化、信息化奠定基础。

（2）加强对渔业装备的改造升级。我国渔业在智能化技术、装备及应用方面已经取得一定的成果。截至 2019 年底，我国沿海 11 省份和大连、青岛、宁波、厦门 4 个计划单列市已经完成海洋渔船通导与安全装备升级改造 120428 台，建设数字渔业岸台基站 179 座。使用“插卡式 AIS”设备终端，开发渔业无线电综合服务平台，推进实现“一船一码一设备”监管目标。推进水产养殖装备机械化、自动化、智能化，将数字化技术逐步应用于水产养殖环境监控、饵料自动投喂、养殖病害监测预警、循环水装备控制、深水网箱远程监控等领域。

（3）稳步推进渔业生产大数据平台建设。渔业基础数据库是渔业信息资源开发利用的重要环节，是实现渔业信息共享的基础，包括渔业组织机构数据库、渔业自然资源数据库、渔业生产信息数据库、渔业文献档案数据库和国外渔业数据库等。建立健全渔业资源环境动态监测体系，利用遥感技术对渔业资源进行长效评估，对渔业养殖水域进行动态空间监测。

4. 推动农机装备数字化

（1）进一步加快农机装备数字化步伐。加快发展农机装备数字化，制定发布智能农机产品鉴定大纲。目前，我国已发布自动挤奶设备、自动推料机、设施环境监控设备（系统）、挤奶作业监控设备、奶牛行为监控设备5项推广鉴定大纲，2020年下达农机辅助驾驶导航监控终端、畜禽养殖场巡检机器人、农机耕整地作业监测终端、农机播种作业监测终端4项推广鉴定大纲制定任务。国家支持智能农机装备推广应用，通过实施农机购置补贴政策，加快智能农机装备推广应用。截至2020年9月底，国家支持1.2万个农户购置农业用北斗终端1.5万台；支持20个省份开展植保无人飞机规范应用试点，支持5000个农户购置近1万台植保无人飞机。全国已有45家农机企业将北斗终端作为标准配置，北斗终端已从拖拉机、联合收割机、植保无人飞机扩展到插秧机、大型自走式植保机、秸秆捡拾打捆机等装备。

（2）深入推进农机作业数字化服务。开通"春耕农机线上服务站"，组织地方创新农机化技术指导方式，为农机骨干提供针对性的网络培训指导服务。组织线上作业供需对接，引导各地利用全国农机化信息服务"农机直通车"平台，在线对接作业需求，强化机具合理调度，做细生产安排，保障"春耕""三夏"作业顺利高效完成。推行"无接触"农机化作业，利用手机客户端就近就快为小农户开展代耕代种、一条龙、一站式"全程机械化+综合农事"等服务。例如，广东惠州、福建南平、浙江余姚、湖南鼎城、山东巨野等地采用滴滴农机模式开展农机作业无接触服务，在线下单、远程监测、线上结算，帮助农户"足不出户"完成作业。举办智能农机田间日活动。例如，河北赵县以"智能农机无人农业"为主题，举办田间日活动，现场演示无人收割机、运粮车协同作业等国内最新的智能化、精准化、少人化农机技术装备，近20万人通过视频直播在线观摩。

（3）有效提升农机管理数字化水平。全国所有省份均已全面实行农机购置补贴辅助管理系统，已有35个省级实施单位实现农机购置补贴辅助管理系统与农机安全监理牌证系统数据互联互通，所有省份已全面实行补贴受益信息、资金使用进度实时公开。大力推广使用手机客户端，简化程序，提高效率，全国已有超过35%的补贴申请通过手机客户端提交，其中北京、浙江、青岛超过99%。利用数字化技术探索农机购置补贴管理模式，继续开展农机购置补贴"三合一"试点工作。北京、上海、江西、四川等试点省份运用物联网、大数据等信息化技术，打通补贴申请、机具识别、作业轨迹监测等方面的数据通道，探索更加安全、高效、便民的补贴机具核验与补贴资金申领模式。截至2020年9月底，试点省份已办理补贴试点机具2.2万台，监测作业轨迹面积545万亩。

5. 推动农垦数字化

（1）不断加强农垦基础数据资源建设。根据《中共中央 国务院关于进一步推进农垦改革发展的意见》总体部署，在基本完成农垦国有土地确权发证工作基础上，建立全国统一的数据库，集中收集存储确权发证信息。截至2019年底，全国28个垦区2.16亿亩土地完成了建库上图等数字化处理，入库宗地达到21.36万宗，入库权证8.38万个，初步构建了农垦土地资源大数据体系。建立完善农垦法人数据库，以农垦国有农场综合信息平台为抓手，整合信息资源，从隶属关系、组织类型、产业行业、区域布局等关键因素入手，开发建设农垦组织机构数据库，涵盖全国1700多个农场、5000多家独立核算企业，实现农垦系织法人组织的统一分类、有序信息化管理。

（2）加快推进农业经营数字化转型。通过期货交易市场、第三方电商平台、自建电商平台等多种途径，积极推进农业经营数字化转型。例如，北大荒大米、九三豆油、完达山奶粉线上销售额超过 4 亿元，电子商务逐步成为农产品营销重要渠道。苏垦米业公司建设的自有农产品电商平台“苏垦尚膳”，实现了完整的电子商务经营流程闭环，电子商务网站年交易额超过 1000 万元。盘锦大洼农垦集团创设“互联网+认养农业”模式，利用互联网平台搭建认养者与农业企业之间的桥梁，采用“蟹稻共生”生态模式，全程溯源追踪，实时视频监管，恒温保鲜仓储，每月免费直供配送。江苏农垦三河农场公司开发了集旅游观光、产品信息、活动介绍等于一体的综合性手机客户端，推动“农业旅游+农产品”电子商务模式升级，线上梨树认养 1300 多棵，全年销售额超过 130 万元[1]。

6. 促进农产品营销

（1）拓宽农产品营销渠道。农村数字经济的发展带动农村网络基础设施建设，使农村的信息更加畅通，从而解决农产品流通问题，为农产品拓宽营销渠道。在数字乡村与乡村振兴战略实施以前，我国农村地区普遍存在互联网普及率低、交通不便等问题，很多优质农产品只能在本地销售，营销渠道存在很大的局限性。随着农村数字经济的发展，农村地区的互联网环境及交通条件逐渐改善，经过组织相关培训，农村居民对于电子商务及相关电商平台与直播平台的操作有了一定的了解。在农村网络基本普及以后，一些地区纷纷打造特色农产品品牌，由专业技术人员带领农村居民组成团队对特色农产品进行直播，从而拓宽了营销渠道，增加了销售收入。同时，品牌的创建吸引部分企业资金的注入，为农产品的营销推广提供了资金保障。

（2）促进农产品流通。促进农产品营销，不仅要解决渠道问题，还要解决流通问题。大部分农村存在信息不畅通、技术水平低的问题，同时缺少健全的农产品流通体系，致使农产品流通不畅。随着农村数字经济的发展，不少地区引入信息化人才和销售人才，帮助农村居民分析市场情况，引导农业生产有序发展，使农产品更加适应市场需求，解决农产品的销售问题。一些地区针对当地的情况构建了信息发布平台，客户通过平台能够随时了解农产品相关信息，而农户可以从平台获取市场信息，这种方式更利于农产品的流通。另外，加大力度建设农产品流通设施，健全农产品流通体系，改善农产品的储运条件，创新市场管理方式，从而为农产品的顺畅流通奠定坚实基础。

（3）政策与资金支持。我国是一个农业大国，农业一直是我国发展的基础。目前，我国正在向智慧农业迈进，进入高速发展阶段。政府非常重视农村的发展，制定了城乡一体化、乡村振兴与数字乡村建设等一系列政策措施，支持广大农民创新创业，促进农业产业化发展。针对农产品销售问题，农业农村部、财政部等部门还颁布了一系列电子商务政策，内容包括农产品供应链、农产品网络销售服务体系、农产品大数据分析等，这些对农产品的营销有着重要的意义。对于农村电子商务来说，其发展不仅需要国家政策扶持，还需要

[1] 农业农村信息化专家咨询委员会. 中国数字乡村发展报告（2020 年）[R]. 2020-11-28.

强有力的资金保障。目前，政府对于农村地区有很多经济补贴和优惠政策，一些特色农产品项目也会吸引成熟电商企业的资金注入，从而能够快速发展，进一步推动农产品营销和推广。

8.3.2 改革收入与分配机制

1. 促进农民增收

（1）直接增收。直接增收主要是指广大农村居民直接或间接利用电商平台开展农产品或工业品销售，从而获得销售利润。

（2）服务增收。服务增收主要是指农村居民从事电子商务相关服务工作，如担任快递员、经营快递站点、担任客服等，从而获得劳务报酬。此类收入相对而言还是比较可观的。例如，中国社会科学院2021年发布的《社会蓝皮书》显示，快递员工资收入相对较高，平均月收入为4859元，远高于各地农村居民平均收入。

（3）产业链增收。产业链增收主要是指电子商务带动传统产品销售，刺激农民提供产业链后端的产品生产及通过渠道拓展和品牌建设提升产品的附加值。例如，福建泉州市安溪县尚卿乡的灶美村、灶坑村等以生产销售藤铁家具和藤铁工艺品为主的几个淘宝村，不仅有自产自销的大户，还出现很细的产业分工，如材料的裁切、喷漆、组装，产品图片的拍摄，网站的装修，甚至专业的网络营销等细分领域都开始逐渐形成。整个产业链的不断延长、细化和完善，不仅可以提升效率，而且可以创造更多的创业和就业机会，从而使更多的经营者和从业者获益。

（4）综合发展获益。例如，通过电子商务大幅提升产品知名度，通过电商直播和“电商节”等活动带来区域商业发展和文化旅游业发展，从而引发交通、银行、餐饮、娱乐等生产或生活配套服务行业的发展，以及房租、地租价格的提高。在这种情况下，尽管大多数农村居民没有直接参与电子商务业务，但因电子商务带来的红利而获得增收。

2021年，高彦彦等学者基于浙江省2008年至2018年县域面板数据，以淘宝村镇为例，使用双向固定效应模型下的倍差法，实证检验农村电子商务发展对县域农民收入增长的影响，研究发现，只有当淘宝村镇数量超过一定的临界值时，淘宝村镇才会对县域农民收入具有促进作用。同时，农村电子商务的增收效应在不同经济发展水平的县域存在显著的异质性。在发达县，淘宝村镇促进了农民收入的增长，但在欠发达县，淘宝村镇反而会抑制农民收入的增长`。这就是说，各地发展电子商务要和本地经济社会实际情况紧密结合，而非一味追求“电子商务热”。欠发达地区的淘宝村镇可能因为电子商务发展而加大贫富差距，影响广大农民增收，相应的调适机制亟待进一步健全。

` 高彦彦，荣宇鹏，纪帅. 农村电子商务的农民增收效应估计——来自浙江省淘宝村镇的证据[J]. 现代管理科学，2021（2）：112-120.

2. 优化收入分配调节机制

收入分配是经济体系或经济实体对收益总额按照一定规则进行的分割。我国已经全面建成小康社会，优化收入分配机制，特别是农村收入分配，是共同富裕进程中至关重要的抓手。目前，我国农村劳动力相对过剩的情况依然存在：一方面，中高端劳动力、技师及以上技术工人相对紧缺；另一方面，产业升级后对普通工人、农民等劳动力的需求正在不断减少，普通劳动者只有自身就业能力不断提高，才能更好地适应新职业的需求。电子商务主要通过四种机制促进收入分配调节机制优化。

（1）提高劳动者报酬占 GDP 的比重。基于市场手段吸引劳动力从事城乡配送、快递运输、外卖送货等电子商务发展衍生职业，其收入水平能够得到显著提高。同时，无论是电子商务产业本身，还是其带动的制造业、农业、农产品加工业或乡村旅游业，都带来了一些面向农村居民群体的高收入职业。

（2）促进农村居民财产性收入的提升。电子商务促使乡村产业振兴，各种产业发展促使乡村农田、宅基地、房屋等财产增值。更重要的是，电子商务能够有效盘活这些存量资产，提升房租、农田租赁价值，从而提升农村居民财产性收入水平。

（3）助力税收分配调节机制。一方面，基于互联网征信体系和数字档案管理的 B2G（business to government，企业对政府）、C2G（consumer to government，消费者对政府）平台提升了所得税、利润税、资本收益税和定期支付的其他经常收入税的纳税透明度。另一方面，各类电商平台也在惠农、助农、服务中小微企业和个体经营户方面存在大量的政策倾斜。平台交易服务费等收费项目基本只针对大企业和高质量经营主体，对广大农村居民而言相对比较友好，有效降低了农村居民电子商务经营成本。

（4）促进第三次分配体系构建。第三次分配是促进全体人民共同富裕的重要手段。共同富裕是社会主义的本质要求。我国已经形成了相对成熟的社会救助与慈善体系，形成了良好的慈善文化。互联网让人人慈善、随手慈善成为现实，使慈善行为更加透明、高效，不仅给传统慈善事业运作模式带来了深刻的变革，为慈善事业高质量发展构建了良好的生态环境，也极大地激发了慈善事业长远发展的健康活力，凸显了慈善事业在社会治理创新中的重要地位。在电子商务的促进作用下，基于点对点的电子商务慈善平台快速发展，涌现出了爱心捐赠、水滴筹、腾讯公益、轻松筹等知名平台，一举打破了“小众慈善、大众围观”的传统慈善模式，推动了我国慈善事业快速发展。

8.3.3　助力消费水平提升

1. 提升农村居民消费能力

根据国家统计局相关数据，全国居民恩格尔系数从 1978 年的 63.9%下降到了 2021 年的 29.8%，其中中国农村家庭的恩格尔系数从 1978 年的 68%下降到了 2021 年的 32.7%，下降幅度比城镇居民更大。这就说明了我国农村居民收入和消费水平有了极大幅度的提升。电子商务助力农村居民消费能力的提升，主要体现在以下三个方面。

（1）消费支出的提高。2021 年全国农村居民人均消费支出 15916 元，持续保持高增长态势。同时，根据调研可知，淘宝村居民人均消费水平达 19277 元，远高于全国农村居民平均水平。这就说明淘宝村作为农村电子商务高质量发展的典型区域，体现了电子商务在提升居民消费支出方面起到了重要的作用。

（2）消费层次的上移`。农村居民对生活物资的需求已经不仅局限于温饱需要，而是逐步注重消费品质。这主要表现在消费知识的积累与应用。利用电商平台和互联网工具，农村居民的消费知识有了长足的积累。例如，农村居民能够通过查看好评率、买家秀等方式研判产品质量；对品牌开始有了一定认知，对于一些品牌产品的购买更多通过旗舰店、品牌店等渠道；对品牌名称雷同、质量低下、价格低廉的仿冒产品不再一如既往地青睐。

（3）消费方式的革新①。农村居民在电商平台的影响下，逐步对“满减”“积分”等消费形态有了更多的了解，通过学习研究各类促销活动并巧妙应用以获得更多实惠；对“会员”“VIP”“充值”等消费活动也提高了接受度，不仅提升了消费质量，还获得了在消费市场上的“主人翁”和“顾客即上帝”的既视感。这表明农村居民消费正在融入新时代主流消费形态。

2. 优化农村居民消费结构

在当前恩格尔系数大幅下降的情况下，农村居民将更多的消费支出用于其他领域。根据对淘宝村镇的调查结果，农村居民生活消费支出结构如图 8-3 所示。

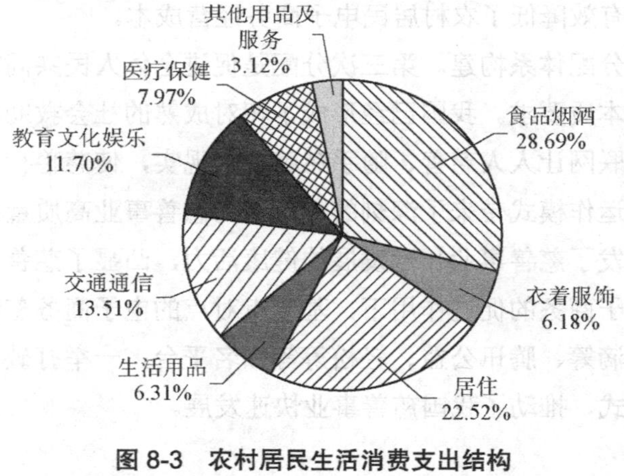

图 8-3 农村居民生活消费支出结构

从图 8-3 可知，农村居民消费结构较以往已经有了颠覆性的变化，主要表现在四个方面：一是高端生活用品消费占比提高。农村居民消费不再拘泥于满足商品的基本功能，还考虑品牌、品质、时尚等因素，具备相同功能，但附加值高、溢价高的商品受到了很大青

` 胡东宁，李沐霖. 互联网背景下现代流通发展对消费升级产生的影响[J]. 商业经济研究，2020（17）：17-20.

① 林岚. 商贸流通发展对居民消费的影响研究[J]. 商业经济研究，2017（9）：42-44.

眠。二是消费品的功能内涵提升，满足多元化功能需求。例如，同样具备刷牙功能的牙刷，用户不仅考虑其刷牙的洁净程度，还考虑其柔软度、舒适度、对牙龈按摩的效果等。三是服务性消费占比提高，如交通通信、教育文化娱乐类消费比重在大幅提高，是农村居民生活消费水平上升的主要标志。四是医疗保健消费支出提高，表明广大农村居民对健康生活的向往和重视，是社会进步的主要标志。

消费者强劲的消费创新动能，也带来了新的消费增长点的出现`，广大农村居民也享受到了技术与模式发展的红利。以云计算、大数据、人工智能、物联网等为代表的新一代网络信息技术发展，推动我国消费加快进入数字化、智能化时代。移动智能终端、智能机器人、智能家居和智能交通等领域的消费创新产品不断涌现。VR、AR、全息投影、数字动画、元宇宙等体验型、互动型消费新模式构造出融合众多元素的时尚消费场景。网络经济、数字经济、平台经济、共享经济、社交和直播电商等消费新方式深刻改变了人们的消费方式。消费创新催生诸多消费经济新形态，网红经济、“首店经济”、夜间经济、绿色消费等新型消费形式的引领带动作用十分显著，成为消费新热点和新增长点。

3. 转变农村居民消费观念

从传播学的视角来看，在传统传播框架下，大众传播的过程通常是一个单向流动的过程，信息传播按照层级从上向下流动①。广大农村地区的消费信息传播也遵循这一模式。为比，农村地区消费观念的滞后性不可避免。在互联网时代，信息传播由垂直转变为网状，从单向转变为点对点，这就使农村居民的消费观念受到了互联网文化深层次的影响。

（1）从产品到服务和解决方案，消费者购买产品的目标和价值取向发生了重要转变。例如，以往消费者购买玩具，只考虑到玩具本身具备的功能属性——供儿童玩乐。但是，随着居民消费需求的提升，其内心意识到了购买玩具本身不是为了玩具的基本功能，而是解决家长在育儿中遇到的难题，如家长没有时间陪孩子、孩子缺少玩伴等。即使家里堆满玩具，也未必能给孩子带来欢乐。为此，许多玩具厂商针对消费者这一痛点，设计了针对玩具的配套线上游戏，满足儿童通过移动终端和互联网与其他孩子连线玩乐的诉求；同时增加了其他益智类功能或儿童行为评估功能，满足家长更高层次的需求。此时，玩具就不再是产品的核心，而是儿童家庭娱乐教育系统化解决方案的前端具象化表征，背后是为用户提供的系统性服务。

（2）从注重产品到注重消费体验和愉悦感。用户愿意为更优越的环境、更贴心的服务进入中高端餐厅、美发店等消费场所，主要是消费体验的附加值大于食物、美发服务本身。更重要的是，电子商务强化了个人心目中“玩”的天性，工作、劳动甚至疗养等都倡行采用娱乐、自嘲的方式。例如，“一袋洗”服务，不仅是为消费者提供基于互联网的 O2O 洗衣服务，也是用娱乐方式疏解枯燥、烦琐的家务劳动，使用“一袋子”计费方式，让消费者探索如何在一个袋子里装入更多的脏衣服，再通过评比、打榜、发朋友圈、点赞等活动

` 刘长庚，张磊，韩雷，等. 发展服务业新业态促进消费升级的实现路径[J]. 经济纵横，2016（11）：29-33.

① 郑忠明. 人际传播与大众传播的整合：罗伯特·E. 帕克的符号互动论[J]. 新闻与传播研究，2022，29（5）：24-42，126.

点爆销售活动。把枯燥的家务转变成为娱乐性和社交性场景，这印证了消费者消费层次在注重愉悦感方面的升级。

（3）更愿意在无形产品上消费。传统农村居民长期为生计奋斗的历程让其难以理解无形产品的消费价值，如软件使用要付费、看电视剧需要成为会员。随着互联网和电子商务的发展，这种观念得到了巨大的改观。在线书籍、软件、音乐、视频等消费得到了快速发展。

8.4 农村电子商务与社会事业协调发展

8.4.1 促进文化繁荣

乡村文化振兴是乡村振兴的重要组成部分`。习近平总书记指出：“要推动乡村文化振兴，加强农村思想道德建设和公共文化建设，以社会主义核心价值观为引领，深入挖掘优秀传统农耕文化蕴含的思想观念、人文精神、道德规范，培育挖掘乡土文化人才，弘扬主旋律和社会正气，培育文明乡风、良好家风、淳朴民风，改善农民精神风貌，提高乡村社会文明程度，焕发乡村文明新气象。”上海交通大学媒体与传播学院副院长李康化认为，“乡村文化的基本内涵在于因应自然、有机生长、安稳守成。乡村的文化、生活都是展开性的，外来的参与只是辅助。乡村的这种安稳守成，恰恰构成了对日新月异的现代生活的平衡”。这就是说，乡村文化有自身内在的特征和时代价值；而文化的传承、传播与发展与互联网密切相关。农村电子商务与乡村文化融合的机理和价值主要体现在以下四个方面。

1. 传统文化传承

乡村传统文化是来自民间乡土，由群众自发组织，自创、自编、自导、自演而逐步形成，并逐渐流传下来的乡土文化。然而，随着时代变迁、新农村建设和经济社会发展，外界新文化的侵入，经历岁月的打磨和风雨的侵蚀，乡村文化是否能够延续其厚重的生命值得商榷。乡村传统文化是农耕文明的产物，是民族文化的根，也是现代文化的魂，其蕴含于我国传统文化之间，具有中国传统文化特色。但随着新农村的建设推进和社会发展，农村传统文化的繁荣与发展面临着各种新挑战。互联网、电子商务发展对乡村传统文化的传承具有两方面的影响①。一方面，互联网，特别是电子商务、直播经济的繁荣，让更多乡村产品销售到了全国乃至世界各地，如博兴草编、黄杨木雕、青田石雕等，这些非物质文化遗产在传统商务模式上的传播影响力很小，仅限于区域认知，但通过互联网得到了极大的传播。另一方面，互联网带来新文化的渗透，新文化内涵既有与传统文化一脉相承的部分，也存在与传统文化相背离的部分，这就使人们因接受其他文化而对传统文化的认知产生偏

` 傅才武，李俊辰．乡村文化空间营造：中国乡村文化治理的空间转向[J]．深圳大学学报（人文社会科学版），2022，39（5）：5-15.

① 张蕴萍，栾菁．数字经济赋能乡村振兴：理论机制、制约因素与推进路径[J]．改革，2022（5）：79-89.

离。总体而言，我国传统乡村文化中绝大多数的价值取向是好的，如勤俭、淳朴、诚信、友善等，与互联网精神在本质上是一致的。也就是说，电子商务和互联网对乡村传统文化的传承更多是起到了促进作用。

2. 文化交融

电子商务带来了农村更多的商贸往来。传统在空间上相对闭塞的农村地区得到了更多与外界交流的机会，这就带来了文化的交融。例如，义乌市青岩刘村开设了兰州拉面、沙县小吃等餐馆，以及各种川菜馆、湘菜馆，餐饮文化的多元化就意味着不同区域、城乡之间文化交融的深化。多种地区和风味的餐饮店其实根源于电子商务的繁荣带来的人口集聚，也就是电子商务带来线下多元文化的交融，这种交融一方面促进了外来文化对当地农村居民的影响，另一方面也让本地传统文化，特别是由本地方言承载的文化对外来人口产生影响。此外，还有线上和线下文化的交融，这种交融同样是双向的，既有线上文化对传统文化的影响，如各种网络流行语在农村居民中的盛行，也有传统文化对互联网文化的影响，特别是互联网草根文化在本地社交网络平台的发扬。与单纯的文化传播不同的是，文化交融蕴含着一种文化对另一种文化的冲击和改变。例如，淘宝流行语中称顾客为“亲”，该称谓在全国不少地方、不少人群中流行，很多人开始称呼周边的亲戚、朋友、同事、同学等为“亲”。但不少农村地区受到地方文化的影响，对“亲”这个称谓的适用范围是有着不同的界定的，该称谓也在不同的应用中不断演绎变化。

3. 文化发展

文化交融的更深层次就是文化的发展。文化发展的基本旨归和落脚点是繁荣乡村文化，丰富农村居民文化生活[1]。为广大农民提供高质量的精神食粮，是推动乡村文化振兴的题中应有之义。随着电子商务的飞速发展，更多文化产品走进农村居民的生活，如各种线上书吧、视频网站、文学驿站、文化社区等，农村居民的乡村文化产品和服务供给得到了充分的满足，乡村文化市场持续走向繁荣。与此同时，农村居民对外来文化接受度和认可度的提升，又会吸引更多文化组织、团队等将各类文艺活动带到乡村，当地政府、村两委也往往顺应潮流，一方面建好文化大礼堂、农村居民大讲堂、道德讲坛等线下公共文化平台，丰富农村居民精神文化生活，另一方面充分发挥数字乡村建设的强大动力，为乡村文化建设提供多样的传播渠道和多彩的文化产品，为乡村文化振兴注入强大动力，特别是加强数字技术基础设施建设和网络文化媒体建设，提高数字化平台和资源的普及率和适用性，不断扩大乡村数字文化产品的有效供给，促进优秀乡村文化资源数字化转化和开发，传承和利用好乡村文化遗产，推动优秀农耕文化创造性转化和创新性发展，增强农村居民的文化认同感和自豪感，共同推动乡村文化建设。

4. 文化回馈

互联网文化与乡村传统文化的融合促进了电子商务的发展。电子商务发展环境中最重

[1] 姜广多. 乡村振兴战略中乡村文化建设对策[J]. 农业经济，2022（7）：52-53.

要的就是互联网文化的营造。电商企业扁平化、矩阵式管理模式，电子商务上下游产业链之间的协作模式，都是开放、协作、包容、诚信等互联网文化内涵的重要表征[`]。在两种文化交融的进程中，电子商务及其衍生的新的商业模式、产业治理模式和企业经营管理模式得到了更多农村居民的认可，电子商务发展带来的负面影响也为广大农村居民所包容和理性对待，这就形成了农村电子商务和乡村文化的融合共生的长效机制。

8.4.2 促进教育培训事业发展

城乡教育发展不平衡是新时代我国基本社会矛盾之一，也是国家教育公平大战略的主要短板。优秀教师、学校等关键性教育资源向大城市集聚是无法避免的常态性流动特征，农村教育基础设施建设和资源配置面临严峻挑战。

然而，互联网的飞速发展，给乡村教育事业带来了新的契机。例如，在网络上涌现出了各种在线教育平台，如慕课、私播课等，集聚了诸多优秀的师资资源。与此同时，在小红书、B 站、微博、微信公众号、钉钉等社交媒体中，也相应派生出了教育领域这一分区，广大受众只需根据自身需求、兴趣爱好等简单搜索关键词，就能够轻松获得相应的学习资源，随时随地自主学习。

尽管数字乡村建设一直备受瞩目，但乡村教育信息化这一领域，在以往发展过程中长期存在信息化资金投入不足、比例失衡、观念更新滞后、民众重视不够等问题。农村电子商务的发展恰如其分、恰逢其时地有效突破了这些难题。第一，农村电子商务发展带来了信息基础设施的高速建设，加快了 4G、5G、光纤在广大农村地区的覆盖，为在线学习视频资源奠定了相对流畅的带宽基础。第二，农村电子商务发展让更多农村居民看到了互联网世界的公平性及每个人多元化发展的契机，洞见了考试升学不再是草根群体“出人头地”的唯一机会。更多农村居民愿意通过互联网开展业余学习、泛在学习、兴趣学习、技能学习，把学习当作一种自我提高、补充知识、增加技能、跟紧时代、提升修养的手段，而不仅为了应试。第三，农村电子商务的发展让更多农村居民意识到互联网不是虚无缥缈的存在，而是切切实实的工作和生活的重要组成部分。商品能够通过互联网进行交易，教育资源也不例外。第四，农村电子商务的飞速发展对农村经济发展产生了直接的显著影响，农业发展、农民增收，加快了共同富裕的宏伟目标的实现。然而，共同富裕不仅需要物质上的富裕，更需要精神上的富有。为了加快补齐另一条短板，教育部加快完善全国中小学数字化基础，深入推进农村学校联网攻坚行动，促进优质数字教育资源共建共享；持续实施农村中小学数字教育资源全覆盖项目，整合开发优质数字教育资源，通过卫星和宽带网络免费推送，帮助薄弱学校和教学点开齐、开好国家规定课程；不断完善国家数字教育资源

[`] 郗戈，张继栋.“互联网+时代”文化传播交流的新特征与新问题[J]. 北方论丛，2017（4）：37-41.

公共服务体系，接入各级线上平台；强化优质在线课程与课堂建设，推动教育资源服务均衡化、普惠化、便捷化水平的大幅提升。

除了狭义上的学校教育，针对农村居民的各类培训更是如火如荼。在义乌市某淘宝镇2019 年组织面向乡村居民的 30 多期培训中，60%培训内容与电子商务有关。在国家职业教育与培训事业发展的战略框架下，加强新型农民工、产业工人培训、农村劳动力转移培训是增进就业、促进社会稳定、推进技能型社会建设的重要抓手。而农村电子商务的发展带来了更多显而易见的新型就业或创业机会，随之带来了面向广大农村居民的各类技能培训、创业培训及由培训衍生出的高职就业、创业综合解决方案，使乡村培训不仅是一种政府行为或集体福利，还是一种产业。

同理，农村教育培训事业的繁荣也使农村电子商务具有更强大的发展生命力。首先，就短期发展而言，地方政府、培训组织、龙头企业，或为了区域经济发展，或为了就业与民生，或为了保证供应链韧性与渠道多样化，都热衷于组织农村电子商务技能培训，提升农民电子商务技能。其次，学习理念的更新促使更多农村居民转变学习观念，努力学习电子商务技能，勇于开展创业和探索，为农村电子商务发展带来源源不断的新生力量。最后，从长远角度看，农村教育事业的长期高质量发展，势必提升本地义务教育质量，促使本地更多的“农二代”到一二线城市名校求学。他们在成才后，带着知识和技能及对家乡的情结和对事业的热忱回归农村，投入农村经济发展事业，发展具有高知识含量和高附加值的产业，助力家乡振兴发展。

8.4.3　促进康养卫生事业发展

农村电子商务对乡村旅游业发展的促进作用是直接和显著的。一是农村电子商务发展带动了农业价值链升级，使农旅结合发展成为主流趋势。二是农村电子商务发展带动了农村基础设施建设，为乡村旅游业发展奠定良好的基础设施基础，特别是以物联网为基础的新一代网络信息发展，为全国公安机关“雪亮工程”在乡村地区的推进提供了更多契机，大大保障了农村居民的安全感，推动农村地区法治发展。三是农村电子商务发展为本地区打开了知名度和影响力，为游客慕名而来的旅游服务发展和旅行社的旅游线路开发提供可能。直播产业和短视频产业的飞速发展，使旅游乡村知名度更是得到提高。根据《中国数字乡村发展报告（2020 年）》，2020 年，农业农村部指导各地创新开展乡村休闲旅游“云观赏”“云体验”“云购物”等线上体验，举行“云主播”“云锁客”“云认养”等线上活动。以乡村旅游重点村为节点，文化和旅游部推出了全国 300 条乡村旅游精品线路，在 2020 年“中秋”“国庆”双节假期前后集中进行宣传推广；指导抖音、快手等新媒体平台上线“乡村旅游”专门话题频道，整合乡村旅游优质短视频内容，集中提供素材，协调流量资源，全站重点推送。

康养即健康养老，康养事业作为现代旅游项目的重要组成部分，也是现代电子商务的重要内容。党的十八大以来，各地区纷纷把“互联网+康养”纳入本地区电子商务发展规划和旅游业发展规划中[①]。农村地区更为优越的田园环境和更慢节奏的生活方式，成为老年人居住的理想环境，若能够在基础设施和医疗等公共服务供给上进一步强化，势必能够吸引更多有康养需求的老年群体。

农村电子商务对康养事业的促进作用相对比较直接。传统基础设施和新一代信息与通信基础设施建设的高标准推进，将为康养事业的发展提供坚实的保障。农村电子商务还打开了健康保健、医疗卫生等服务项目下行的通道，能够让住在农村的需求群体轻松获得良好的产品与服务体验。目前，互联网上开始有一些康养类电商平台问世并驶入发展快车道，优化了康养保健类产品向农村地区的供给。例如，由重庆智胜电子商务有限公司打造的康养服务平台——康养网，是康养行业的一家“B2B2C+OAO”[②]整合资源平台，囊括了康养行业的养老信息、旅居信息、旅游服务、食养信息、医养信息、优质农产品信息、地产信息等；致力于整合康养行业、厂家、养生行业的上游、中游、下游产业链，并细化到养老信息、旅居信息、旅游服务、食养信息、医养信息、优质农产品信息、地产信息的服务和销售各领域，提高行业的资源配置能力和使用效率。

电子商务与乡村医疗卫生事业发展呈现出良好的共荣共生局面。当前，国家医疗体系难以在短时间内消除城乡二元结构，优质医疗资源在一二线城市集聚的现象将持续相当长的一段时间。为此，采用电子商务、“互联网+”模式整合外地医疗资源，建立分级诊疗模式，提供线上诊疗、健康数据档案一体化管理和异地共享、乡村医保异地结算等服务，有利于推进实现“小病不出村、常见病不出乡、大病不出县”的乡村医疗发展目标。例如，汕头市卫生健康局高度重视数字乡村发展试点工作，积极推进“互联网+”健康服务，落实由澄海区卫生健康局安排专人加强对该社区卫生服务中心的数字化建设，按时保质开通乡镇卫生院远程医疗服务，依托省远程会诊系统和市区域医疗卫生信息平台，创新“互联网+健康”服务新载体，全力以赴推进数字乡村发展试点工作，更好地为辖区内居民提供医疗卫生服务。

目前，“互联网+医疗”在城市多属于市场行为，但在广袤乡村地区，“互联网+医疗”更应该成为政府购买的公共服务产品，以政府公信力免费为县、乡、村三级医疗卫生机构及居民提供“互联网+医疗”服务，以政府、企业、卫生机构资源整合的形式，在政府的主导下快速形成为农村提供服务的能力，有助于快速建立农村三级医疗双向转诊体系和弥补农村医疗资源的不足。

当然，康养卫生事业的发展对农村电子商务的促进作用也是显而易见的。第一，康养成为重要的电子商务服务内容，直接促进产业业态多元化和网络交易额提升。第二，有利于引导广大农村电子商务从业者转型“数字+生活服务”，为线下居民医疗保健康养等生活

---

① 王云燕.“互联网+”背景下康养旅游产品创新思维与营销策略研究[J]. 旅游纵览，2021（15）：91-93.

② OAO，“online and offline”，即线下实体店和线上网店有机融合的一体化双店经营模式。

领域提供营销、流量、数字化工具等服务，提供线上、线下融合的零售餐饮、家政养老、健康医疗、全民健身、美容美发、垃圾回收等便民生活服务，有利于培育本土化的数字化生活服务企业。第三，“互联网+康养”成为农村电子商务发展的风向标，为电子商务与休闲农业、乡村旅游深度融合，以及乡村共享经济的发展提供了良好的典范。第四，良好的医疗保健卫生基础设施和公共服务对电子商务人才是重要的吸引因素，有利于促进高层次人才在乡村地区的集聚。

8.4.4 促进生态环保事业发展

电子商务对乡村生态环保事业发展的促进作用表现在以下四个方面。

1. 升级农业价值链，以旅游业发展带动生态环境保护

电子商务对农业价值链升级的重要作用已经在前文详述，价值链升级的关键突破口之一就是农旅融合。对于旅游业而言，生态环境的有效保护是基本前提和基础。在农村电子商务（特别是现代农旅结合项目）高质量发展的区域，环境整治与保护不仅属于公益事业，也可能是筑巢引凤、吸引旅游服务企业投资或者属于企业基本项目投资行为，能够有效带动政府、企业、村集体及其他社会组织共同关注环保事业。

2. 提升环保意识，有利于新发展理念和国家政策在农村居民中的传播

以农村电子商务发展为契机，推动广大农村居民认知、熟悉和使用互联网已有屡见不鲜的案例。农村居民在技术层面提升了互联网操作技能，更具有了通过互联网浏览新闻、了解政策变化、关注时政、关心热点、学习知识的习惯和意识，所以政府宣传环境保护有了重要的手段。习近平总书记“绿水青山就是金山银山”的伟大论述，以直观质朴的语言表达保护环境生态的重要理念，就是想让普通老百姓都能听懂、能共鸣，那么，互联网这种用户最为广泛的大众化、草根性的媒介，其作用理所当然。

3. 作为重要载体，全面贯彻绿色发展理念

绿色发展是电子商务高质量发展的重要内容，两者之间存在密切的联系。2021 年，《商务部办公厅关于推动电子商务企业绿色发展工作的通知》，指出要“支持服务电商企业绿色发展，引导电商企业提高绿色发展能力，积极探索形成资源节约、环境友好的企业发展模式，推动塑料污染治理、快递包装绿色转型等取得实效”。商务部主要的绿色发展举措包括：打造绿色数据中心、改造建设绿色低碳的电子商务运营中心；全面采用数字化运行管理方式，降低物流成本、能耗和办公用品消耗；推动快递包装简装、推进可循环包装利用；扩大绿色产品销售、引导低碳生活理念；等等。

4. 夯实物联网基础，有利于对生态环境保护进行动态监测

电子商务兴农的一个重要方面就是提升智慧农业发展水平。智慧农业以传感设备、定

位设备、监控设备、数据处理设备等物联网设备为基础，以采集、处理和传递相应的声、光、热、电等信息为先决手段[1]，有力推动了农村物联网基础设施的建设。而生态环境保护，尤其在监测和监管环节，物联网基础设施的重要性不言而喻。例如，水利部在完善大中型水库和水闸等水利设施工程运行监控、实施在线监测的基础上，补充移动巡查等手段，强化了小型水利设施工程安全运行信息的采集能力，全面摸清全国共计 9.3 万余座小型水库基础信息，落实约 17 万个小型水库“三个责任人”，并定期开展在线视频学习考核，有力保障了农村地区水利设施安全和防汛责任的落实。

综上所述，良好的生态环境对农业电子商务发展的意义显而易见。农产品电子商务发达地区，没有优越的生态环境，不可能让广大消费群体通过溯源系统相信农副产品的品质。良好的生态环境对于招商引资，对于人才、技术、资本等高端要素的集聚，都具有重要的支撑、保障作用。

[1] 尤龙威，胡志军，陈祖宏，黄友化. 坚持数字赋能 打造区域智慧农业样板[J]. 中国农垦，2022（10）：47-48.

第 9 章　共同富裕视域下农村电子商务高质量发展对策建议

在共同富裕视域下，农村电子商务发展迎来了前所未有的良好机遇，同时存在一些内在的短板，面临一些挑战。通过满意度分析、农村电子商务发展指数模型测度，以及专题访谈分析，我们全面系统剖析了新时代我国农村电子商务发展的基础、存在的不足和发展形势，明晰了对策建议的路向与框架。

9.1　共同富裕视域下农村电子商务发展形势分析

9.1.1　共同富裕的内涵

共同富裕是社会主义的本质特征，是人类发展的重要目标与诉求。马克思、恩格斯曾指出无产阶级的运动是绝大多数人的、为绝大多数人谋利益的独立的运动；中共二大提出党的最高纲领是实现共产主义；在中国特色社会主义建设的伟大征程中，邓小平同志将马克思主义共同富裕理论与中国经济社会发展实际相结合，立足于我国处于社会主义初级阶段的基本国情和主要矛盾，提出让一部分人先富起来，带动和帮助其他地区、其他的人，逐步达到共同富裕的伟大战略构想；习近平同志指出，消除贫困、改善民生、实现共同富裕，是社会主义的本质要求，是我们党的重要使命[1]。

1. 科学内涵界定

共同富裕的基本内涵较为丰富，在不同时代背景或语境下有所差异。例如，“共同”一词，在时间维度上可以理解为完全同步，也可以有一定时间差，但存在一定的时间阈值，几个小时、几天、几月，甚至几年，但若时间差异非常大，就很难称之为“共同”；在地域维度上，一个村集体、一个乡镇、一个城市，抑或全国、全人类，都可以是“共同”表征的地域范围。同样，在对象维度上，一个家庭、一家小微企业、一个群体组织（如企业家协

[1] 金光旭. 中国共同富裕现代化道路研究[D]. 长春：吉林大学，2021.

会）、一个行业领域（如金融界）、一个社会阶层（如知识分子）都是共同富裕的对象。为此，对共同富裕的理解，需要从政治、经济、文化、社会、生态等多维度建立特定的概念背景。

当前，我国提出的“共同富裕”，也就是马克思主义对社会主义本质的界定中的“共同富裕”，指的是社会主义发展的根本目标，通过实行社会主义制度，特别是在以生产资料公有制为主体的所有制结构和以按劳分配为主体的分配制度框架下，消灭剥削和两极分化，实现全体社会成员共同走向财富的充足和全面的发展。

2. 共同富裕的本质

理解共同富裕的本质，需要从以下五个关系去剖析。

（1）“共同”与“富裕”的关系。

富裕指的是生产力。“贫穷不是社会主义”，我国处于社会主义初级阶段，当前生产力水平还达不到实现共同富裕的标准。立足经济社会发展实际，党的十三大指出，我国经济发展战略部署大体分“三步走”：第一步，从 1981 年到 1990 年实现国内生产总值比 1980 年翻一番，解决人民的温饱问题；第二步，从 1991 年到 20 世纪末，使国内生产总值再增长一倍，人民生活达到小康水平；第三步，到 21 世纪中叶，人均国内生产总值达到中等发达国家水平，人民生活比较富裕，基本实现现代化。党的十九大对实现共同富裕目标做了科学的“两步走”战略安排：第一步是 2020—2035 年，这一阶段的目标是要“全体人民共同富裕迈出坚实步伐”；第二步是 2035 年到 21 世纪中叶，这一阶段的目标是要让“全体人民共同富裕基本实现”。为此，达成共同富裕目标的先决条件就是发展生产力`。同时，生产关系反作用于生产力。资本主义是以生产资料私有制为基本特征的社会制度，是为少数资产阶级牟利的制度。马克思阐释了资本主义积累的一般规律，资本主义社会只会出现贫富两极分化，而且分化将越来越严重。因此，资本主义国家即使生产力水平很高，社会福利很优越，但，国家工具只为某些财团服务，必然榨取其他阶级的剩余价值，贫富悬殊的根本特征无法消除。只有在社会主义制度下，在以公有制和按劳分配为基本前提的制度框架下，国家工具才能够为广大人民的利益服务，走向共同富裕才具备可能。

（2）国家发展和人民富裕的关系。

共同富裕并不仅是全体人民共同富裕，也是国家富裕。一方面，我国国家制度代表最广泛的人民利益。1949 年 9 月，中国人民政治协商会议第一届全体会议通过具有临时宪法作用的《中国人民政治协商会议共同纲领》，规定新中国的国体，“实行工人阶级领导的、以工农联盟为基础的、团结各民主阶级和国内各民族的人民民主专政”。也就是说，我国的国体和政体决定人民是政权的主体，国家权力机关行使一切权力都是为了人民的根本利益。因此，全体人民共同富裕是国家发展的根本诉求。另一方面，如果没有国家的繁荣富强，就不会有全体人民共同富裕。所谓的“国穷民富”是难以长久的，没有国家统一的执行力，

` 张邦辉，杨雅青. 以乡村振兴促进共同富裕：重要意义、现实困境和路径指引[J]. 重庆社会科学，2022（09）：6-17.

就不会有众志成城的新发展。我国在基础设施、民生等领域大幅投入建设，取得了举世瞩目的成就。人民享受到了高速公路、高速铁路、高速网络等现代化生活。而在资本主义国家中，因为一户不愿意搬迁导致重大民生项目无法进行的案例屡见不鲜。此外，在日益复杂的国际形势下，没有强大的国家作为后盾，人民的人身、财产权益就无法得到保障，更难以在国际上得到平等的礼遇。总而言之，共同富裕需要国家和人民共同发展。

（3）物质富裕和精神富有的关系。

共同富裕的最终目标不应该仅仅停留在物质层面，还应该是诸多方面的全面提升。物质生活的富裕是前提和基础，没有经济基础就没有上层建筑，没有解决好温饱等生理需求，就无法谈及精神价值实现。但是，物质富裕并非全部。马克思曾指出，“人的本质不是单个人所固有的抽象物，在其现实性上，它是一切社会关系的总和”。1984 年 10 月，邓小平在谈及苏南地区经济率先发展时指出，“物质是基础，人民的物质生活好起来了，文化水平提高了，精神面貌会有大变化”。也就是说，人类社会发展的最终目标是实现人的全面自由发展和社会的全面进步。只有每个人都得到全面发展，社会生产力才能够高度发达，集体财富才能够源源不断地被创造出来，共同富裕才能实现。如何以全局性的眼光去认识共同富裕？这就涉及物质、精神、文化、生态、社会、公共服务等全领域多维度的富裕`。习近平总书记“绿水青山就是金山银山”的伟大论述，就很好地阐释了生态发展和人民富裕之间的关系。这些年来，我国深入实施乡村振兴，涉及文化振兴、生态振兴等多个领域，这些领域相互作用、相互支撑，共同推进社会进步和人类发展。

（4）区域均衡和社会均衡的关系。

共同富裕不是平均主义，不是同步富裕。“一部分人先富起来”是实现共同富裕目标的必由之路。也就是说，在社会主义初级阶段，必然存在一定程度上的发展不均衡，主要涉及两个方面。一方面是区域的均衡发展。例如，我国东部地区经济社会发展水平高于中西部地区，南方发展水平高于北方，长三角、珠三角地区发展水平高于全国其他地区，北京、上海、广州、深圳等一线城市发展水平高于其他城市，城市发展水平高于乡村等。现阶段我国的主要矛盾是人民日益增长的美好生活需要和不平衡、不充分的发展之间的矛盾。区域不平衡，首先是经济层面的不平衡，进而使教育、医疗、公共设施建设等各方面不平衡。这些年来，我国相继实施“西部大开发”“乡村振兴”等战略，旨在进一步推进东西协调发展、城乡统筹发展，取得了显著的成就，地区差距正在不断缩小，但不平衡现象仍然存在，且将持续较长一段时间。当前，推进共同富裕的重点区域就在于中西部，在于乡村，在于发展显著不平衡、不充分的地区。另一方面是社会的不均衡。这就涉及社会阶层和群体之间的差异。例如，金融、计算机、医疗、娱乐等行业的从业者收入较高，企业高管、咨询专家、医生、律师、艺人、设计师等大多数属于高收入人群，而普通工人、农民、无业者、残障人士等群体，收入水平总体较低。就此而言，我国建立健全了相对完善的社会保障体系

` 黄鑫权. 习近平关于精神生活共同富裕重要论述的三重价值向度[J]. 学习论坛，2022（5）：114-121.

和社会救助体系，因家庭成员存在重度残疾或疾病丧失劳动力的享受最低生活保障。我国正在探索推进第三次分配改革，旨在进一步健全社会慈善公益事业，作为初次分配和再分配的重要补充，以进一步缩小社会差距，实现更合理的收入分配。

（5）发展过程和目标的关系。

共同富裕是一个目标，更是一个动态演进的过程。从历史上生产力和生产关系之间的辩证关系来看，生产力的发展必然带来生产关系的变革，而生产关系的变革又将进一步推动生产力发展。我国提出共同富裕“两步走”的战略目标，到21世纪中叶，“全体人民共同富裕基本实现”，这并非终极目标，仅是这一发展阶段（30年左右）的目标。我国基本实现共同富裕后，社会生产关系必然发生深刻变革。尽管公有制和按劳分配为主体的基本原则可能不变，但新的社会矛盾必然出现，共同富裕并不意味着绝对平均主义，差异必然在很长的一段时间内存在，所有制的内涵、分配机制必然适应新形势和新需求而不断改革和演变，并追求新的发展目标。也就是说，在共同富裕的演进历程中，总是有一个又一个的阶段性目标的制定和实现，从一定时间范畴内一点点量变引发阶段性质变，又从阶段性质变引发根本性质变，最后实现人的全面发展。

9.1.2 共同富裕视域下农村电子商务发展新机遇

在共同富裕目标下，农村电子商务迎来了前所未有的发展机遇。

1. 共同富裕的主战场在农村

《中共中央 国务院关于支持浙江高质量发展建设共同富裕示范区的意见》将缩小城乡发展差距，实现公共服务优质共享作为重要战略任务；《浙江高质量发展建设共同富裕示范区实施方案（2021—2025年）》把工作重心转移到浙江山区26县，提出“大力推进农业转移人口市民化集成改革。以农业转移人口为重点，以公平为基石，开展户籍、农村土地、公共服务、收入分配等体制机制综合集成改革”“先探索以土地为重点的乡村集成改革。率先探索农民权益价值实现机制，建立健全农民利益联结机制”“大力实施强村惠民行动。统筹推进高效生态农业、现代乡村产业、村级集体经济等协同发展，推进‘农业+’行动，发展农产品精深加工，打造一二三产融合的农业全产业链，丰富乡村经济业态”“强化村集体经济富民惠民功能，积极发挥支持带动低收入农户增收和推动养老、救助等公共服务普及普惠的作用”。浙江省委农村工作办公室出台专项意见，统筹推进山区26县乡村全面振兴，将构建“10项共性政策+26县个性清单”的支持机制，加快打造高质量发展和共同富裕标志性成果。当前，浙江山区26县高质量发展仍存在内生动力有待增强、增收渠道有待拓宽、山海协作有待深化的问题，在共同富裕之路上，山区26县必须在人均GDP、人均可支配收入等指标上增速高于全省平均水平，才能够进一步缩小城乡差距，实现共同富裕目标。而农村电子商务发展立足农村、服务农民，战斗在共同富裕的主战场上。国家和政府重视农村发展，重视乡村振兴，必然在高端生产要素集聚、优势资源配置、税费调节机制上对农村地区有所倾斜，对农村电子商务发展而言无疑是重要的利好。

2. 共同富裕的先锋是经济的富裕

没有经济基础，就没有上层建筑。经济层面的富裕也是精神、文化、生态和其他公共服务层面富裕的前提和基础。解决经济富裕，关键在于两个因素：收入与分配。对于收入而言，电子商务促进农民增收的机理已十分清晰，主要从促进产业链完善、增加就业机会、提供创业支持、提高产品销量、提升产品价值链等方面发力。在农村电子商务发展大生态下，不仅直接从事电子商务的农村居民获得增收，快递服务、产品供应、产品包装、产品加工，甚至从事电子商务工作站建设、网信服务、道路建设等电子商务上下游产业及周边附属业务也将被带动发展，从而推进整体增收。对于分配而言，借助农村电子商务高质量发展进程中形成的新的生产组织方式、要素配置方式和新的市场关系，将生产者、经营者、服务者等市场关系中的各相关方纳入整个电子商务生态网链之中。

（1）能够直接提高第一次分配的公平性，并将第一次分配的结果作为基础大数据元素，为第二次分配提供可靠的数据依据，进而提高第二次分配的精准度和公平性，以此从整体上提升农村地区分配的公平度。

（2）能够突破地域阻隔和时空限制，更加精准高效地发挥市场在资源配置中的重要作用，提升对接供需、匹配资源的效率和精准度，从而有效降低市场风险，提升市场活动的灵活性和可靠性。

（3）农村电子商务有利于构建公开、公平的分配机制，对信息、知识、产品、技术、土地、劳动价值在市场中的作用进行合理评估、配置和使用，促使各市场主体充分发挥自身的禀赋和作用，轻松便捷、低成本、高效率地获得所需的资源，并得到相应的回报。

（4）农村电子商务实现对农业、制造业、现代服务业等产业上下游的全链条融通，推动实体经济和虚拟经济深入结合，通过互联网增强各产业间的关联度和融合度，推动实体产业的转型升级，一举改变原本传统农业和普通加工制造业低附加值的样貌。除上述基础作用外，电子商务凭借大数据构建的平台，以直播带货等方式，能够充分挖掘贫困地区潜在的发展资源，消除地域隔阂的藩篱，实现快速发展。

3. 共同富裕的关键要素是人

对于“人”在共同富裕中的定位与价值界定，可以从以下三个方面理解。

（1）共同富裕的目标是实现人的富裕，也就是人的全面发展。

（2）共同富裕的主要推动力量是人的进步，是人在推动生产力水平提高和基本社会制度变革。

（3）共同富裕是人的文化诉求和内心价值观的表达，是人性的自我觉悟。从农村电子商务视角分析，农村电子商务发展的核心也是人。电子商务在市场导向下扎根乡村，不仅是因为乡村产业、土地等生产要素具有优势，也是因为乡村具有劳动力资源和人文环境优势。在共同富裕进程中，几乎每项促进人的发展的举措，都能够直接或间接助力电子商务发展。从劳动力角度看，共同富裕对劳动力的支撑主要是加强农村劳动力转移和加强劳动力培训。农村劳动力转移的核心工作是促进户籍制度和土地制度改革，保障农村居民在教育、医疗等方面的基本权益，这就为农村居民投身电子商务发展减少了土地承包风险、社会保障风险等方面的后顾之忧，同时提升了劳动力从业技能和就业能力，降低投身电子商务的机会成本和风险。从城乡二元结构角度看，持续深化户籍制度改革，推进基本公共服务向常住人口全覆盖，完善积分入学政策，逐步实现农民工随迁子女入学待遇同城化等系列共同富裕举措，无疑将进一步消除城乡差距，促进农村闲置劳动力弃农从商，为电子商务及物流、快递等配套产业发展提供人力资源支撑。从人文主义角度看，实施全民人文素养提升行动，弘扬诚信文化，大力弘扬劳模精神、劳动精神、工匠精神，营造人与人之间互相尊重、互相关心、互相帮助和睦友好的社会风尚等举措将有效改变农村原本可能存在的“小农思想”“等、靠、要”“好面子”等负面因素，推动诚信的乡村文化与诚信的互联网商业文化有机融合，深入民众内心，带动新一代农村年轻群体从事电子商务，勤劳致富。

4. 共同富裕是全面的富裕

共同富裕的内涵涉及物质充裕、精神富有、文化繁荣、生态良好、公共服务供给到位、品位追求提升等方方面面①。共同富裕的推进路径包含深化数字化改革、农村发展体制机制创新、提升农村公共服务供给水平、推进生态协调发展等方面。农村电子商务发展的内涵涉及农产品或工业品销售、品牌塑造、物流体系建设、产品研发创新、信息化平台建设等，需要在生产、流通、可持续服务环节，以及基础设施建设、政策支持、氛围营造、品牌文化塑造等方面给予全面支持。同时，农村电子商务带动上下游产业链发展，对提升产业附加值、促进乡村建设有机更新和乡村治理创新作用显著。

9.1.3 共同富裕带来农村电子商务发展的新挑战

共同富裕展示的宏大目标与建设框架，同样给农村电子商务发展带来了新的挑战。

1. 农村电子商务发展可能加剧马太效应

马太效应是指强者愈强、弱者愈弱的现状和态势，与《道德经》中“天之道，损有余而补不足。人之道则不然，损不足以奉有余”含义相近。在资本市场上，由于资本逐利的本质取向，马太效应不可避免。在电子商务领域流传着“数一数二，不三不四”之说，再扩大言之，凡是任何一个互联网行业，仅有排名第一位、第二位的企业具有生命力，第三位、第四位的企业难以可持续发展，或必然转型利基市场。2021 年，在中国零售电子商务

① 刘荣增，何春. 数字经济促进共同富裕的机制与检验[J]. 区域经济评论，2022（5）：37-46.

业务中，阿里巴巴占比 57.0%、京东占比 17.6%、苏宁易购占比 8.8%，其他百余个平台合计占比不到 17%`。任何一个电子商务项目做大做强，必然需要借助资本实现流量导入、原始用户积累和品牌塑造，通过上市获得市值倍增。这就势必导致少数项目主要创始人一夜暴富，更多人终无所获，甚至倾家荡产，从而加剧马太效应。马太效应在生产资料或社会资源配置上显现，也最终影响个体收入。为此，在共同富裕进程中，政府将从宏观调控上加大对互联网产业的监管力度，防止资本无序扩张。另外，为了进一步加强风险防范，对于一些投资金额大、不确定因素多、工程类浩大的项目，政府相关部门也会进一步缩减审批范围。这对于资本市场在农村的信心可能有一定的影响，造成投资方投资乡村项目时更加谨慎。只有进行充分的市场调查，立足实际需求，更加具有经济效益、社会效益、人文效益和生态效益的项目才有可能落地实施。

2. 农村电子商务发展可能滋生机会主义思想

互联网世界存在诸多不确定性，也为机会主义提供了土壤和空间。采取必要措施约束机会主义行为是互联网平台反垄断的重大意义所在。例如，在互联网金融、元宇宙等领域，突发的热度和业务量能够在短期内使平台企业边界迅速膨胀，这具有一定的合理性，但并不意味着可以通过资本和炒作任意扩张，而无须接受政府或社会的任何监管。自 2016 年以来，美国、德国、日本和欧盟的反垄断执法机构纷纷加强对平台经济领域的研究和执法，以保护公平竞争秩序，维护消费者合法权益①。根据《国务院反垄断委员会关于平台经济领域的反垄断指南》，银保监会依法将金融活动事前、事中、事后全流程纳入监管，要求所有金融业务必须持牌经营，以此打破垄断，消除监管套利，优化营商环境，维护公众利益和公平竞争的市场秩序②。农村电子商务在发展进程中诞生不少勤劳致富的先例，也有一些“一夜暴富”的案例。在农村的传统文化和话语环境中，这种案例蕴含的机会主义思想很容易被放大和快速传播，导致一些人受到消极影响，放弃脚踏实地、勤劳致富的工作观，转为参与投机性投资行为或合伙行为，幻想“天上掉馅饼”。从企业视角而言，原先不少扎根乡村、扎根实业的企业，也容易受到外界风气影响，转投某些不熟悉的“短平快”的互联网项目，最后导致破产。

3. 农村电子商务发展可能促进文化多元化

我国传统乡村文化既有精华，也有糟粕，但总体文化内涵比较单纯。艰苦奋斗、勤劳致富、尊老爱幼、淳朴仁厚、和而不同、诚信友善、与人为善等优秀传统文化值得大力弘扬，愚忠愚孝、厚葬薄养、热衷攀比、小富即安、封建迷信等文化糟粕应着力摒弃。农村电子商务发展对乡村传统文化的主要影响之一就是加快了文化的多元化发展。当然，乡村文化和农村电子商务，两者互为“双刃剑”。其中带来的挑战主要有三个方面：一是改变传

` 数据来源：前瞻产业研究院。

① 曾雄. 防止平台资本无序扩张的反垄断规制模式：行为主义还是结构主义?[J]. 现代经济探讨，2022（10）：10-17.

② 司越洋. 数字经济的反垄断趋势分析——基于《平台经济领域反垄断指南》的解读[J]. 法制博览，2022（26）：45-47.

统农村电子商务格局。传统农村电子商务存在多种形态，但产业链协作形态最为常见。电子商务运作能力显然并非农村居民的强项，农村居民更多的是从事产品供应、物流服务等产业链环节，电子商务运营、营销推广、品牌塑造等附加值较高的环节通常由相对成熟的电商企业负责。在新文化思潮和"大众创业"理念作用下，处于价值链中低端的农村居民势必想打破原有的格局，获得更多价值。这就要求农村电子商务快速转型升级，从产业链协作模式向"共创"模式转变。二是加速农村人口转移。目前农村人口以非劳动力群体居多，更多劳动力人口在城市里工作，带来更高的收入回报及更好的发展前景。共同富裕系列方案举措支持农村劳动力有效转移，而文化的多元化交融将城市更多的发展机遇呈现给农村居民，给电子商务从业人群在农村地区的集聚带来了困难。三是为不良文化传播建立了渠道。在文化多元化的进程中，一些地域性不良文化向其他地域传播，从而动摇了原本质朴、诚信的文化根基，影响农村居民的价值观，这不仅与共同富裕的乡村文化发展诉求相悖，使农村电子商务发展的文化氛围受到挑战，也不利于农村电子商务可持续发展。

9.2 电子商务对精准扶贫与共同富裕的影响

9.2.1 电子商务促进精准扶贫的路径

1. 通过促进增收实现精准扶贫

从农村电子商务影响农村居民收入的作用路径来看，主要包含以下三种。

（1）因电子商务产业发展而直接获益。农村居民直接或间接利用各类电商平台销售产品（农产品、工业品）或提供服务（住宿、餐饮、旅游等）。例如，农村居民在各种电商平台上直接开设网店或通过他人网店销售产品或服务，电子商务服务类或中介型企业（包括电商企业）收购农民的产品或搭建销售平台通过主流销售渠道进行销售等；农村居民受雇于各类电商企业或从事电子商务产业链上下游业务的商家，从事生产、包装、物流、客服等职业。例如，甘肃省陇南市成县大学生村官张璇在"减贫与发展高层论坛"的"电商扶贫论坛"上专题介绍其所在的贫困村的电子商务发展情况，指出当地贫困户通过网络销售平台将原来每个卖 8 角钱的土鸡蛋卖到了 1.6 元；当地生产的蜂蜜通过一定的初加工、包装及网络品牌打造，通过网络销售实现价格翻倍提高。诸如此类的案例比比皆是。

（2）因电子商务配套服务行业发展而获益。电子商务具有强大的带动作用，可以带动物流快递、网店运营、电子商务培训、摄影美工、加工包装、售后服务等行业发展，从而形成区域性电子商务生态体系。同时，更多年轻人在农村地区集聚，也会带动配套的餐饮、住宿、娱乐、文化等产业发展，以及相关的公共基础设施建设。例如，温州市永嘉县桥下镇具有温州非常典型的“一镇一品”特征，全镇生产教玩具产品并销往世界各地，被称为“教玩具之都”。因此，桥下镇西岙村逐步形成了完善的产业集群：在横向上，对教玩具产品的类型进行细分，各类教具、户外游乐玩具、蹦床类玩具、投掷类玩具、攀爬类玩具等形成一定规模的专项生产企业集群；在纵向上，对教玩具的产业链上下游进行细分，形成产品设计、模具成型、配件供应、组装加工、运输流通、推广销售等环节。在电子商务进程中，除产品设计外，大部分环节当地农村居民均不同程度地参与，获得了良好的收益。

（3）因电子商务产业带动农村地区经济发展而获益。本地农村电子商务产业发展到一定规模后，会对整体经济起到综合性带动作用。电子商务及配套服务业从业人员聚集、企业用地等需求增加，将引起交通、金融、餐饮、娱乐、文化等配套的生产或生活服务行业的发展，以及房租、地租等生产资料价值的提高，进而使没有直接参与电子商务产业的农村居民也能享受到农村电子商务发展带来的成果。同时，经济水平的提升促进当地财政收入的提升，从而能够使基础设施及公共服务水平提升；也会提振企业投资的信心，为本地提供更高品质的建设项目，为农村居民新增不少就业机会，也使农村居民生产、生活的软硬件环境大幅改善。温州瑞安市塘下镇陈岙村就印证了这一点。该村通过发展电子商务，大幅提升了农民收入和村集体收入。村里开展了如火如荼的改造工作，建成了一排排崭新的别墅式住宅，并按照生活新理念加强了住宅周边的公园、绿化、文化等配套设施。同时，吸引外来投资商投资本地滨水旅游项目，带动全村经济发展。江苏省睢宁县沙集镇也在电子商务发展基础上，秉持“以镇当县建”的理念，逐步实施“点亮沙集”“书香沙集”等工程，建设城镇综合体、大型超市、影剧院等服务业项目，持续改善人居环境。

2. 通过节省开支缓解经济压力

基于节省开支的视角分析，主要涉及农业、（手）工业生产资料和农村居民生活资料的购买两大方面。农村电子商务发展不仅给农村居民提供了更为丰富的产品、更为便捷的购物方式、更为多元的购买渠道，以及更多的价格优惠机会，而且能够大大降低生产成本。

（1）有利于降低农民的生产经营成本。农村电子商务除可以直接促进农民增收之外，还可以为农业生产经营所需的生产工具和生产资料提供更丰富的采购渠道。随着更多农民习惯于在网上购物，不少企业开展针对农具、农机及农村生产资料供应的网络服务，出现农机批发交易网、365农机采购网、爱种网、中国农资网、农资供销网、化肥产业网等一大批网站，农民通过上述网站可以轻松选择产品、对比价格、下单采购，购买所需的种子、农药、化肥、农具、农机、辅助资料等。政府为了进一步鼓励农民在线采购农资，采取适度补贴、资质认证等举措，确保农民放心购、实惠购。生产资料投入成本的降低，意味着农民实际收入将提高。

（2）有利于提高农村居民实际消费品质。近年来，随着各大全国性的电商平台、传统零售业巨头的崛起、配套服务水平的提升，以及农村居民消费水平的提升，农村电子商务消费品下行发展呈现良好的趋势。特别是自从拼多多、淘特等平台出现后，广大农村消费者找到了价格实惠的电商平台。同时，农村消费者还可以通过自身的贡献，如拉人头、转发广告等得到更多的消费折扣。另外，我国经济社会发展长期存在城乡二元结构，部分农村，尤其是广袤偏远山区，交通不便，基础设施落后，许多自然村农村居民还是通过一月一次或两周一次的赶集活动进行商品交换，或者只能在村里的小卖部购买很多劣质产品，消费品质和权益难以得到保障。而农村物流快递配套设施的发展，促使物流网络延伸到了更多的偏远地区，让更多人享受到了电子商务发展的时代红利。直达自然村落的多级物流体系的构建及村级代理点等模式的试点和大面积铺开，让完全不会操作计算机甚至不识字的农村居民也能够享受到网购带来的实惠、便利和乐趣。农村居民通过网购有效省去了大量的时间和精力，节约了不少的差旅费和中途损耗。

3. 提质赋能，实现“弯道超车”

通过发展电子商务实现“一夜暴富”是不切实际的机会主义，但实现“弯道超车”不乏可供借鉴的案例。早期电子商务发展的技术含量和知识含量并不高。例如，2003—2008年，淘宝商品供不应求，流量充裕，只要开店铺、上传产品就能快速销售，而图片美工、广告形式、推广手段等几乎不需要花时间精力去考虑。2011—2014年，阿里巴巴旗下的全球速卖通网站也是如此，该平台的店铺，即使商品照片质量差、描述混乱，也因为我国强大的制造业基础获得同类产品中的显著竞争优势。因此，不少仅有初中，甚至小学文化水平的农村居民抓住机遇，成为淘宝钻石级，甚至皇冠级卖家，获得不菲的收入回报。在速卖通平台，通过翻译软件把语句不通、表达混乱的产品名称及描述上传后，同样能获得可观的销量与可观的利润。反观没有抓住这些机遇的从业者，即使名牌大学本科、研究生毕业，在电子商务从业路上到处碰壁的情况也屡见不鲜。同样，政府前些年大力推进技术下乡，人才下乡，将大量的资金和人力资源投入农村一线，而效果往往差强人意。不少人叹息时运不济，其实是没有认识到时代发展的必然性特征。电子商务的背后是资本和市场的逐利性，与在市场经济背景下“让一部分人先富起来”的理念异曲同工。如今，传统的B2C、C2C电子商务已经进入“红海”，竞争高度激烈，没有良好的供应链基础、高水平的引流能力很难实现高销量和高利润；但是，难以预测的新机遇又会出现。抓住机遇和为机遇做好准备同等重要，“弯道超车”在社会主义市场经济体制下具备可行性。

9.2.2 电子商务促进共同富裕的内在价值

共同富裕重点在农村。共同富裕的目标在内容维度上包含经济发展、社会进步、文化繁荣、生态和谐等多个方面；在逻辑维度上包含“富裕”和“共同”两种内涵，“富裕”主要从经济社会形态上考量，而“共同”主要从制度和文化层面梳理。电子商务促进共同富裕的内在价值如图 9-1 所示。

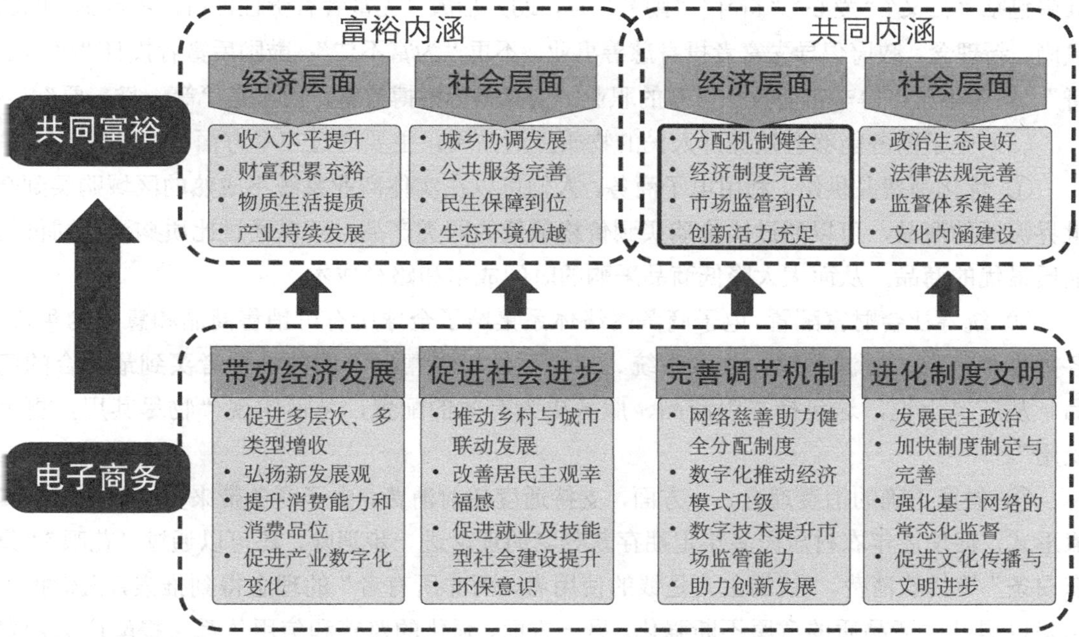

图 9-1　电子商务促进共同富裕的内在价值

1. “富裕”的经济层面

（1）电子商务对促进增收的作用不仅在于扶贫，更在于高质量发展。从横向维度看，一方面，电子商务能够使企业白领、科研人员、律师、医生等中高收入群体持续提升收入水平，如进行网络营销、网络协同创新，开发电子医务等平台；另一方面，有利于提升低收入者收入水平，如提供快递、包装、客服、供应链等就业岗位或从业机遇。从纵向维度看，我国全面建成小康社会，社会贫困基本消除，进入第二阶段目标，即向全体人民共同富裕迈出坚实步伐，这就需要进一步解决我国各地区发展不平衡、不充分的问题，电子商务将通过新技术迭代及助推建立更为成熟的资源市场化配置体系，进一步降低企业风险，提升中小微企业发展韧性。

（2）电子商务能够帮助人民实现财富的有效积累，主要通过三个方面。

① 优化财富积累模式。理财产品的交易变得十分简单，有针对各种社会群体的理财产品，一个月投入几十元、一天投入几元等定投方式，利用身边闲置的或临时闲置的少量资金，都可以便捷实现财富增值。

② 降低投资或借贷风险。多元化理财产品和理财方式、风险和收益的正确挂钩，几乎可以满足所有用户的理财需求。各类借贷平台基于大数据、区块链的借贷方式、质押方式及风险防范方式，可以充分保护借贷双方的权益，避免以往依靠人际关系、简单契约、地

下平台等开展借贷的诸多风险。

③ 建立新时代财富观。电子商务的发展带来了新的互联网文化，丰富了时代文明内涵，其中包括“仁义”“爱心”“奋斗”“勤劳”等，助力形成“先富者有责任，后富者自主”的新风尚、新理念。政府倡导先富者投身慈善事业，不再“为富不仁”；鼓励后富者投身“外卖小哥”“快递小弟”等辛苦而收入可观的职业，依靠勤劳拼搏致富，而不是“等、靠、要”。

（3）电子商务能够有效提升人民的物质生活品质，主要通过三个方面。

① 优化消费品供给。利用电子商务，人们可以在实体商业系统不成熟的区域购买到全世界流通的商品，可以通过比价购买到价格最低的同类产品，可以通过比质购买到同价位品质最优的商品，从而大大降低商品采购的时间成本和路径成本。

② 统筹社会财富配置。电子商务网络体系集结了全球所有可销售商品和意向购买者。各类推荐信息、过滤系统、收藏系统、促销系统可以帮助不同的消费者买到最适合的商品。从广义上说，这包括二手商品、服务更为有效的配置，从而实现“物尽其用，更为受用”。

③ 倡导正确的消费理念。一方面，支持适度超前消费。电子商务带来更高效的财富积累形式，促使老年农村居民多年定期存款养老的理念进一步消除，还可以通过“花呗”“京东白条”等贷款消费。“钱的主人是钱的使用者，而非所有者”的理念得到推崇，人们扩大消费以提升生活品质的意愿不断强化。另一方面，强化的监管和信用体系又提醒广大消费者适度消费，避免举债过度，风险过高，在扩大内需、促进消费的同时，促进社会金融体系稳定，保障民生权益。

（4）电子商务能够为产业转型发展提供可持续动力。

① 持续形成“以商促工”效应。电子商务通过改变流通、消费领域改变产业，或者说通过影响价值链的前端，以影响整个价值链。多年来，电子商务在减少产业链中间环节、推动柔性生产、建立“F2C”“C2B”“C2F”产业模式方面作用巨大。未来区块链、元宇宙、人工智能等新技术，以及直播电商、虚拟现实等新业态还将持续涌现，从改变交易方式到改变流通方式、生产方式、研发方式。

② 推进数字化改造。企业建立客户关系管理、供应链管理、企业资源计划、企业生产周期管理平台，实现基本流通及管理数字化，以及建立产品生命周期管理、制造执行系统、计算机辅助软硬件技术和支撑环境系统，实现全流程、全业务数字化改造，这种燎原之势是因电子商务点燃了导火线。

③ 提升社会生产资料的组织化程度。这方面包含优化社会生产资料配置，减低交易成本，促进产业升级，促进产业向微笑曲线两端转移，促进人才、技术全球共享，放大资本影响效用等。产业持续发展的活力与动力是社会经济发展水平保持高位的关键前提。

2. “富裕”的社会层面

（1）推动城乡联动发展。电子商务出现之前，城乡二元结构十分明显。乡村地区无论是商业水平，还是公共服务配套设施，都远不如城市完善。电子商务推动城乡协调发展，在促进产业协调、配套设施建设、统筹制度建设方面起到了重要作用。未来，电子商务还将与农村经济社会协同发展，特别是在现代农旅商融合领域，如青少年拓展训练、研学旅游、康养产业、展贸销一体化服务、节庆文化传播等领域，促进基础设施建设，使乡村比城市更为宜居。

（2）提升民众幸福感。幸福是一个相对概念，是内心期许与现实获得之间差异的接受认可。当互联网引领广大农村居民将视域覆盖全世界时，幸福就到来了。2021 年郑州雨灾期间，在全国伸出援助之手的同胞中，不少来自乡村地区；一部分人自身过得也并非一帆风顺，也遭受了自然灾害。当时，来自玉环县的一位渔民，因台风致使承包的滩涂养殖场损失 10 余万元，负债 20 多万元，但仍为郑州捐出价值 1000 多元的衣服、雨鞋等物资。能够帮助别人，是一种幸福；能够抬头仰望浩瀚星空，是一种幸福；能够在新闻里看到中国卫星再次上天，是一种幸福；能够健康、团圆，即使眼下遇到些许困难，也是幸福的。

（3）促进劳动与社会保障体系建设。

① 刺激就业。电子商务在侵占一部分线下商场、门店就业机会的同时，也提供了更多新兴的职业和就业机会，这些机会通常附加值更高，收益更可观，但对知识、技能等方面的要求更高。

② 增强就业能力。电子商务飞速发展，电商平台模式、业态、规则瞬息万变，让学习成为诸多从业者的主旋律，学习氛围更影响了从业者之外的群体。一方面，政府、行业协会、企业等各种组织提供更多免费的线上或线下培训服务；另一方面，大家养成泛在学习、终身学习的意识和习惯，从而提升就业能力。

③ 在电子商务产业链中，知识、技术、经验含量更高的运营、推广、数据分析等岗位的收入明显高于客服、物流等劳动密集型岗位的收入，促进了人人热爱知识、学习知识、崇尚技能、锤炼技能的知识型社会、技能型社会的建设。

（4）助力生态环境保护。电子商务对于生态环境保护是一把“双刃剑”。电子商务产品需要包装箱、塑料袋、快递运单、胶带、塑料气泡袋等物品。近年来，随着生鲜产品快递的增加，在瓦楞纸箱的基础上，具有保温防撞功能的泡沫箱、塑料盒等耗材的使用增加，还有保温袋、冰袋等大量消耗，使固体废物负荷明显加大。据国家邮政局发布的数据，2017 年全国快递业消耗包装箱 192 亿个、编织袋 58 亿个、塑料袋 150 亿个、胶带 300 亿米[`]。另一方面，电商平台能够增加环保宣传效果，传播环保理念，培育民众的环保意识，减少食物浪费、包装过度等问题。通过电子商务，特别是后台大数据算法，可以有效缩短产业链，减少中间环节，提升流通效果，减低交通运输损耗。此外，环保型产品在电商平台上的受欢迎程度正在逐年提升。

3.“共同”的经济层面

（1）健全分配制度。减少收入差距是共同富裕的首要目标。电子商务对第一次分配、第二次分配和第三次分配都带来一定程度的影响。对于第一次分配的影响主要在于提高低收入

` 赵衡. 快递包装物岂可一弃了之？[N]. 检察日报，2018-05-26（003）.

者的收入水平。例如，为残障人士提供淘宝客、转发有奖、直播带货等足不出户的就业机会，为文化程度不高的农民工提供外卖送货、快递服务等低技术含量而相对回报高的新生岗位等。第二次分配的影响主要由政府通过财税制度分配，而电子商务的发展对于健全财税体系，促进财政税务工作阳光化具有重要作用，特别是能够有效促进公平纳税及优化对于偏远地区的财政转移支付机制，使“春风不度玉门关”成为历史。对于第三次分配而言，网络慈善事业如火如荼，各种慈善活动被接入电子商务业务场景；各类慈善机构通过互联网实现业务阳关化，接受群众监督，有力促进了慈善事业发展，丰富了第三次分配体系。

（2）改进经济发展模式。经济发展的可持续和均衡性也是共同富裕的基本要求。

① 坚持绿色发展理念，倡导以效率、和谐、持续为目标的经济增长方式。《“十四五”电子商务发展规划》指出，电商企业要主动适应绿色低碳发展要求，积极履行生态环境保护社会责任，提升绿色创新水平。2021 年，《商务部办公厅关于推动电子商务企业绿色发展工作的通知》，进一步强调了对电商企业绿色发展的要求。由此可见，电子商务已成为绿色发展的主阵地。

② 推行集约型发展模式。集约型发展强调产业的发展，坚持资源配置最优化的原则，改变以往以增加投资、加大生产要素投入来获得产值的粗放型发展模式，提升资源利用效率和可持续发展能力，构建良好的产业生态。电子商务对社会生产要素配置具有很强的调节作用，促进资源流动均衡化。这种调节既是市场调节手段的升级，也是政府“有形的手”的重要补充。

（3）提升市场监管水平。2000—2010 年，我国电子商务发展呈现出较为显著的无序化状态，市场调节机制尚未成熟，政府对产业缺乏足够认识与掌控，法律法规尚未涉及。市场上出现大量的伪劣、贴牌、假冒产品，满足了当时消费水平不高的广大消费者的需求，各种虚假交易行为及虚假用户评论欺骗顾客，严重损害了市场秩序和许多市场主体的权益。此后，天猫、京东等各大平台逐步完善内部规则和惩戒措施，使这种情况得到有效遏制。各地方工商部门（市场监督管理部门）也相继成立了网络监管中心，健全了网络市场监督制度。2018 年，《电子商务法》正式发布，从法律层面规范了电子商务主体和行为。至此，我国电子商务市场监管已经上升到较为完善的水平，不法分子有机可乘的机会已经微乎其微。同时，基于互联网、大数据技术的市场监管手段对提升实体市场的监管水平具有显著的效果，从而在整个社会层面提升了市场监管水平，完善了市场机制，保障了小微市场主体的权益，促进了市场公平。

（4）助力创新发展。创新是经济发展的第一生产力，电子商务的发展就是“互联网+”商业模式迭代更新的产物。2015 年 6 月，国务院发布《国务院关于大力推进大众创业万众创新若干政策措施的意见》。电子商务已经成为大众创业、万众创新的主平台、主阵地、主渠道。推动经济社会创新发展需要从产业本身、技术支持，以及背后的体制、机制上突破创新，打破地方保护主义，促进创新要素、数字要素、技术要素更加充分合理地流动和配置，为更多具有先天要素禀赋的“处女地”注入更多创新的血液，释放改革活力，激发优势潜能，推动社会更为公平、更为充分地发展。

4. “共同”的社会层面

（1）打造良好的民主政治生态。2019 年 11 月，习近平总书记第一次提出人民民主是一种全过程民主。2021 年 7 月，习近平总书记又特别提出，要“践行以人民为中心的发展思想，发展全过程人民民主”，在其中加入了“人民”二字。全过程人民民主包含人民当家作主的制度保障、协商民主的制度机制、基层民主的人民权益，以及最广泛的爱国统一战线[1]。电子商务能够提高政府的工作效率，推动民主化进程，特别是在促进基层治理民主化进程中作用显著，大大提升了社区事务、村务管理的民主化、阳光化程度，保障所有居民都能够正确行使民主权利。全过程人民民主不断发展，人民精神文化生活更加丰富，基本公共服务均等化水平大幅提升。

（2）促进法律法规及政策制度完善。电子商务是各项产业、各种事务中乘数效应最为显著的领域之一。我国社会主义建设的经验还在不断积累之中，各项法律法规的完善需要一个很长的、动态的、持续的过程。当前社会处于数字化、智能化阶段，一切日新月异，要求各项法律法规及配套政策持续完善，以适应新需求。在新的发展形势中，各项法律法规中存在的漏洞、各项政策执行的效果，在电子商务领域能够得到更为直接、明显、理性的可视化反馈，有利于政府部门和立法部门对症下药，不断完善法律法规。

（3）促进监督体系建设。监督体系既包含党和国家的监督体系，也包含社会监督体系。十九届四中全会通过的《中共中央关于坚持和完善中国特色社会主义制度 推进国家治理体系和治理能力现代化若干重大问题的决定》提出要“健全人大监督、民主监督、行政监督、司法监督、群众监督、舆论监督制度，发挥审计监督、统计监督职能作用”。电子商务发展进一步激发了群众监督、舆论监督的社会效力，基于网络化的监督机制、举报机制让更多不法分子无处遁形。智慧农业、智慧物流的发展促进更多偏远地区物联网监控体系的建设，为“天网”行动、“亮眼”工程的推进奠定了良好的网络设备基础，为保障人民利益、促进社会公平起到重要作用。

（4）推动文化内涵建设与文化传播。从文化内涵建设方面看，电子商务引领新的互联网文化，体现平等、共享、包容、开放、竞争、多元的文化特质，这种文化思潮在网民群体中影响广泛，通过网民集体智慧和意愿凝结成新的文化内涵，使互联网文化和地域传统文化的碰撞、交融与相互影响，从而推动文化迭代更新。从文化传播视角看，文化具有显著的地域性特征，但在传播中又没有明确的地域边界，电子商务能够有效突破城乡之间文化差异的藩篱，将农村和城市连接到一起，促进城乡文化有机融合，让农村居民也能享受到城市的新文化、新思潮，以文化建设引领“共富”建设。

---

[1] 佟德志. 全过程人民民主的实践探索与理论创新[J]. 人民论坛·学术前沿，2022（14）：4-11.

9.3 农村电子商务高质量发展对策建议

基于共同富裕新的时代背景与发展要求，结合实际调查满意度分析结果及农村电子商务发展指数测度结论，可得出结论：我国农村电子商务发展基础扎实、成效显著、态势良好，为实现共同富裕目标奠定了坚实的基础。但是在新时代、新视域、新形势、新要求下，我国农村电子商务在新技术应用、基础设施建设、创新能力增强、绿色发展演进、产业附加值提升、文化生态建设等方面还有不少的提升空间。

9.3.1 新理念赋能新变革

1. 坚持新发展理念，加强农村电子商务发展顶层设计

新发展理念，即创新、协调、绿色、开放、共享的发展理念[`]。新发展理念不仅是新时代指导我国经济社会发展战略性决策布局的重要理念，也是指引具体产业发展与政策推进的关键思想。目前各淘宝镇、淘宝村是农村电子商务发展较为先进和成熟的地区，在"共同富裕"的路上能起到引领、示范和带动的作用。这就要求各淘宝镇、淘宝村要用新的发展理念武装自身，走绿色、健康的可持续发展之路，始终保持发展生机与活力。各地为此要做到以下四点：一是高度重视农村电子商务发展，加快布局规划，将其重点纳入地区五年发展规划之中。二是坚持优先发展，认识到农村电子商务高质量发展对带动农村经济发展和农民增收的重要作用，努力用好这个"动力引擎"。三是具备连接思维，将农村电子商务发展放在世界互联网产业发展大体系中对待，而非简单置于本村镇、本县域。四是培育调动全球资源、服务全球客户的思维，建立更加广阔的产业发展生态和产业链合作关系。其他农村电子商务发展的起步地区，也要从头树立绿色发展意识，不能以牺牲环境、高能耗、高劳动力投入换取产值增长，只有稳步发展、科学实践，才能行稳致远。

2. 坚持与时俱进，动态确立农村电子商务发展定位

区域农村电子商务发展的定位并非一成不变，主要基于三个考量因素。

（1）要素禀赋。农村电子商务高端要素不如城市，在运营管理人才、技术、研发创新、品牌塑造等方面处于劣势。绝大多数农村电子商务的发展都是依据区域要素禀赋发展而来的，如产业集群、特色农产品、资源矿产、自然风景等。因此，要充分立足自身优势，维持产品禀赋壁垒，通过长期沉淀培育品牌，而非盲目求新求变，转型从事一些与自身条件或能力脱离的业务。

（2）市场需求，包含市场容量和市场竞争。对产品的目标用户要有清晰的认识，通过科学的市场调查与预测，提前判断市场容量，减少牛鞭效应带来的负面影响。当产业

` 王大树. 新发展理念与高质量发展[J]. 北京工商大学学报（社会科学版），2022，37（5）：11-19，113.

不具备排他性时，对同类产品的竞争性分析至关重要，根据对双方（多方）优势、劣势的比较分析，决定采取差异化竞争、价格优先、品牌优先、丰富产品线等不同策略。

（3）发展阶段。不同地区农村电子商务发展水平、创新能力、价值链变革形态均不一样。各地区要客观认知自身发展阶段，脚踏实地推进电子商务发展，避免在调查不充分、需求把握不准确的情况下盲目发展而出现各类重复建设、资源浪费、劳动力冗余等情况。

具体而言，当农村电子商务发展处于农村电子商务发展指数生态模型的初始级和基本级时，重点以销量提振农村居民信心，以补贴减轻运营成本负担，以试点稳步探索适宜的路径，以点上的示范引领面上的发展。当农村电子商务发展处于标准级和优化级时，要从销量增长转型到产品研发、模式创新、品牌塑造和农旅融合上来，不断提升核心竞争力和附加值。当农村电子商务发展处于自洽级时，要赋予其更重要的历史使命，引领产业发展新方向，为产业发展塑造优越的生态，推动区域经济社会高质量发展。

3. 坚持系统思维，统筹发展社会主义各项事业

农村电子商务既是相对完整的生态系统，也是经济社会发展大体系中更大的生态系统的组成部分。将农村电子商务发展与经济社会文化生态发展相互关联，统筹协调，整体推进，而非将其放置于单一电子商务产业中孤立看待，是新时代农村电子商务发展的必要要求。

（1）要充分发挥产业链协同效应，以农村电子商务带动农产品生产、研发、品牌培育、供应链打造，构建布局合理、配套完善、技术先进、便捷高效的农村电子商务产业体系，形成成熟的产业生态，特别是支持利用电子商务大数据推动农业供给侧结构性改革。

（2）强化电子商务对产业附加值提升的带动作用，特别是加强电子商务在促进以用户高端需求为导向的产业生态变革方面，为满足用户的高层次需求开展产业与服务创新，如面向研学、户外、体验等新需求，更多注重用户参与、体现用户尊重、提升用户成就感的商业模式。

（3）以电子商务发展为引擎，加强社会优质资源向农村地区的集聚，特别是以市场化手段为导向，以政府引导为辅助，通过土地资源的有效轮转及中高端生产要素的集聚，提升农村社会整体生产水平。

（4）以生产带动社会发展各项事业，通过电子商务普及互联网应用技术，推进农村基层社会治理的民主化、现代化进程，增强乡镇民生类公共服务供给能力，推动建设高水平现代化新农村，提升民众生态环境保护意识，推动农村传统文化和互联网文化有机融合和价值再造，从而带动三农事业全面发展。

9.3.2　新技术催生新模式

1. 增强对新一代信息技术发展的认识

时至今日，技术迭代更新的步伐没有放缓，以物联网、大数据、人工智能、区块链等

为代表的新一代信息技术，对农村电子商务发展起到颠覆性的变革作用。

（1）物联网。

物联网原名为“传感网”，意为物物相连的互联网。物联网是互联网概念内涵的延伸，将互联网用户终端从人扩展到物品，实现物与物、物与人之间的信息交换和通信。物联网技术具有改进生产工艺、改变经营管理模式、推动产业结构转型升级、降低运行成本、提高经济效益、提升社会管理和公共服务效率和水平等作用，目前已经在智能家居、智慧交通、智慧医疗、智能电网、智慧物流、智能农业、智能安防、无人驾驶汽车、智能制造、智能水务、智能电力等领域得到应用，并不断走向广泛和深入。根据我国物联网发展规划，我国将在十年内初步建成物联网技术创新国家，攻克一批关键技术难关，在高端传感、嵌入式智能操作系统、核心芯片等感知识别领域及高端应用软件开发和信息处理方面实现自主研发，逐步形成门类齐全、协同发展的物联网产业体系，并在生产生活领域更加广泛应用。在农业领域，物联网常被应用于气候条件监测、温室自动化管理、农作物管理、畜牧监视与管理、端到端的农场管理等。

（2）大数据。

大数据是基于云计算的一种应用，是对海量数据进行处理分析，使之产生具有决策意义的价值的方法、技术或产业。大数据能够帮助企业对大量消费者的消费行为进行跟踪和分析，从而判断消费者的需求并进行精准营销；能够帮助传统企业分析市场动向，洞悉市场需求变化，为企业转型提供策略依据；能够帮助制造业企业延伸价值链，实现服务化转型。大数据使市场营销从以创意策划为本转向以数据分析为本，使研发设计从以设计师为中心转向以数据库为中心，使生产决定市场销售转向市场需求决定生产。未来大数据发展的主要方向有三个：一是数据逐渐成为企业和社会关注的重要战略资源，数据管理成为企业的核心竞争力；二是数据科学理论不断突破创新，算法更为先进和智能，并成为一门专门学科；三是数据生态系统复合化程度加强，使数据系统和企业资源计划、办公自动化、供应链管理、客户关系管理、产品生命周期管理等系统高度集成，与基础设施提供商、网络服务商、物理设备提供商、第三方服务商、零售商、用户之间无缝衔接，形成共生共荣的生态系统。大数据在农业领域的应用非常广泛，涉及上游的种子、化肥和农药等农资研发，气象、环境、土壤、作物、农资投入等种植过程中的数据应用，以及下游的农产品加工、市场经营、物流、农业金融等数据应用，对农业生产经营管理模式变革与价值链升级产生重要影响。

（3）人工智能。

人工智能是研发和开发基于计算机技术对人的智能进行模拟和延伸的理论、方法及应用系统的一门科学，其研究的领域包括机器人、语音识别、图像识别、自然语言处理和专家系统等。目前人工智能主要在人际博弈、理性经济人、辅助教学、辅助医疗、过程控制、生物识别、人机交互、商务助理、智能驾驶等领域应用。特别是以互联网和移动通信为纽带，人类群体、大数据、物联网已经实现了广泛和深度的互联，使得人类群体智能在万物互联的信息环境中日益发挥越来越重要的作用，由此深刻地改变了人工智能领域。例如，基于群体编辑的维基百科、基于群体开发的开源软件、基于众问众答的知识共享、基于众筹众智的万众创新、基于众包众享的共享经济等。种种趋势昭示着人工智能已经历了从算法到系统，再到场景应用的转变，并逐步迈入生态发展的新阶段。我国已经将人工智能列入“科技创新 2030”重大项目，从 2015 年起开始对人工智能的系统研究，2016 年成立中国人工智能 2.0 专家委员会，2017 年发布《新一代人工智能发展规划》，并成立国家新一代人工智能战略咨询委员会。我国将围绕大数据智能、群体智能、跨媒体智能、混合增强智能和自主无人系统五大人工智能技术打响攻坚战，向人工智能世界强国快速迈进。人工智能在农业中的应用仍处于起步阶段，但潜力无限。例如，人工智能可实现土壤的高效能探测、病虫害智能防护、农作物产量预测、优化播种密度、降低农药化肥消耗、成果智能采摘等。

（4）区块链。

区块链是分布式数据存储、点对点传输、共识机制、加密算法等计算机技术的新型应用模式。其本质是一个去中心化的数据库，同时作为比特币的底层技术，是一串使用密码学方法相关联产生的数据块，每个数据块中包含一次比特币网络交易的信息，用于验证其信息的有效性（防伪）和生成下一个区块。区块链作为底层技术，具有去中心化、分布式存储、开放共享、自组织性、不可篡改、不可伪造、安全性高等优点，能够在智能合约、证券交易、电子商务、物联网、社交通信、文件存储、存在性证明、身份验证、股权众筹等领域应用。区块链既是信息技术革命，又是经济革命，将重新定义金融乃至整个经济格局。当前，我国区块链技术持续创新，产业初步形成。在政策、技术、市场的多重推动下，区块链技术正在加速与实体经济融合，助力经济社高质量发展。区块链在农业领域的应用主要有优化农产品溯源机制、提升农业保险事务的智能化水平、增强农业金融应用及风险防范能力等。

（5）元宇宙。

元宇宙是人类运用数字技术构建的，由现实世界映射或超越现实世界，可与现实世界交互的虚拟世界，具备新型社会体系的数字生活空间。元宇宙的核心技术主要有三项：一是扩展现实技术，包括 VR、AR、MR 等，为用户提供沉浸式的体验。二是数字孪生，能够把现实世界镜像到虚拟世界里面去，从而在虚拟世界里找到现实人与物的虚拟分身。三是用区块链来搭建经济体系。随着进一步发展，元宇宙对整个现实社会的模拟程度加强，我们在元宇宙当中可能不仅在花钱，而且赚钱，这样在虚拟世界里同样形成了一套经济体系①。元宇宙未来在农业领域的应用前景尚不得而知，但目前在农旅结合项目中已经有不少沉浸式体验项目问世，相信未来的应用前景会有无限可能。

2. 深化全面数字化转型实践

在农村电子商务发展与农业数字化转型领域，信息技术既起到技术支撑作用，还起到

---

① 胡喆，温竞华. 什么是元宇宙？为何要关注它？［N］. 新华每日电讯，2021-11-21（004）.

模式变革的引领作用。也就是说，在三农事业发展进程中，数字化和现代化是相互支撑、相互影响、协同共进的作用过程。

（1）坚持传统农业企业现代化转型与产业升级，着力打破传统行业边界，探索跨界整合的农村经济新增长模式。传统农业企业的转型路径可根据自身规模和实力灵活选择。例如，龙头企业可以平台化方式运营，打造区域农业全方位服务垂直电商平台，整合农业发展各领域生产工具和生产要素，以及流通体系中的所有资源要素及上下游合作企业（农户），为区域农业生产和供销提供一站式服务；同时整合科技、人才、数字化等资源，争取地方政府、行业协会及投融资机构支撑，为区域广大中小企业提供数字化转型整体解决方案，带动区域农业产销现代化升级。中小型农业企业和广大农户可视发展情况选择加入已有的电商平台，享受平台资源红利，实现转型升级。

（2）变革传统农业运作模式。一是企业组织形式，根据数字经济发展特征及产业需求，建立扁平化、矩阵式、协作式的企业内部组织架构，强调纵向执行效率与横向竞争协作能力，打破单一指令系统，提升决策科学性与决策效率；对外加强跨领域协作，打破传统农业产业链上下游企业边界，开展跨界经营。同时，不断创新绩效考核机制，推动企业内部、内部和外部、上下游之间有机竞争与良性协作。二是生产控制管理。通过物联网、大数据等技术实现对农产品生产情况的实时精准监测，并根据检测情况及时调整运营策略，优化生产资料供给与调配，提升部门与部门、人与物、人与人之间的协作效率。以信息产业和现代服务业思想和模式改造传统农业，将农业生产融入现代服务业体系中，大幅压缩农业生产资料供给，以及农产品生产、流通、加工、营销和客户关系管理的产业链流程，农业价值链各环节紧密融合，不断提升农产品附加值。

（3）培育数字化品牌。品牌带来的产品附加值不言而喻。传统品牌塑造方式时间长、效率低、消费者认同时间长；而互联网能够轻松带来品牌价值的提升。运作良好的策划团队能够通过转发有奖等“病毒式营销”方式使一家企业、一个品牌、一件产品一夜间走红。当电子商务进入短视频和直播新阶段时，直播带货已经成为农产品电子商务重要的推广方式，而且可以与各类节庆营销相结合，实现快速变现和品牌增值。早期可遴选区域有一定影响力的网红，以合作分成等形式推广农副产品；有一定能力的地区和企业也可以根据产品、受众等定位特征培育本地网红。

（4）建立健全电商平台数据有序开放与多形态共享机制，充分利用电子商务大数据、区块链技术，与农业生产进一步互通与有机融合。强化 C2B、C2B2S 的订单式、个性化、柔性化生产方式转变，借助消费端积累的需求数据，让农业生产按照消费者的个性化需求来确定种植、生产的品种和方式，与消费市场建立动态、持续、稳定的新型供需关系，赋能订单农业、定制农业、众筹农业、预售农业、众创农业等创新发展形态，促进数据要素高水平开发利用，从而实现产业链、供应链、创新链深度协同。

3. 建立多元化农产品运营模式

多元化运营模式可以满足不同要素禀赋的区域发展农村电子商务的不同需求。

（1）“企业+农户”模式。这是农产品流通由计划经济向市场经济转变的必然结果，已经让很多企业和农户尝到了甜头。将电子商务与传统的产品相结合，积极掌握供需的双向信息，延长交易时间，扩大销售渠道，获取更多的交易对象，给企业带来巨大的销售空间。“企业+农户+电子商务”的营销体系主要针对广大农户受知识和技能的限制，在营销体系中难以直接参与电子商务的现状，建立农户与农业龙头等企业合作的渠道，由企业负责农产品的电子商务化运作。

（2）“政府组织+农户+电子商务”模式。发挥农业农村部门、农业科学研究院、农村专业合作社、农业技术推广站等政府部门和组织的作用，由农户借助政府组织的技术、物力和财力等来实施农产品营销的电子商务化。农户将分布式供应或需求信息转达到政府相关农业组织，农业组织的技术人员负责将农户的供需信息发布到合适的电商平台，并向农户反馈市场动态信息，负责与采购商沟通、处理农户订单的过程。政府组织不从中盈利，不承担风险，仅作为桥梁纽带。

（3）“农产品中介组织+农户+电子商务”模式。当前已有不少农产品中介组织进入到农产品网络营销渠道中，代替政府组织的部分功能，这些组织按照市场需求进行公司化运营，行为更加符合市场规律。中介组织提供技术支持，实施农产品营销的电子商务化。中介组织负责电商平台的开发、维护、农产品交易信息发布、市场动态信息反馈、与采购商沟通、订单处理等事务，收取一定佣金，帮助农户承担一定的市场责任与风险。

4. 提升商业模式的可持续竞争力

数字技术还能够赋能商业模式转型，提升产业及产品附加值。农产品深加工就是提升农产品附加值的重要手段。深度加工制作能够提升农业产品的价值，增加效益，是我国全面推进乡村振兴，实现农业现代化的必由之路。近年来，已有很多鲜明的案例证明深加工的效用。例如，浙江舟山的某种海产品，经过初加工，制作成干货，礼品化包装后，其价值能够达到原生鲜产品的 1.8～2.2 倍；经过深加工，制作成补钙类保健品后，其价值能够达到原生鲜产品的 8～12 倍，而加工成本仅为其价值的 10%。当然，与深加工紧密配套的还有品牌溢价性，通过合理的渠道铺设和广告推广提升产品的品牌影响力，才能将深加工的价值最大化。

与深加工需要具备相应资质，投入大量的设备、劳动力相比，发展现代服务业提升产品附加值的效率更高，效果更为显著，农旅融合就是最直接有效的形式。近几年来，农旅融合项目开展得如火如荼，效果显著；但也有一些需求调查不充分、盲目投资建设、运营效果不佳的案例。当然，农旅融合发展也进入了 2.0 模式。与以往简单的农家乐、民宿、田园采摘、素质拓展等相比，深度农旅融合的发展大致有以下四个方向。

（1）标准化。农家乐、民宿等项目与传统酒店不同，可以自由化、个性化发展，但仍不能缺乏标准。只有指定并实施通用性的标准，才能够保证服务品质，保证消费者健康、安全。

（2）精品化，即走小众、精品、细分的中高端线路。例如，针对民俗业，以专业化服务团队打造各类与区域山水田园景色有机融合的特色化、轻奢型住宿项目，并强化山水、静谧、星空、自然、花簇等场景化特色，以及陶冶情操、远离喧嚣、放飞心情等功能性特色。针对神经衰弱、失眠患者等特定人群，可以在具备专业资质的前提下，开展具有专业型理疗功能的小众项目。

（3）专业化，改变以往农旅产品依赖自然要素，缺乏专业水准的弊端，进行专业化产品研发。例如，针对研学领域，可开发面向幼儿、小学低年级、小学高年级、初中、高中等不同阶段人群的产品；可结合历史、人文、自然、环境、乡土、传统工艺美术等不同主题开发产品；可根据研学目标开发劳动品质培养、团队协作能力培养、农业科学知识普及、动手能力提高、发散式思维训练等不同训练目的的产品。

（4）综合化。秉承“互联网+”思维方式，将农业生产、农产品深加工、旅游项目开发、民生事业发展、乡土文化传播、新农村建设等各领域产业和各项事业结合起来综合规划，系统招商引资，组建良好的新农村发展生态，降低在某一领域单项投资、单项收益的风险，促进农村经济社会方方面面相互促进，协调发展。

9.3.3 新要素保障新发展

1. 加快农村电子商务人才培育

农村电子商务对人才的需求可以概括为“三化”。一是结构化。电子商务运营体系中的专业人才本身就具有结构化特征，如数据分析、推广策划、物流与供应链管理、设计美工，其专业领域跨越多个学科或专业大类，必须组建结构化团队，各取所长，各司其职。在农村电子商务专业团队中，还需要懂农业生产、加工包装、农村政策的人才，结构化程度要求更高。二是复合化。在专业化程度不是特别高的团队中，或者在农村电子商务团队的中高级管理人才中，由于农产品电子商务具有跨界性，高度需求复合型人才。三是可持续化。当前农村电子商务发展整体成熟度并不高，在新技术、新模式、新业态的冲击下，产业日新月异，将对人才能力结构提出更高的要求，具有良好的创新思维和学习能力的人才具有可持续竞争力。

在“三化”需求引领下，农村电子商务人才培育可以通过强化培训、系统培养、文化引留等路径实施。

（1）加快新型的农村电子商务职业人才培训。针对农村电子商务发展带头人，要引导其把握电子商务发展的最新动态，适时制定有效策略，引导其不断创新电子商务经营模式，在传统产业产前、产中和产后各环节中充分利用电子商务的特点和优势，掌握多种电子商务运营模式，根据企业自身特点选择 B2B、B2C、F2C、C2B 等电子商务模式；引导其常态化参加大型培训组织开展的各类电子商务培训，把握行业、企业发展动向。针对新型职业农民的培训，要重点聚焦电子商务实践操作、供应链管理、合作外贸，以及客户需求导向的服务理念建立，在技能和经验积累的基础上，适当增加对电子商务行业动态的把握、“互联网+”思维模式训练，指导其在不同的阶段选择合适的电子商务运作模式。对新型职业农民的电子商务培训可采用两类课程设置方式：一类是根据电子商务知识深浅和技能难易的程度，划分出知识普及班、入门班、技术提升班、经营管理班等，供培训人员选择；另一类是依据培训人员从事的细分行业或岗位划分，选择各类专门化培训课程。

（2）加快大中院校电子商务人才培养。高等院校，尤其是涉农高职院校，应开设电子商务、网络营销、直播营销类专业及面向涉农专业开设电子商务类辅修专业，加快农业电子商务复合型技术人才的培养，积极引导在校学生学习农业、电子商务知识与技能，支持其农业创业、农业电子商务创新创业，转型为新型职业农民，促进第一、第二和第三产业融合发展。重点面向新型直播电商领域，基于直播行业需求和职业岗位分析，校企共同编制专业人才培养方案，在方案制定和实施中充分融合农业直播类课程教学、技能竞赛和创业训练；重点针对“互联网营销师”新职业中的选品员、直播销售员、视频创推员、平台管理员等新工种，强化育训结合，推进“毕业证书+职业技能等级证书”的复合型培养模式改革。

（3）加快人才引留。一是在职业发展上下功夫，通过营造良好的人才创业氛围、就业环境，夯实产业基础设施、创造就业创业条件，强化金融、技术等支撑服务，为人才提供可靠的发展平台。二是在生活条件上下功夫，通过加强商业配套设施，创设良好的生态环境，建好公园、游乐场等配套休闲游乐设施，加强公共服务供给，让在农村工作的人才也能够享受到城市的生活服务。三是在文化上下功夫，通过各类软活动，营造家的氛围，让人才感受到关怀与温暖，乐在其中。

2. 夯实农村电子商务基础设施

农村电子商务基础设施不仅是新农村基础设施建设的重要组成部分，也是新农村建设的主要引擎和重要突破口。与农村电子商务产业链直接相关的基础设施，重点在网络信息基础设施和物流基础设施，还包含直播、短视频处理、VR/AR 设施等；间接相关的基础设施包含与生产生活相关的公共基础设施。

（1）持续提升网络信息基础设施建设水平。深入推进“互联网＋”农产品出村进城工程、电子商务进农村综合示范工程。在完成 4G 基站和光纤行政村基本覆盖的基础上，谋划 5G 基础设施在农村地区的建设。5G 网络对于未来通信行业发展意义重大，随着多媒体技术、虚拟现实技术的应用发展，网络流量呈现爆炸式增长，5G 标准制定、技术发展和推广应用是未来抢占通信市场制高点的重要基础。5G 网络的建设不仅能够提升对农业物联网、大数据应用的支持能力，而且是直播、元宇宙等新型产业链前端应用的重要基础。我国目前大多数城市已经全面推广应用 5G 网络，农村地区覆盖工作正在快速推进，可结合区域经济发展和农村经济社会发展需求在我国东部、南部地区乡村重点布局，优先发展。

（2）完善农村物流体系。持续推进农产品仓储保鲜冷链物流设施建设工程，改造提升农村寄递物流基础设施，打通农产品“出村进城”的通道。2019 年 7 月，中央政治局会议要求实施城乡冷链物流设施建设等补短板工程。2020年，农业农村部会同财政部启动农产品仓储保鲜冷链物流设施建设工程，支持16个省份的1.1万个主体建设了近500万吨仓容的产地冷藏保鲜设施。2021年，在全国范围内支持家庭农场、农民合作社和农村集体经济组织，建设节能型通风贮藏库、机械冷库和气调贮藏库等设施及分拣分级、包装清洗等配套设备，加快补齐了农产品“最初一公里”的短板。今后农村物流体系建设的重点将从面的覆盖转移到质的提升，特别是基于人工智能技术应用的溯源系统的建设，基于GPS和GIS系统的物流状态监测、路径规划、区域协作等应用，以及VR/AR及基于CPS直播的农产品从源头到餐桌的一条龙展示体验。

（3）支持把直播间、后期制作室、虚拟现实中心等作为新型基础设施纳入乡村建设行动的重要内容。以直播间建设为抓手，引导新零售、线上线下融合的新型研学旅游、新型教育，以及各类休闲娱乐业态在农村落地；以后期制作室建设为基础，提升短视频策划及营销能力，吸引和留住新媒体技术及运营领域的人才。以虚拟现实中心建设为突破，探索元宇宙概念应用，建立与虚拟现实体验相结合的旅游项目和休闲娱乐项目，不断丰富农村互联网生态，充分释放农村地区的发展潜力。

（4）加强公共基础建设。这一方面包含道路、停车场、充电桩、公园、商业广场、乡村文化展示体验中心等既有利于农村生产、经营、商务活动，又有利于生活应用的基础设施建设，同时包含图书馆、阅览室、会议室、党员活动中心、文化大礼堂、卫生院等公共设施建设；不断提升农村居民生活、文化、娱乐水平，向外界展示良好的形象，有利于提升商务谈判成功率和招商引资效率。

3. 完善政策支持体系

三农事业一直以来都是政策支持的重点。鉴于农村电子商务发展对于三农事业的重要影响，农村电子商务发展政策的制定与落实意义重大。促进农村电子商务发展的政策工具主要包含以下六个方面。

（1）加强规划布局，抓住共同富裕建设新机遇，加强形势研判，聚焦当前农村电子商务及农业数字化转型进程中的薄弱环节，加强实际调研与重大课题研究，培育既有理论高度又有现实意义的研究成果，并转化成实际政策建议，不断提升规划水平和政策效度。

（2）夯实建设基础。在上述涉及的各项基础设施建设中，政府投入具有先决性、引导性作用，能够在很大程度上刺激和带动集体投资、企业投资、社会投资。政府应重点聚焦在一些基础性、投入较高、短期经济效益不明显但具有重大价值的项目投资上，建立可靠平台和专项金融政策，将中短期经济效益预测较为显著的项目投资交给广大企业。

（3）发展智慧农业。培育农业升级新动能、释放农村发展新活力，关键还是在于数字化转型。政府需在数字化基础设施建设基础上，加强各类数据接口平台和应用软件建设，特别是搭好IaaS层和PaaS层①，为PaaS层应用接入提供接口。以政府牵头、企业支持、市场化运作、政府适度补贴的形式，引导广大用户应用数字化工具，推进数字化转型，普

① IaaS（infrastructure as a service），基础设施即服务。PaaS（platform as a service），平台即服务。

及智慧农田、智慧牧场、智慧渔业等项目，拓展数据资源在农村电子商务全业务场景中的应用，释放数据要素价值。

（4）优化基层治理。通过智慧党建项目，推进基层党员教育和党性锤炼方式转型，增强基层党组织的凝聚力和战斗力，以堡垒作用做好党的方针政策在乡村基层的宣传与落实。通过物联网平台建设与应用，提升乡村社会治安防控水平；通过数字化政务平台建设与应用，推进村务公开化、决策民主化，最终提升乡村基层治理能力。

（5）打造美好乡村。加强城乡统筹规划，合理配置城乡生产要素与公共服务供给，引导城乡统筹协调发展。加强美丽乡村建设，注重生态环境保护，打造依山傍水、诗情画意的美好工作与生活环境；加强新农村建设，引入城市规划理念，打造标准化道路、高品质楼房，注重排污、燃气、电力、给水等各类地下空间管道建设；推进城乡生产、生活、生态空间数字化共享与智能化协同，推进数字城乡融合发展。

（6）激发发展内生动力。通过加强舆论宣传，引导广大农村居民重视农村电子商务、依托农村电子商务，以传统乡村淳朴、勤劳、善良的品质及互联网的开放、包容、协作精神，共同推动农业数字化转型，推进农村高质量发展，为数字乡村、智慧乡村、美丽乡村、幸福乡村建设提供源源不断的动力和活力。

进入新时代，在全面建成社会主义现代化强国、实现第二个百年奋斗目标，以中国式现代化全面推进中华民族伟大复兴的目标指引下，我国农村电子商务发展将踏上新征程。相信未来，我国农村地区将向世人展示一幅富强、和谐、美丽、智慧的美好画卷！